本册项目背景

浙江省习近平新时代中国特色社会主义思想研究中心课题研究成果

浙江省哲学社会科学规划课题成果

自主知识体系丛书 手册系列 | 任少波 总主编

Books of Independent Knowledge System Handbook Series

Handbook of
Applied Linguistics Innovations in China

中国应用语言学
理论和实践创新
手册

董燕萍 何莲珍 主编

ZHEJIANG UNIVERSITY PRESS
浙江大学出版社
·杭州·

图书在版编目 (CIP) 数据

中国应用语言学理论和实践创新手册 / 董燕萍，
何莲珍主编. -- 杭州 : 浙江大学出版社，2025. 3.
（自主知识体系丛书）. -- ISBN 978-7-308-25780-0

Ⅰ. H08

中国国家版本馆 CIP 数据核字第 2025YS3161 号

中国应用语言学理论和实践创新手册

董燕萍　何莲珍　主编

出 品 人	吴　晨
总 编 辑	陈　洁
特邀总监	褚超孚
项目统筹	徐　婵
责任编辑	仝　林
责任校对	董齐琪
封面设计	程　晨
出版发行	浙江大学出版社
	（杭州市天目山路 148 号　邮政编码 310007）
	（网址：http://www.zjupress.com）
排　　版	浙江大千时代文化传媒有限公司
印　　刷	杭州宏雅印刷有限公司
开　　本	710mm×1000mm　1/16
印　　张	14.5
字　　数	249 千
版 印 次	2025 年 3 月第 1 版　2025 年 3 月第 1 次印刷
书　　号	ISBN 978-7-308-25780-0
定　　价	78.00 元

总　序

习近平总书记指出："加快构建中国特色哲学社会科学,归根结底是建构中国自主的知识体系。"这一科学论断体现了扎根中国繁荣发展哲学社会科学、探索人类文明新形态的规律性认识,为新时代我国高校哲学社会科学勇担历史使命、服务中国式现代化建设提供了根本遵循。

在"两个大局"交织演变的时代背景下,党和国家对哲学社会科学发展提出了更高的要求,期待其在理论引领、学理阐释、话语传播、智力支撑等方面发挥更大的作用。当代中国正经历着我国历史上最为广泛而深刻的社会变革,以及最气势恢宏的理论与实践创新,亟须加快哲学社会科学体系的自主性、引领性建构,建立起具有时代特征的学科体系、学术体系和话语体系,以反映中国国情和历史深度,进而指导中国现实发展,推动文明交流互鉴。

建构中国自主知识体系是为人类文明不断创造和积累新知识,为人类文明新形态不断开辟理论新视野和实践新高度的战略之举。所以,我们需要在人类知识图景的历史与时代视野中通达普遍性意义,在新的时代条件下凝练基于中国经验、中国道路、中国问题的学术概念、理论和思想,提出体现中国立场、中国智慧、中国价值的理念、主张和方案。

学术思想是自主知识体系核心的理论集成,既要有"致广大"的世界视野,也要有"尽精微"的现实关怀。没有宏阔普遍的世界历史作为参照,学术思想难以作为独特经典影响时代发展;没有经国序民的家国情怀作为底蕴,学术思想难以成为治理良策"为人民做学问"。对此,我们一方面要沿循学科化逻辑,聚焦人类知识共同的创新突破需求,借鉴其他国家优秀的学术创新成果,不断推进世界的中国学研究,以"人类知识的总和"为视野建构自主知识体系;另一方面也要立足中国式现代化的实践图景,科学阐释中国式现代化实践中的重大思想、典型案例、创新经验等,为当代中国人"安身立命"的现世生活提供智识支持。

为回应总书记的关切,浙江大学提出要建成服务中国自主知识体系建构的战略基地,系统谋划推出"自主知识体系丛书",包括手册系列、案例系列、外译系列。手册系列提炼中国特有范畴与独创性理论,案例系列聚焦中国式现代化的伟大实践,外译系列推动中国学术思想和优秀传统文化"走出去"。

其中,手册,即学科手册,正是浙江大学探索建构自主知识体系的一个重要突破口。学科手册,是一种集工具查阅、学科知识脉络梳理和学术前沿拓展等功能于一体的著作方式,面向专业领域之外更广泛的阅读受众,旨在提供特定学科领域的学科历史、知识结构、研究方法和研究前景的评述性介绍,具有学术意义、育人意义和传播意义。

我们认为,学科手册具有以下特性:

一是兼具权威性和前沿性。手册的编写者是该学科领域具有重要影响的专家学者,与一般的教科书相比,手册的回溯性较弱,时新性较强,在学科定位、理论依据、研究范畴、基本概念、研究路径、价值追求等方面都作出积极的探索,进行深度呈现和"讲解",并且关注学术前沿动态,随着学科发展不断修订、及时更新。

二是兼具通用性和创新性。手册兼顾全球视野和中国特色,建立东西方学术之间的交流对话,凝结共识;手册既有历史叙述又有理论阐释,尤其注重对学科基本规范概念的再阐释、对标识性概念的再提炼;手册"又泛又新",强调在评述介绍中提出引领学术话语走向的新议题。

三是兼具整体性和独特性。与偏向条目式编排的大部分辞典类实用型工具书不同,手册更加重视在体系上呈现出对学科内容的全景式的整体观照,以紧密的内部逻辑关系构建章节,以独特的学术视角切入研究内容,相互勾连,在构建完整知识生态体系的同时呈现出多样化的研究思路、学术观点和研究体系。

学科手册作为中国自主知识体系的重要载体,在一定程度上构成了自主知识体系建构的基础材料。其所呈现的国际通行的学科知识框架和研究规范,为学术对话、知识传播提供了必要条件,可以作为自主知识体系建构工作的一个突破口。编写学科手册本身就是总结中国经验、凝练中国方案、建构自主知识体系的过程。

中国式现代化道路和人类文明新形态的伟大实践不仅为理论创新、学术发展注入了强大活力,也为建构中国自主的知识体系提供了广阔空间。面对世界格局深刻变化的背景,"自主知识体系丛书"手册系列与时俱进,在习近平新时代中国特色社会主义思想指导下,紧扣服务中国自主知识体系建构这一核心任务,以中国实践为着力点,以铸魂育人为出发点,聚焦重大前沿问题,总结经验、提炼观点,做出独创性贡献,希望本系列手册能为中国自主的知识体系建构和话语创新添砖加瓦,以此回答"世界怎么了""人类向何处去"的中国之问、世界之问、人民之问、时代之问。

感谢全国哲学社会科学工作办公室、教育部对浙江大学哲学社会科学发展的指导,感谢浙江省委宣传部、浙江省社会科学界联合会的大力支持,感谢学校社会科学研究院、本科生院、研究生院、出版社等相关职能部门的有力组织,感谢各位作者的辛勤付出以及校内外专家学者的宝贵建议。书中难免有不尽完善之处,敬请读者批评指正。

任少波

二〇二五年三月

前　言

现代应用语言学发端于 20 世纪 40 年代，是一门年轻的学科。从广义上来讲，应用语言学致力于探究并解决与语言相关的现实问题，从狭义上来讲，其主要研究对象为外语教育理论与实践。改革开放四十多年来，我国的外语教育在人才培养及公民素质提升中发挥了重要作用，为国家的政治、经济、科技、文化发展做出了卓越的贡献。在此过程中，以桂诗春先生为代表的几代中国学人，筚路蓝缕，深耕厚植，为构建中国的应用语言学知识体系不懈努力，让这门年轻的学科在中国落地生根、开花结果。党的二十大报告对教育、科技、人才进行了"三位一体"统筹安排、一体部署，强调"中国坚持对外开放的基本国策，坚定奉行互利共赢的开放战略"，并提出"加强国际传播能力建设，全面提升国际传播效能"。随着全球化及人类命运共同体建设的不断推进，世界范围内的沟通、交流与博弈成为常态，语言在人类社会发展中的重要性得到前所未有的彰显，国家外语能力建设成为强国战略的重要支撑，外语教育的提质增效成为教育服务国家战略的重要抓手。与此同时，大数据模型、人工智能的更新迭代也为外语教育带来了前所未有的挑战和机遇。因此，新的时代背景赋予了外语教育新的任务和历史使命，也为应用语言学学科的发展带来了新的契机，如何把握契机、守正创新、推动学科的持续快速发展是当前我国应用语言学界需要深入思考的关键问题。

习近平总书记在中国人民大学考察时指出："加快构建中国特色哲学社会科学，归根结底是建构中国自主的知识体系。要以中国为观照、以时代为观照，立足中国实际，解决中国问题，不断推动中华优秀传统文化创造性转化、创新性发展，不断推进知识创新、理论创新、方法创新，使中国特色哲学社会科学真正屹立于世界学术之林。"①这为应用语言学学科的进一步发展指明了前行的方向。面对中华民族伟大复兴战略全局和世界百年未有之大变局,进一步加快构建中国自主的应用语言学知识体系,恰逢其时。过去四十多年间,中国的应用语言学研究经历了从介绍、引进到消化、吸收,逐步建立自己的学术话语体系,并在国际上发声的过程。在这个发展历程中,学界始终以时代的需求为导向,努力构建符合中国国情的外语能力标准与测评体系,将西方的理论和方法与中国的现实需求相结合,将本土问题的创新研究以国际可理解的方式进行表述,为构建中国自主的应用语言学知识体系进行了有益的探索。与此同时,时代和社会的发展、实践的深化不断向应用语言学提出新问题和新要求,中国的应用语言学研究在解决问题中一路前行,学科在知识创新、理论创新、方法创新层面取得了不小的成就,中国外语教学长期跟跑西方理论的局面开始得到改善,具有中国特色的创新实践开始为世界范围内的共性问题提供中国方案。

在这样的背景下,浙江大学外国语学院启动了《中国应用语言学理论和实践创新手册》(以下简称"《手册》")的编纂工作,旨在总结新时代的中国外语教育在理论和实践层面取得的卓越成就,为应用语言学领域未来的创新发展提供启发与借鉴,从而推进中国自主应用语言学知识体系的构建。为实现这一目标,首先要回答的问题是:何为中国自主的应用语言学知识体系?习近平总书记的思想及相关理论论述为我们厘清了构建自主知识体系的三个内涵和遵循的根本原则。第一,中国自主的知识体系必须是问题导向的,属于实践基础上的理论创新范畴,是从实践中归纳出的中国自主的原创理论。因此,问题是中国自主知识体系创新的起点,也是创新的动力源。第二,中国自主的知识体系一定是适合中国国情和现实的,是针对中国问题提出的中国方案,体现中国智慧和中国思想。正如习近平总书记 2016 年在哲学社会科学工作座谈会上的讲话中所说:"……越是民族的越是世界的。解决好民族性问题,就有更强能力去解决世界性问题;把中国实践总结好,就有更强能力为解决世界性问题提供思路和办法。这是由特殊性到普遍性的发展规律。"②第三,中国自主的知识体系必须是面向世界的,必须根植于国际学术的最前沿,具有深厚的哲学基础、清晰的逻辑框架和强大的学理支撑,能够带

---

① 参见:https://www.ccps.gov.cn/xtt/202204/t20220425_153723.shtml?from=singlemessage。

② 参见:http://www.nopss.gov.cn/n1/2016/0519/c219468-28361739.html。

领学科走向世界,掌握国际学术话语权。

基于这几个根本原则,中国自主的应用语言学知识体系应具有三个核心特征。第一,中国自主的应用语言学知识体系应立足中国本土问题。中国外语教学的语境具有其自身的特殊性,中国学习者的学习过程和特征也因此而有别于其他学习者群体,教学中的重点和难点问题构成了理论和实践创新的天然基础。这意味着,创新的前提是厘清中国外语教育中的重大理论和现实问题,在为这些问题寻求解决方案的过程中不断总结和提炼新知识、新理论和新方法,如此方能保证理论的原创性。第二,中国自主的应用语言学知识体系应与国际学术界融通互鉴。在开放共享的时代背景下,构建中国自主的知识体系离不开互鉴与对话、离不开交流与合作、离不开交往与共享,在互鉴对话中彰显"自主"。虽然我们要解决的问题具有鲜明的中国特色,但必须充分借鉴和吸收国际应用语言学理论研究的先进成果。借鉴和吸收不是简单的复制和迁移,而是对标中国外语教学语境中的典型问题,对西方理论的知识、观点或方法进行甄别筛选或改装优化,采用科学化的手段来解决这些问题,并通过两者的对接融合催生出崭新的知识体系。第三,中国自主的应用语言学知识体系应构建中国特色的应用语言学学术话语体系并在国际范围内传播。创新性的外语教学理论和实践应能够被国际同行充分理解并认可,能够充分体现中国理论对世界范围内应用语言学研究与实践的贡献,能够在国际应用语言学领域产生重要影响。

以上述原则及核心特征为纲,我们确立了"中国问题、中国方案"的编写思路。通过文献梳理、理论研讨和专家访谈等多种方式,耙梳改革开放四十多年来我国外语教学理论和实践体系发展历程中的关键问题、特色理论、创新实践及其在世界范围内的影响力,分为两部分共十一章进行阐述。

第一部分包含三章,分别从教育政策、教育架构及学习者特征三个视角管窥中国外语教育教学的语境,分析其普遍性和特殊性,构建中国外语教学理论和实践创新的宏观背景。第一章介绍中国外语教育政策概况,从横向和纵向两个维度阐释不同层次和不同时期的政策及其特点和运作机制;第二章介绍中国外语教育的架构,并分析其所面临的挑战;第三章阐释中国外语学习者的个体特征及成因,以学习主体的特性为透镜揭示中国外语教学中的难点问题。

在第一部分所阐述的大背景下,第二部分聚焦中国语境下的外语能力发展与评估,从外语教学理论创新、外语测评体系建设及外语能力标准构建、外语特殊人才培养、外语专业人才培养四个方面展示中国特色外语教育教学理论与实践创新的成果与经验。此部分包含八章。第四章以续理论为例阐释中国外语教学理论创新的内涵与路径;第五、六章分别阐述适合中国外语教育体系的测评体系建设和中国外语能力标准的构建;第七章分析极具挑战性的中国口译人才培养的机制(即相关教育政策、教学实践和科研创新的协同与贯通);第八、九、十、十一章分别介绍中国外语专业人才培养的四个特色:核心素养导向的中国外语教育(以德语为例)、契合新文科建设的中国外语跨界教育(以俄语为例)、中国产学协同的外语能力培养(以日语为例)、博雅教育理念下的中国外语教育(以法语为例)。这八章均围绕两大主要问题展开。

1)中国问题:本章所聚焦的中国外语教学中的典型问题是什么?这一问题存在或产生的背景是什么?以世界其他国家或地区为参照,这一问题的特殊性何在?

2)中国方案:中国外语教学界针对此问题提出的理论或实践解决方案是什么?方案的创新性体现在哪些方面?中国方案对国际理论研究或实践的启发和借鉴意义何在?针对该问题的理论或实践研究未来的发展趋势如何?

自《手册》编写伊始,我们就深深地意识到这是一项非常艰巨的工作。我国的应用语言学在过去几十年间虽取得了长足的发展,但尚未实现从外语大国到外语强国的转变,中国外语教育理论和实践在国际话语体系中的声音还比较微弱,因此构建全面系统的、中国自主的应用语言学知识体系尚有一定难度。而且,由于外语在国民教育体系中的重要地位,我国的外语教育贯穿了从小学到研究生的多个学段,各个学段的教学目标、教学对象、教学模式、测评方式等呈现出很大的差异性。即便在同一学段内部,也存在由地域、学校类别、专业和语种等带来的差异。例如,大学阶段的公共外语和专业外语教学分属不同的体系。这些差异造成了外语教学的复杂性和多样性,也意味着《手册》中的内容难免挂一漏万,难以反映中国外语教学理论与实践创新的全貌。北海虽赊,扶摇可接。我们希望,《手册》的问世能够抛砖引玉,将构建中国自主的应用语言学知识体系推向一个新阶段。《手册》的编写和出版得到了来自各方面的支持和帮助。学界的一些大家为《手册》的编写出谋划策,他们的热情鼓励令我们备受鼓舞,他们的无私付出更令我们深受感动。浙江大学社会科学研究院不仅提供了行政管理方面的支持,还多次组织专家研讨,为编写中的重点和难点问题提供建设性意见,令我们受益匪浅。浙江大学出版社及《手册》的责任编辑在编校和出版环节付出了辛勤的努力,他们严谨细致的工作态度令我们印象深刻。在此,我们谨向所有为《手册》倾情付出的同仁们表示衷心的感谢,其中的谬误和疏漏也望大家海涵。

目　录

第一部分　中国外语教育教学的语境

第一部分

中国外语教育教学的语境

第一章　中国外语教育政策概况

张慧玉

一、引　言

　　新中国成立后,随着国家对外交流活动的不断增加,外语人才缺口问题日益凸显,而不同时期中国对不同语种人才的需求处在动态变化之中,这对中国外语人才培养提出了特殊的挑战。面对这一特定的中国问题,相关部门及外语教育界尝试从政策层面提出相应的解决方案,逐步建立了外语教育体系。经过 70 余年的发展,中国外语基础教育和高等教育都有了长足的进步,形成了以英语为主、多语种并存的局面。中国外语教育的发展与相关政策密不可分。外语教育与中国的时代发展密切相关,相关政策也受到社会发展、国家战略、国际交往等因素的影响(蔡基刚,2017;刘道义、郑旺全,2018)。中国政府及相关部门作为政策制定的主体,尤为注重政策与社会历史环境的互动,通过政策的动态调整实现对外语教育的调控,在实践中探索有助于提升政策实施效果的途径。换言之,外语教育政策既是公共政策层面解决中国独特外语人才缺口问题的基本方案,也是中国外语教育教学实践探索的基础,政策的切实落地与不断完善形成解决中国外语能力建设问题的正循环。值得注意的是,考虑到中国特殊的语言状况及相关国情,中国难以照搬国外的外语教育政策,现有的较为完善的外语教育政策体系是多方协力自主探索的成果。鉴于政策对中国外语教育及外语教学的重要影响,本章尝试系统梳理新中国成立以来的外语教育政策演进,在呈现中国外语教育历史全貌的同时,凸显政策对外语教学的影响,并为后续章节深入探讨中国外语教育教学中的具体问题及对应的自主解决方案提供政策背景。

　　就宏观体系而言,中国外语教育可以分为基础教育阶段和高等教育阶段。由于目前中国高考外语科目包括英语、俄语、日语、法语、德语、西班牙语 6 个语种,基础教育阶段中的中学阶段的外语教学也主要涵盖以上 6 个语种。高等教育阶段的外语教育根据培养对象的不同，可以分为面向所有学生的通识外语教育（或大学外语教育）和面向外语专业学生的专业外语教育，前者主要集中于英语教学，兼顾法语、德语、俄语、日语、西班牙语、阿拉伯语等通用语种，而后者开设的语种专业类型日渐丰富。在"一带一路"倡议提出之后，为了满足小语种人才需求，语种专业更是出现数量陡增的情况，除了上述通用语种专业，还设有 90 余个语种的非通用语种专业。这一宏观体系构成了中国外语教育政策制定与落实的基础。因此，本章基于该体系，从历时演进的视角分别梳理、介绍 70 余年来中国基础教育阶段和高等教育阶段外语教育政策的发展，以初步呈现中国外语教育界如何基于不同的社会历史背景、面向不同的目标人群、针对不同时期的外语人才缺口问题提出独特的政策性解决方案。

二、中国基础外语教育政策

基础阶段的外语教育既为外语人才培养奠定了基础，也是全面提升国家外语能力的基本途径。中国基础外语教育始于新中国成立初期，从大力提倡俄语转向英语和俄语并重，之后很长时间英语占据主导地位，到如今多语种教育逐渐受到重视（皮俊珺，2022）。从新中国成立至今，中国基础外语教育政策可以大致分为苏化时期（1949—1955 年）、探索时期（1956—1965 年）、"文革"时期（1966—1976年）、恢复时期（1977—1985 年）、全面推进义务教育时期（1986—2000 年）、基础教育改革时期（2001—2013 年）以及"一带一路"新时期（2014 年至今）（戴韦栋，2008；胡文仲，2009；吴驰、何莉，2011），时间跨度较大，但各阶段的特点相对明显，这与特定的社会历史背景密切相关。与高等教育阶段的外语教育不同，基础外语教育覆盖面广，资源投入与成本更高，因而政策变化能够更加直接地反映出不同时期中国的外交政策走向及相应的外语人才需求。

（一）苏化时期（1949—1955 年）

新中国成立初期，受当时"一边倒"的外交政策影响，中国中学俄语教育迅速发展（佟晓梅，2011）。1950 年 8 月，教育部颁布《中学暂行教学计划（草案）》，规定初中、高中均须设一种外国语——英语或俄语，如有师资、教材等条件宜设置俄语。1952 年，《中学暂行规程（草案）》进一步对中学的学科设置、教育原则、学制、教育任务、教育目标等做出了详细规范,继续保持外语这一科目,并鼓励各学校优先教授俄语,其次是英语(四川外语学院外语教学研究室,1983)。由此可见当时俄语在基础外语教育中占据重要地位。为促进俄语教学,1951 年《俄文教学》杂志创刊,毛泽东主席为该杂志题写了刊名,1952 年,教育部全国俄文教学指导委员会正式成立,并将《俄文教学》作为该委员会的机关刊物(王定华、杨丹,2021)。

1954 年,教育部下达的《关于从 1954 年秋季起中学外国语科设置的通知》规定,初中不设外国语科,高中从一年级起授俄语,个别地区,如缺少俄语师资的可授英语(四川外语学院外语教学研究室,1983)。为解决俄语师资不足的问题,国家鼓励其他学科,尤其是英语教师自学或受训后转授俄语,由此形成了中国外语教育史上第一次外语教师大转业(谢倩,2011)。

(二)探索时期(1956—1965 年)

1956 年后,随着国际形势和中苏关系的变化,中国基础外语教育政策发生了重要变化,英语地位逐渐上升,并逐步取代俄语。1956 年,教育部发布《关于中学外国语科的通知》,决定自 1956 年秋季起从高中一年级开始增设英语课,并首次提出俄语与英语的比例应为 1∶1,这标志着中国外语教育政策的一个转折(胡文仲,2001)。1956 年、1957 年还分别颁布了新中国成立后第一个高中和初中的英语/俄语教学大纲(草案),对教学目的、课时和任务做出了明确要求。

20 世纪 50 年代末之后,随着中国与西方国家、第三世界国家的建交,中国进一步调整了外语政策,英语在中学外语教育中的地位逐渐提高,俄语的地位相应下降。1959 年,教育部下发《关于在中学加强和开设外国语的通知》,进一步要求全国各学校在初中阶段开设外国语课程,在高中阶段加强外国语教学,并明确提出加强英语科目的设置和教学比重,指出"大体上可以规定约有三分之一的学校教俄语,三分之二的学校教英语及其他外国语"(课程教材研究所,2001a:101)。

此后,英语课程逐渐取代俄语课程,俄语学习人数和教师数量骤降,英语作为第一外语的地位得到强化。1964 年,《外语教育七年规划纲要》颁布,在新中国成立以来首次确定英语为第一外语(四川外语学院外语教学研究室,1983),自此到改革开放前,英语在基础外语教学中堪称一枝独秀。

(三)"文革"时期(1966—1976 年)

"文革"期间,基础外语教育受到了很大的影响,其中英语教育首当其冲,几乎停滞,很多学校的英语课程被取消或大幅缩减。直到 1971 年中国恢复联合国合法席位,基础外语教育才开始缓慢恢复。1972年和1975年,国务院发布的毛主席"外语还是从小学学起好"语录推动了小学开设外语课。但当时外语教育主要服务于政治斗争,缺乏对教学客观规律的研究,整体教学质量较低(刘道义,2011)。

(四)恢复时期(1977—1985年)

改革开放后,中国外语教育事业逐渐恢复,英语仍是中国基础教育阶段的主要学科,但俄语教育逐步恢复,同时随着中日关系改善,日语开始进入中小学教育。1982年5月至6月,教育部召开全国中学外语教育工作会议,7月下达《关于加强中学外语教育的意见》,其中提到"中学语种设置,从全国范围来说,以英语为主,俄语应占一定比例,有合格师资条件的学校,可根据需要适当开设日语"(课程教材研究所,2001a:158),明确了改革开放初期基础外语教育的结构,并指明了该阶段外语教学的主要方向。

中小学英语教育在改革开放后逐步恢复。1978年教育部颁发了《全日制十年制中小学英语教学大纲(试行草案)》,开始规范当时混乱的中小学英语教学。1981年,教育部将中小学由十年制改为了十二年制,为了解决师资问题,在全国范围内缩减小学英语课程,集中力量加强中学英语教学,个别城市仅在小学最后两年开设英语课程。同年,《全日制六年制重点中学教学计划(试行草案)》发布,初中和高中英语课本的编写工作开启,中学英语教育开始得到规范(刘道义、郑旺全,2018)。

在基础俄语教学方面,1977年9月,教育部组织编写中小学各科教材,以"全国中小学教材编写工作会议"的名义开展工作,并于1978年出版了《全日制十年制中小学俄语教学大纲》和小学、初中、高中俄语教材。新教材更具科学性和实用性,俄语教学也更加规范。在具体布局上,根据《关于加强中学外语教育的意见》的要求,开设俄语的中小学主要位于与苏联接壤的地区,包括黑龙江、吉林、辽宁、内蒙古、新疆等省、自治区,此外北京、天津、上海三个直辖市也有开设(四川外语学院外语教学研究室,1983)。

此外,1978年后中日关系进入"蜜月期",基础日语教育也取得了很大进展,开设日语课程的学校逐渐增多(皮俊珺,2022)。但当时中国基础教育中的日语科目既没有教学大纲,也没有全国通用教材。各地日语课程设置、教学原则、教学内容等缺乏统一要求,致使日语教学工作无章可循(唐磊,2020)。为了解决上述问题,1982年,教育部在北京召开了全国中学日语教学工作座谈会,了解中学日语教学现状及存在的问题,同时审定并在会后颁布了《中学日语教学纲要》,明确了"日语是中学外语课开设的语种之一"(课程教材研究所,2001b:1),标志着日语科目被正式纳入中学教育课程计划,为中学日语教学提供了参考。1983—1985年,人民教育出版社依据此纲要编写并出版了中国第一套全国通用的初、高中日语教材,缓解了一直以来日语科目师生无教材可用的难题(唐磊,2020)。1984年,中国日语教学研究会在长春召开了基础教育阶段日语教学经验交流会。与会代表认为,日语教学必须适应"教育要面向现代化,面向世界,面向未来"的要求,高质量、快速度地培养日语人才。

这一时期,外语在高考中的比例逐渐提高。1977年,教育部宣布恢复高考,但仅要求报考外语专业的考生参加外语考试。1978年,所有考生都可以参加外语考试,但外语成绩不计入总分,仅作为录取参考。1979年,教育部在《关于1979年高等学校招生工作会议的报告》中指出,为了提高大学生的外语水平,同时推动中小学的外语教学,将逐步把外语科目成绩计入高考总分,但考虑到实际情况,仅将报考重点院校考生的外语成绩按10%计入高考总分;报考一般院校的,仍只作为参考分处理。1980年,教育部决定将外语考试成绩按30%计入高考总分,但专科学校仍仅将其作为参考分;同时明确指出,将逐年提高外语科目计分比例。1981年,本科院校将外语考试成绩按50%计入高考总分,专科学校是否计入总分由省、自治区、直辖市决定。1982年,教育部将报考本科院校考生的外语成绩按70%计入高考总分(刘庆思,2017)。从1983年起,英语考试成绩完全计入高考总分,俄语、日语、德语、法语、西班牙语也被正式列入高考科目,高考报名时考生可以自由选择,以原始分计入总分,中学外语教育由复苏转入正轨。其中德语、法语、西班牙语虽被列入高考,但缺乏统一的课程标准和通用教材,发展较为缓慢,主要在少数外国语中学中教授。因此从改革开放到20世纪90年代末,日语和俄语是基础教育阶段的主要非英语语种。

(五)全面推进义务教育时期(1986—2000年)

从20世纪80年代中期至90年代末,基础外语教育进入深化改革、稳定发展的阶段。1986年10月,在前期广泛调查的基础上,国家教育委员会①(以下简称

---

① 新中国教育部成立于1949年11月1日,1985年至1998年称作国家教育委员会。

"国家教委")召开了全国中学外语教育改革座谈会,发布《关于改革和加强中学外语教学的几点意见》,提出改革教材教法、建设师资、开展教研等措施,并重申了1982年确定的以英语为主、兼设其他通用语种的方针(张国强,1997)。20世纪90年代之后,我国外语教学方法更加完善,根据1996年时任国务院副总理李岚清关于加强外语教学法研究的指示,国家教委基础教育司于1997年在北京召开了全国中学外语教学座谈会,肯定了之前外语教学改革和教材建设的成果,同时指出当前亟待解决的问题。在这次会议精神的指导下,中国教育学会外语教学专业委员会每两年召开一次教研工作研讨会,交流教研经验,引进新的教学方法。

多语种教学方面,国家教委分别于1987年和1992年颁布了《全日制中学英/俄/日语教学大纲》和《九年义务教育初中英/俄/日语教学大纲(试用)》。两份大纲在总结以往基础外语课程实践的经验教训的基础上,借鉴了中国港台地区和国外语言教学研究的最新成果,推动了基础外语,特别是英语、俄语和日语教学的发展(张建伟,2016)。在上述政策文件的支持下,这一时期随着改革开放的深化,日语和俄语教学规模逐渐扩大。基础日语教育在20世纪80年代至90年代前期达到高峰,90年代,开设日语的学校数量和师生规模都保持稳定(皮俊珺,2022)。80年代,基础俄语教育也在原有的基础上逐渐发展壮大(杨家胜,2009)。苏联解体后,中俄之间的政治、经济、文化、外交等方面的交往不断深化,俄语教育也进入发展高潮(樊莲生,2015)。但进入90年代后,受到高校招生语种的限制、英语使用率进一步上升等因素影响,中学俄语学生人数有所下降(杨家胜,2009)。

(六)基础教育改革时期(2001—2013年)

进入21世纪后,中国基础外语教育进入新的发展阶段,英语教育实现跨越式发展。2001年教育部印发了《关于积极推进小学开设英语课程的指导意见》①,要求小学开设英语课程,小学英语教育飞速发展。同年,《全日制义务教育英语课程标准(实验稿)》出台,教育部从2001年秋季起开始新课程的试验推广,标志着中国基础英语教育进入新的发展阶段。2003年《普通高中英语课程标准(实验)》②颁布,对高中阶段英语教学的目标和内容做了详细规定。为了适应我国社会发展的需要,新英语课程标准采用了能力分级方式,从小学三年级到高中三年级设定了九个级别,并根据课程标准制定了《新标准英语》系列教材,基础教育阶段的英

---

① 参见:http://www.moe.gov.cn/srcsite/A26/s7054/200101/t20010120_166075.html。
② 参见:http://www.moe.gov.cn/srcsite/A26/s8001/200303/t20030331_167349.html。

语教学实现了从"教学大纲"到"课程标准"的转变(王定华、杨丹,2021)。

在多语种教学方面,这一阶段日语和俄语仍然是主要的外语语种,德语、法语、西班牙语也有一定的发展。《教育部关于做好 2001 年普通高等学校招生工作的通知》①规定,未经教育部批准,高等学校不得限制外语语种。这一要求在后续历年招生工作规定中长期存在,保障了非英语考生的权利。2003 年,教育部印发的《普通高中英/日/俄语课程标准(实验)》②,明确了日语、俄语和英语一样是外语必修课程的语种之一。高考招生限制的取消和课程标准的设置有效促进了外语教学的发展。

中外合作的师资培训也推动了基础教育外语教学质量的提升。例如,自2003 年起,人民教育出版社与日本国际交流基金会合作,面向中小学日语教师开展课程标准、教材、教学理念等培训(皮俊珺,2022)。2008 年,德国外交部发起"学校——塑造未来的合作伙伴"(PASCH)项目,从教学资料、师资培训、文化交流等方面为中国中小学德语教学提供了全方位的支持,有力推动了基础德语教育教学的快速发展(包俏俏,2023)。

(七)"一带一路"新时期(2014 年至今)

2014 年后,中国基础英语教育的发展保持稳定,中国坚持以英语学科素养为核心,推动以人为本的课程改革。2014 年,普通高中英语课程标准开始修订,并于 2018 年 1 月正式颁布,修订后的《普通高中英语课程标准(2017 年版)》③提出了语言能力、文化意识、思维品质和学习能力四大英语学科核心素养,进一步强调了英语教育的人文性,并且更加突出学生自主学习、合作学习的意识和能力。2019 年,教育部召开义务教育课程修订工作启动会,并于 2022 年颁布《义务教育英语课程标准(2022 年版)》④。新标准一改以往聚焦语言运用能力的学科目标,确立了通过英语课程落实立德树人根本任务、培养学生核心素养的课程目标。

这一时期,随着"一带一路"倡议的提出,国家出台了一系列鼓励学习小语种的招考政策,并首次发布了法语、德语、西班牙语中学教育的课程标准。越来越多

---

① 参见:http://www.moe.gov.cn/jyb_xxgk/gk_gbgg/moe_0/moe_7/moe_13/tnull_5496.html。

② 参见:http://www.moe.gov.cn/srcsite/A26/s8001/200303/t20030331_167349.html。

③ 参见:http://www.moe.gov.cn/srcsite/A26/s8001/201801/t20180115_324647.html。

④ 参见:http://www.moe.gov.cn/srcsite/A26/s8001/202204/t20220420_619921.html。

的中小学根据自身培养目标和实际情况,开设除英语之外的其他语种课程,选择日语和俄语,以及西班牙语、法语和德语为第二外语或高考语种的学生数量也在逐年增长。

2014 年,教育部印发《关于普通高中学业水平考试的实施意见》,将包括英语、日语、俄语、德语、法语、西班牙语在内的外语科目均列入学业水平考试范围,要求"将学业水平考试成绩合格,作为普通高中学生毕业以及高中同等学力认定的主要依据"[①]。2016 年,教育部印发《推进共建"一带一路"教育行动》,明确指出:"促进沿线国家语言互通……发挥外国语院校人才培养优势,推进基础教育多语种师资队伍建设和外语教育教学工作。"[②]

为了进一步规范德语、法语和西班牙语的教学,2018 年年初,教育部颁布了《普通高中课程方案和语文等学科课程标准(2017 年版)》[③],在原有的日语、俄语的基础上,增加了德语、法语和西班牙语课程,并制定了相应的课程标准,于 2018 年秋季开始执行,后又颁布 2020 年修订版。除了长期开设的俄语和日语,西班牙语、法语和德语也渐渐成为诸多学生的第二外语,甚至是高考语种的选择。

近年来,中小学外语师资队伍建设也逐渐加强。2017 年 7 月,教育部教师工作司明确规定,自 2017 年下半年开始,各试点省份的中小学教师资格考试初中、高中、中职文化课类别增设日语、俄语学科。[④] 2018 年 6 月,教育部完成对 32 个省级教研部门德语、日语、俄语、法语、西班牙语高中学科教研员或骨干教师的培训。[⑤] 各地教育主管部门也开始关注外语教学和教师发展。如上海在英语之外增设德语、日语、俄语等关键语种教研员,并将上海外国语大学附属外国语学校、北京外国语大学附属上海闵行田园高级中学等 5 所学校纳入"战略语种关键人才早期培养行动研究"项目。广东省深圳市增设日语教研员;广东、山东、浙江等省份选拔资深日语教师兼任教研员等(皮俊珺,2022)。黑龙江省教育厅推动"中俄中学联盟"成立,开展教师互访、互派任教,学生短期游学等活动(冯雅菲,2019)。这些举措有助于推动各地基础外语教育的发展。

---

① 参见:http://www.moe.gov.cn/srcsite/A06/s3732/201808/t20180807_344610.html。
② 参见:http://www.moe.gov.cn/srcsite/A20/s7068/201608/t20160811_274679.html。
③ 参见:http://www.moe.gov.cn/srcsite/A26/s8001/201801/t20180115_324647.html。
④ 参见:http://www.moe.gov.cn/s78/A10/tongzhi/201707/t20170712_309244.html。
⑤ 参见:http://www.moe.gov.cn/srcsite/A06/s3732/201805/t20180531_337895.html。

三、中国高等外语教育政策

与基础外语教育不同,高等教育阶段的外语人才培养不仅呼应国家的战略需求,而且直接与就业市场的人才缺口和岗位需求对接。目前中国高等教育阶段的外语教育涉及的语种繁多,本章进一步区分了通用语种教育和非通用语种教育。1997 年,教育部高等学校外语专业教学指导委员会内成立非通用语组,"非通用语"这一概念被正式引入(戴炜栋、胡文仲,2009)。2000 年,教育部发布《关于申报外语非通用语种本科人才培养基地的通知》,将"非通用语种"界定为除英语、法语、德语、俄语、日语、西班牙语、阿拉伯语 7 种语言以外的语种。根据这一定义,本章将中国高等教育阶段的外语教育政策分为通用语种教育(英语、法语、德语、俄语、日语、西班牙语、阿拉伯语)和非通用语种教育两部分,分别阐述其政策变化过程。值得注意的是,中国高等外语教育在新中国成立之初起步较低,且在后续历史进程中并非一直顺利向前发展,而是经历过波动甚至停滞。换言之,目前"百花齐放"的多语种教育体系是外语界 70 多年来不断自主探索、推动政策演进的结果。

(一)通用语种教育政策

新中国成立前,全国只有少数高等院校能够培养有限的外语人才,其中多数院校只设英语一种专业(王定华、杨丹,2021)。新中国成立以后,高等教育中的英语、俄语、法语、德语、日语、西班牙语、阿拉伯语等通用语种教育逐步发展,形成了比较完善的本科、研究生专业及公共外语课程,其发展历程主要可分为开拓期(1949—1965 年)、停滞期(1966—1977 年)、恢复期(1978—1991 年)、发展期(1992 年至今)四个阶段(戴炜栋,2008;胡文仲,2009)。

1. 开拓期(1949—1965 年)

新中国成立初期,中国外语教育呈现出了"以俄为主"的特点。当时,中国与苏联等社会主义国家的外交关系逐渐建立,合作前景广阔,迫切需要大批俄语人才。1951 年 9 月,第一次全国俄文教学工作会议在北京举行。会议结合中央提出的《全国俄文教学计划决定(草案)》,对俄语教学的方针、任务、分工、学制、课程、教材等进行了热烈讨论,取得一致意见。这是新中国成立后召开的第一次全国性的外语教学工作会议,在新中国外语教育史上具有重大意义(王定华、杨丹,2021)。

1954 年 4 月,政务院发布《关于全国俄文教学工作的指示》,对全国俄语教学工作做了详尽规定(四川外语学院外语教学研究室,1983)。此外,为了适应新中国对俄语人才的迫切需求,党中央还建立了北京俄文专修学校、上海俄文专科学校、西北俄文专科学校、哈尔滨外国语专科学校、沈阳俄文专科学校、西南俄文专科学校、新疆俄文专科学校 7 所专门培养俄语人才的学校。为满足国家派遣大量人员赴苏联学习的需要,北京俄文专修学校设立留苏预备部,派往苏联的人员需先在此学习一年俄语。这也标志着新中国留学教育的正式开始(王定华、杨丹,2021)。

1954 年以后,中国外交政策发生变化,周恩来总理率代表团首次参加了日内瓦会议,次年又参加了万隆会议,我国同世界各国,尤其是东方各国的交往逐渐增多,相关语种人才严重缺乏。此时,根据党中央"必须扩大外国语的教学"的要求和毛泽东主席的指示,相继恢复或开设一些高校的英语、德语、法语等语种的课程。1954 年,中央军委外国语学校升格为北京外国语学院,设有英语、德语、法语、西班牙语 4 个专业。1956 年起,上海俄文专科学校增设英语、德语、法语专业,更名为上海外国语学院。到 1956 年年底,全国共有 5 所高等院校设有法语专业,4 所高等院校设有德语专业,还有个别院校设有西班牙语、日语、阿拉伯语等专业(四川外语学院高等教育研究所,1993:51)。同时,随着中苏关系逐渐恶化,全国俄语教育规模开始收缩。1957 年,高等教育部发出《关于俄语、波语、捷语、东语各专业学生转学、转专业的具体办法》,指出过去几年俄语、波兰语、捷克语、东斯拉夫语各专业招生人数过多,部分学生可以转学、转专业,并要求俄语专业暂停招生一年(四川外语学院外语教学研究室,1983)。到 1959 年年底,先前建立的 7 所俄文专科学校不复存在,均已发展成多语种的外国语学院或综合性大学。

1964 年,国务院同意颁布实施《外语教育七年规划纲要》(王定华、杨丹,2021)。该规划纲要一方面明确将英语列为中国的第一外国语言,标志着中国高等学校外语教育的重心正式从俄语转向英语;另一方面强调要大力调整高等学校开设外语课的语种比例,适当增加学习法语、西班牙语、阿拉伯语、日语和德语的人数,同时新建和扩建一批高等外语院校。本文根据《人类命运的回响——中国共产党外语教育 100 年》(王定华、杨丹,2021)整理了相关院校及语种的信息,如表 1.1 所示。

表 1.1 1956—1965 年成立/扩建的高等院校及设置的主要通用语种(王定华、杨丹,2021)

成立/扩建年份	院校名称	设置的主要通用语种
1956 年	上海外国语学院	英语、俄语、德语、法语
1956 年	哈尔滨外国语学院	英语
1958 年	辽宁大学	英语、俄语、日语
1958 年	西安外国语学院	英语
1958 年	黑龙江大学	英语、俄语、日语
1959 年	北京外国语学院	英语、俄语、德语、法语、西班牙语
1959 年	四川外国语学院	英语
1959 年	北京广播学院	英语、西班牙语
1961 年	外交学院	英语、法语、日语
1964 年	北京第二外国语学院	英语、德语、法语、日语、西班牙语、阿拉伯语
1965 年	国际关系学院	英语、俄语、法语、日语
1965 年	广州外国语学院	德语、法语、西班牙语
1965 年	北京语言学院	英语、俄语、法语、西班牙语

2. 停滞期(1966—1977 年)

十年"文革"期间,党和国家的文化事业遭受严重打击,外语教育是"文革"的重灾区。1966 年起,《外语教育七年规划纲要》被迫中断,高等外语院校停止招生长达五年之久。1970 年,部分高等院校开始试点,招收工农兵学员。周恩来总理深知外语教育的重要性,在 1970—1971 年多次召集北京外语专业的师生代表座谈并做出重要指示。1972 年,中国开始恢复派遣留学人员,当年共派出 36 名语言类专业进修生。然而,"四人帮"大肆宣扬"不学 ABC,照样干革命"的谬论,再次严重破坏了外语教育恢复招生后的一线转机(王定华、杨丹,2021)。1976 年,"文革"结束,高等外语院校师生开始检查现行教材内容,外语专业教育逐渐恢复。

3. 恢复期(1978—1991 年)

进入改革开放新时期,中国外语教育迈入恢复、改革和发展的新阶段。在公共外语教学方面,1978 年,教育部颁布《加强外语教育的几点意见》,指出中国应大力办好公共外语教育,增加课时,提高教学要求,并指出中国的公共外语主要是英语,同时兼顾日语、法语、德语、俄语等语种,为大学英语教育的快速发展奠定了较好的基础,大学英语教育进入恢复阶段(四川外语学院外语教学研究室,1983)。

为落实教育部要求,1980 年,高等学校理工科公共外语教材编审委员会和文科公共英语教材编审组恢复,并于 1985 年统一为大学外语教材编审委员会,统筹大学本科非外语专业的教材编审等工作。国家教委于 1985 年和 1986 年先后颁布《大学英语教学大纲(高等学校理工科本科用)》和《大学英语教学大纲(文理科本科用)》,分别指导理工类和综合性高校的英语教育工作。1987 年,大学英语四级考试试行,1989 年举行了第一次大学英语六级考试,从此四六级考试的规模不断扩大。1988 年 4 月,《大学俄语教学大纲(高等学校非俄语专业通用)》批准通过,该大纲认真总结中国大学俄语教学 30 多年来的经验,同时参考了《大学英语教学大纲》,力求具有科学性、先进性、实用性和灵活性;次年,《大学日语教学大纲(高等院校非日语专业本科用)》获批并参照执行,推动了公共俄语和日语教学的发展(王定华、杨丹,2021)。此外,这一时期,一批高质量的大学外语教材陆续问世,如复旦大学董亚芬主编的《大学英语》(1986 年)、上海交通大学杨惠中与张彦斌等主编的《大学核心英语》(1987—1988 年)等,为中国大学外语的快速发展奠定了基础。

这一阶段,外语专业教育也迅速恢复,各专业教学指导计划相继颁布,供各外语院校、综合性大学参照执行,同时教材编审工作也大规模开展。1980 年,教育部发出《关于委任高等学校外语专业教材编审委员会委员及负责人的通知》,并在青岛召开全国高等学校外语专业教材编审委员会成立大会和第一次会议。会议修订了 1980—1985 年高等学校外语专业教材编写计划,并起草或修订了包含英语、日语、德语、法语、俄语各语种的教学计划草案和部分基础课程的教学大纲草案。五年内,第一届编审委员会成员审定了各类教材 138 种,共 265 册,其中已出版的有 82 种,共 165 册,是新中国成立以来外语专业教材编写规模最大的一次(四川外国语学院高等教育研究所,1993)。

为了推动各通用语种的教学研究和学术交流,许多学术研究组织陆续成立,并通过举办教育指导会议、出版期刊等方式促进专业教育发展。1981 年 5 月,中国外语教学研究会在杭州举行成立大会。为便于开展工作,中国外语教学研究会下设八个分会,包括中国俄语教学研究会、中国法语教学研究会、中国德语教学研究会、中国日语教学研究会、中国西班牙语葡萄牙语教学研究会等。例如,中国俄语教学研究会同月在上海成立,并决定出版学术性会刊《中国俄语教学》。随后几年,中国俄语教学研究会围绕俄语课程、教材、教学等俄语界的热点、难点问题,举办学术活动,评选优秀论文,取得了丰硕成果(王定华、杨丹,2021)。

改革开放使研究生教育成为中国教育发展的新亮点。1981 年 11 月,国务院批准中国首批硕士学位和博士学位授予单位及学科,与通用语种专业相关的授予单位及学科如表 1.2 所示。

表 1.2 中国首批通用语种专业的硕博士学位授予单位及学科

(四川外国语学院高等教育研究所,1993:51)

学位	学科	授予单位
博士	英语语言文学	北京大学、北京外国语学院、南京大学、中山大学、中国社会科学院研究生院
	法语语言文学	南京大学、中国社会科学院研究生院
	德语语言文学	北京大学、中国社会科学院研究生院
	印度语言文学	北京大学
硕士	英语语言文学	北京大学、北京外国语学院、国际关系学院、南开大学、天津外国语学院、吉林大学、东北师范大学、复旦大学、华东师范大学、上海外国语学院、南京大学、杭州大学、厦门大学、福建师范大学、山东大学、河南大学、武汉大学、中山大学、暨南大学、广州外国语学院、四川大学、兰州大学、中国社会科学院研究生院
	俄语语言文学	北京大学、北京外国语学院、南开大学、黑龙江大学、上海外国语学院、南京大学、武汉大学
	法语语言文学	北京大学、北京外国语学院、复旦大学、上海外国语学院、南京大学、中国社会科学院研究生院
	德语语言文学	北京大学、北京外国语学院、上海外国语学院、南京大学
	日语语言文学	北京大学、吉林大学、上海外国语学院
	西班牙语语言文学	北京外国语学院
	阿拉伯语语言文学	北京外国语学院

4. 发展期(1992 年至今)

1992 年后,通用语种的外语教育进入快速发展期。一方面,公共外语教育规模扩大,对教学大纲的制定提出了新要求。随着大学英语教育的发展,1985 年和 1986 年制定的理工科和文理科的大学英语教学大纲已难以满足新条件下大学英语教育的实际情况。为此,1999 年教育部正式颁布《大学英语教学大纲(修订本)(高等学校本科用)》,这是一份统一的、不区分专业类型的大学英语教学大纲。新大纲明确提出了复合型人才的培养,强调本科教学的整体性和连贯性的结合。

2003 年,教育部高等教育司组织成立了大学英语课程教学要求研制组,2004 年印发《大学英语课程教学要求(试行)》①,明确将大学英语课程定位为高等教育的组成部分,确定其不仅是语言知识课程,更是素质教育课程,推动实现教学观念、教师角色、学习方法和教学管理体制的转变。教育部办公厅 2007 年印发的《大学英语课程教学要求》②,教育部高等学校大学外语教学指导委员会 2015 年制定、2020 年修订的《大学英语教学指南》都坚持这一定位,并不断优化课程规范。此外,《大学日语教学大纲》《大学法语教学大纲》等相继修订,对学生的词汇量、阅读、写作、翻译等能力提出了更高的要求。这一系列政策的实施推动了公共外语教学中主要小语种教学的发展,有助于培养学生的语言技能。

另一方面,外语专业开设院校数量增多、开办专业更加多样。从 20 世纪 90 年代末开始,随着高校扩招,开设英语、俄语、法语、德语、日语、西班牙语、阿拉伯语等通用语种专业的高校数量骤增。教育部高校招生阳光工程指定平台"阳光高考"③的数据显示,截至 2023 年,全国本科普通教育开设英语专业的院校有 994 所,商务英语 417 所,日语 498 所,俄语 176 所,法语 148 所,德语 119 所,西班牙语 101 所,阿拉伯语 43 所,其省域分布如图 1.1、图 1.2 所示。

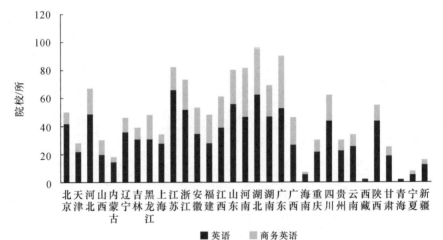

图 1.1 英语类专业本科普通教育开设院校省域分布

资料来源:本章作者根据"阳光高考"的数据整理绘制,数据统计截至 2023 年 12 月 31 日。

---

① 参见:http://www.moe.gov.cn/srcsite/A08/s7056/200401/t20040130_110837.html。
② 参见:http://www.moe.gov.cn/srcsite/A08/s7056/200707/t20070710_110825.html。
③ 平台网址:https://gaokao.chsi.com.cn/。

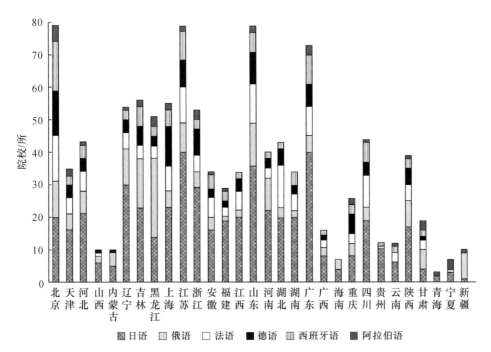

图 1.2 非英语类通用语种专业本科普通教育开设院校省域分布

资料来源:本章作者根据"阳光高考"的数据整理绘制,数据统计截至 2023 年 12 月 31 日。

可以看出,英语已成为全国各地院校的常设专业,并且为解决商业贸易中对外语人才的需求,专注于该领域的商务英语专业也相应成立并得到了较高程度的普及。相比之下,开设非英语类通用语种专业的院校数量则与当地的历史背景、经济发展水平密切相关。例如,开设日语专业的院校主要分布在广东、江苏、山东、浙江、辽宁和吉林;俄语专业主要开设于黑龙江、吉林等东北地区的高校;北京、山东、湖北开设法语专业的院校较多;北京、上海、山东开设德语专业的院校较多;开设西班牙语、阿拉伯语的院校则主要集中在北京、江苏、浙江、上海、广东等地区。研究生培养规模也逐渐扩大,以学术型硕士和博士为例,截至 2025 年 3 月,开设通用语种硕士和博士学位的院校情况如表 1.3 所示。

表 1.3 通用语种学术型硕士及博士专业及开设院校数量

学位	学科	院校数量/所
博士	英语语言文学	29
	日语语言文学	17

续表

学位	学科	院校数量/所
博士	俄语语言文学	16
	法语语言文学	10
	德语语言文学	7
	西班牙语语言文学	2
	阿拉伯语语言文学	3
硕士	英语语言文学	156
	日语语言文学	73
	俄语语言文学	58
	法语语言文学	30
	德语语言文学	26
	西班牙语语言文学	14
	阿拉伯语语言文学	12

资料来源:"中国研究生招生信息网"(https://yz.chsi.com.cn/)。

1998 年,教育部颁发《关于外语专业面向 21 世纪本科教育改革的若干意见》(以下简称"《意见》")。《意见》指出,单一外语专业和基础技能型人才已不能适应市场经济的需要,市场对单纯语言文学专业毕业生的需求量正逐渐减小。《意见》进一步明确了中国外语人才培养方向,外语专业应培养宽口径、应用型、复合型人才。各院校纷纷开始探索复合型外语人才培养模式,以北京外国语大学和上海外国语大学为代表,形成"外语＋专业知识""外语＋专业方向""外语＋专业""专业＋外语"等 6 种主要的人才培养模式(戴炜栋、胡文仲,2009),如北京外国语大学推出"俄语(金融)""德语(国际传播)""西班牙语(国际商务)"等复合专业。

2002 年,教育部发布《关于成立 2002 年—2006 年教育部高等学校外语专业等科类教学指导委员会的通知》[①],包括英语、日语、俄语、德语、法语、阿拉伯语、西班牙语等语种的教学指导委员会成立,委员会负责组织和开展高校相应学科专业教学领域的理论与实践研究、指导学科专业建设、制定专业规范或教学质量标

---

① 参见:http://www.moe.gov.cn/jyb_xxgk/gk_gbgg/moe_0/moe_8/moe_25/tnull_277.html。

准等工作。这进一步显示了高等教育通用语种专业教育的系统性和专业性(王定华、杨丹,2021)。2018 年,《普通高等学校本科专业类教学质量国家标准(外国语言文学类)》①正式颁布,这是由教育部颁布的第一个覆盖外语类各专业的国家标准,为外国语言文学类专业的准入、建设和评估设定了基本原则。为了贯彻落实该国家标准,2020 年教育部高等学校外国语言文学类专业教学指导委员会发布《普通高等学校本科外国语言文学类专业教学指南》②,为各专业课程体系提供了具体的参考,为新时期外语类专业建设提供了指引。

此外,对于高校通用语种专业人才培养而言,各语种均设有专业等级考试,对学生外语专业能力和高校外语专业培养水平进行评价。英语、俄语、日语、法语、德语、西班牙语、阿拉伯语的专业等级考试均分为四级和八级两个等级。除各级各类外语考试以外,从全国到地方的各类外语竞赛也是外语教育评价体系的重要一环。与通用语种相关的有全国大学生英语演讲比赛、中华全国日语演讲大赛、全国高校俄语大赛、全国青年德语风采大赛、全国高校法语演讲比赛等等。

(二)非通用语种教育政策

除了上述 7 个通用语种(英语、法语、德语、俄语、日语、西班牙语、阿拉伯语),非通用语种教育也是中国外语教育的重要组成部分。中国的非通用语种教育历史较为久远。新中国成立之前,由于军事和政治需要而建立的国立东方语文专科学校设立 8 个语科:印地语、缅甸语、暹罗语(泰语)、马来语、越南语、韩语、菲律宾语和阿拉伯语(丁超,2016)。新中国成立以后,高校非通用语种教育逐步完善,其发展历程主要可分为开拓期(1949—1965 年)、停滞期(1966—1977 年)、恢复期(1978—1999 年)、发展期(2000 年至今)四个阶段。(戴炜栋,2008;胡文仲,2009;丁超,2016)

1.开拓期(1949—1965 年)

新中国成立后,中国的外语非通用语种教育建设和人才培养真正起步。在苏联之后,包括保加利亚、罗马尼亚、匈牙利、捷克斯洛伐克等东欧国家,朝鲜、蒙古国、越南等亚洲国家,以及瑞典、丹麦、芬兰等北欧国家,纷纷与新中国建立外交关系。为了深化与这些国家的交往,培养语言人才成为首要任务。

---

① 参见:https://jxzlglc.syist.edu.cn/uploads/file/20240402/20240402153544-2228.pdf。

② 参见:https://www.fltrp.com/c/2020-06-02/497787.shtml。

新中国成立初期,中国各领域亟待恢复和发展,党和国家对非通用语种人才培养给予了高度关注。周恩来总理在与东欧国家领导人的会晤中,探讨了互派留学生学习语言文字、增进相互了解和加强合作事宜。1950 年 9 月,新中国向波兰、捷克斯洛伐克、匈牙利、罗马尼亚、保加利亚五国各派遣五名留学生,专门研究语言文字和历史(张天伟,2017)。此举标志着新中国留学生派遣工作的启动,同时也为中国相关语言教学培养了首批师资。

1952 年,经过高校院系调整,北京大学东方语言系的语种扩大到 10 种,北京大学成为中国东方语言教学的重要基地。1962 年,周恩来总理、陈毅副总理批准了外交部《关于北京外国语学院专业设置计划的报告》,其中提出逐步开设新语种,每年增加 5 种左右,10—20 年内争取将世界上的主要语种都开办起来,计划开设语种数达到 74 种(杨丹,2022)。

1964 年,《外语教育七年规划纲要》对于加强外语院校建设、扩大语种和教学规模、派遣包括非通用语种在内的外语留学生等工作都做了明确规划,要求语种数量从 1964 年的 39 种发展到 1970 年的 49 种。根据《规划纲要》的要求,北京外国语学院(现北京外国语大学)亚非语系由 5 种外语扩展为 11 种;北京广播学院(现中国传媒大学)、上海外国语学院(现上海外国语大学)、广州外国语学院(现广东外语外贸大学)、广西民族学院(现广西民族大学)等也先后增设了非通用语种专业(丁超,2016)。教育部 1966 年 3 月的数据显示,全国外语院校当时共开设了 41 种外语,其中 34 种为非通用语种(丁超,2016)。本章根据戴炜栋(2008)的介绍整理了表 1.4,以初步呈现"文革"之前中国开设非通用语种专业的情况。

表 1.4　20 世纪 60 年代中期开设的部分非通用语种专业(戴炜栋,2008:583)

院校	非通用语种专业
北京大学	印地语、梵文巴利文、朝鲜语、泰语、蒙古语、缅甸语、越南语、印度尼西亚语、乌尔都语、波斯语
北京外国语学院	波兰语、捷克语、罗马尼亚语、柬埔寨语、老挝语、僧伽罗语、斯瓦希里语、马来语、印度尼西亚语、越南语、缅甸语、泰语、豪萨语、土耳其语、匈牙利语、保加利亚语、阿尔巴尼亚语、瑞典语、葡萄牙语、意大利语、塞尔维亚语
北京广播学院	斯瓦希里语、土耳其语、波斯语、尼泊尔语、泰米尔语、孟加拉语、普什图语、葡萄牙语
北京对外贸易学院	朝鲜语、越南语、意大利语

院校	非通用语种专业
广西民族学院	越南语、泰语、老挝语
解放军外国语学院	朝鲜语等多个亚洲语言
解放军南京外国语学院	印地语、越南语、泰语、缅甸语

2. 停滞期(1966—1977 年)

"文革"期间,国内的非通用语种发展基本处于停滞状态。1966 年到 1971 年,高校数量从 434 所减至 328 所(戴炜栋、胡文仲,2009)。受当时政治环境影响,非通用语种的人才培养、高等教育专业建设和留学生的派遣虽未完全中断,但也受到了严重破坏。

3. 恢复期(1978—1999 年)

改革开放后,随着中国对外贸易的发展,人们对英语、日语等通用语种的需求迅速增加,但非通用语种仍处于边缘地位,导致非通用语种人才培养恢复较为缓慢。1978 年,全国外语教育座谈会提出《加强外语教育的几点意见》,提到要有计划地开设非通用语种,创造条件逐步开设一些稀有语种,以适应研究工作的需要(课程教材研究所,2001b)。该文件对中国非通用语种教育的恢复起到一定的推动作用,到 1984 年年底,全国开设的外语语种为 34 种(付克,1986),但仍少于 1966 年的 41 种。

1985 年,国家教委在北京外国语学院召开非通用语言发展规划座谈会,会后草拟了《全国非通用语言教学和科研发展规划》,并上报国务院。此后,北京外国语学院和北京大学相关专业开始招收定向生和提前单独招生,缓解了非通用语种专业生源不足的问题,并扩大到相关院校。进入 20 世纪 80 年代末期,非通用语种逐渐受到重视。1987 年,中国亚非语教学研究会成立(于 1998 年更名为中国非通用语教学研究会)。1997 年,国家教委成立了高等学校外语专业教学指导委员会非通用语组(于 2007 年更名为教育部高等学校外国语言文学类专业教学指导委员会非通用语种类专业指导分委员会)。这两个机构为中国非通用语种本科和研究生教育搭建了全国性的平台。1997 年,国家教委在 4 所部属院校发放"小语种特殊津贴",体现了对非通用语种专业建设的重视(戴炜栋、胡文仲,2009)。

4. 发展期（2000 年至今）

进入 21 世纪，中国非通用语种教育迅速发展。教育部于 2001 年设立"非通用语种本科人才培养基地"（包括北京大学、北京外国语大学、上海外国语大学、北京广播学院、广东外语外贸大学、广西民族学院、解放军外国语学院和解放军国际关系学院 8 所高校）。2007 年，通过设立"特色专业建设点"等扶持计划，中国非通用语种高等教育的教学条件得到了显著改善，从专业建设到人才培养，从学术研究到社会服务，均取得了长足进步。

在师资队伍建设方面，2010 年，教育部加入"中国留学基金管理委员会"启动实施了"国际区域问题研究及外语高层次人才培养项目"。项目所资助对象为国际区域问题研究相关专业或外语类专业高级研究学者、赴国外攻读学士（仅限国家急需但国内暂不能自主培养的语种专业）、硕士或博士学位者、联合培养硕士生或博士生等，该项目先后为国内 9 个空白语种专业培养了师资人才。[①]

在专业建设上，自"一带一路"倡议提出之后，中国对非通用语种人才的需求越来越大，教育部于 2015 年发布《关于加强外语非通用语种人才培养工作的实施意见》，提出工作目标是"实现所有已建交国家官方语言全覆盖"[②]。根据"阳光高考"平台发布的 2023 年版《普通高等学校本科专业目录》，外国语言文学类共有 104 个本科专业，其中非通用语种达 94 个，可见中国非通用语种教育规模呈逐渐扩大趋势，本科院校的非通用语种发展最为迅速。

此外，2018 年，《普通高等学校本科专业类教学质量国家标准（外国语言文学类）》出台，为非通用语种类专业制定了标准。2020 年，教育部高等学校外国语言文学类专业教学指导委员会依据国家标准研制了《普通高等学校本科外国语言文学类专业教学指南》，其中非通用语种类专业指导分委员会提供了详细具体的专业建设指导和评价依据，并以韩语为例，制定了专业教学计划，构建了公共基础类课程、专业核心课程、专业方向课程的基本课程体系，为非通用语种教学提供了示范。

---

① 参见：https://www.csc.edu.cn/chuguo/s/3364。
② 参见：https://jyt.fujian.gov.cn/xxgk/zywj/201511/t20151106_3180034.htm。

四、中国外语教育政策的主要特点及机制

本章主要梳理了中国基础教育及高等教育阶段外语教育政策的历时演进,以初步呈现不同时期针对中国外语人才缺口提出的政策性解决方案。虽然各学段以及通用与非通用语种政策发展各有其独特之处,但中国外语教育政策总体上呈现出一些较为明显的规律。一方面,各学段、各类政策均深受社会历史背景的影响,与国家整体发展战略和外交政策密切关联,其变化节点与我国改革开放、"一带一路"倡议的提出等重要事件相吻合,既回应了中国特定时期特殊的外语人才需求,也充分体现了中国外语教育政策与时俱进的特点。具体而言,目前在基础教育阶段,英语以外的多语种教育整体规模较小,而在改革开放前,基础外语教育以俄语和英语为主,二者地位的变化明显受到中国外交政策的影响。1978 年后,日语教育逐渐发展,进入 21 世纪以来,特别是"一带一路"倡议提出后,德语、法语、西班牙语教育迅速发展。高校通用语种教育的主要语种由新中国成立初期的俄语逐步拓展为英语、俄语、法语、德语、日语、西班牙语、阿拉伯语,改革开放后,随着我国高等教育规模的扩大,接受专业教育和公共外语教育的人数都不断增长。相较于通用语种,非通用语种的发展速度较慢,从 20 世纪 80 年代末期才开始逐渐受到重视。进入 21 世纪后,我国对非通用语种人才的需求逐渐增加,教育规模也随之扩大。这一变化演进的过程及其与社会历史因素的互动不仅展现了语言政策在社会互动层面上的普遍性(Cooper,1989),更充分体现了中国外语教育相关问题及对应教育政策的特殊性,而这种特殊性要求我们必须在与世界保持紧密互动的同时不断尝试自主探索问题解决方案与知识体系建构。

另一方面,纵观中国多语种教育政策的历史进程,结合政策对相关外语教育教学的影响及其他方面的落实情况,不难发现,中国外语教育政策的制定和实施体现了上下互动、政府主导、多主体协同、动态调整等特点,而这些特点也构成具有中国特色的政策形成与落实机制,促使中国外语教育界围绕中国独特的外语人才缺口问题逐步自主探索、构建并践行政策性解决方案。就政策形成机制而言,中央政府及相关部门作为政策制定的指导者与牵头者,在政策制定中发挥着引领顶层设计、协调利益相关群体、整合相关资源等至关重要的作用。尽管整体的外语教育政策与国家宏观政策及战略需求密切相关,但各类具体政策的制定往往以社会人才需求与教育教学中面临的挑战为基础,致力于解决自下而上凸显出来的

现实问题。政府部门整合专家、行政管理者、基层教师等力量,制定的政策在其形成过程中既面向国家发展战略,凸显国家人才培养需求,以加强外语教育体系的顶层设计,又能综合考虑社会人才需求和外语教育及教学的现状,积极借鉴语言教学研究的最新成果,及时解决并应对现实中的问题与挑战。这种顶层引领、自下而上、上下互动的政策形成机制有利于提升政策的合理性。

在中国语境下,自上而下的政策执行机制为外语教育政策的落实提供了制度优势。中央政府及相关部门不仅具有强有力的政策执行力,而且往往在政策落实过程中给予充裕的配套资源支持,确保相关政策能够落地。譬如,在制定非通用语种教育规划的同时,国家会以项目、经费、优惠政策等形式在师资队伍建设、专业发展、学生培养等方面给予特别的资源支持,确保所鼓励的语种教育及专业能够得到迅速的发展。同时,考虑到地方政府、相关院校及机构是具体的政策落实者,中央政府在政策执行中给予地方及基层一定的灵活空间,各级政府根据实际情况制定落实举措,并有效发挥学校及相关机构的能动性。譬如,部分外国文化机构在外语教育方面与中国政府、学校的资源形成互补,中国十分注重这些机构在外语教育教学中的重要作用,通过协调发挥各方的作用来确保政策的落实效果。在不同的历史阶段,上下互动的机制保障了相关教育政策的动态调整,推动了中国外语教育体系不断完善。

顶层引领、自下而上、上下互动的政策形成机制与自上而下的政策执行机制不仅是中国特色外语教育政策的核心特征,也是政策能够不断完善、切实落地并实现可持续发展的有力保障。不难判断,这两层机制的逐步形成与中国的体制优势密不可分,同时也在一定程度上可以为其他国家解决外语人才缺口问题及相关外语教育问题提供政策层面的参考。

五、结 语

本章聚焦中国针对不同时期外语人才缺口问题自主探索并践行的政策性解决方案,主要梳理了中国基础教育及高等教育的外语教育政策的历时演进,可以看出,虽然各学段及通用、非通用语种政策的发展有其独特特点,但都受到国家整体发展战略的影响,其变化节点与中国改革开放、"一带一路"倡议的提出等重要事件相吻合。首先,中国基础外语教育起步规模较小,经历了苏化时期(1949—1955年)、探索时期(1956—1965年)、"文革"时期(1966—1976年)、恢复时期

(1977—1985年)、全面推进义务教育时期(1986—2000年)、基础教育改革时期(2001—2013年),以及"一带一路"新时期(2014年至今)七个阶段。改革开放前,基础外语教育以俄语和英语为主,二者地位变化受到中国外交政策的影响。1978年后,日语教育逐渐发展,进入21世纪以来,德语、法语、西班牙语教育逐步成形。其次,中国高校通用语种教育的发展历程主要可分为开拓期(1949—1965年)、停滞期(1966—1977年)、恢复期(1978—1991年)、发展期(1992年至今)四个阶段,主要语种由新中国成立初期的俄语拓展为英语、俄语、法语、德语、日语、西班牙语、阿拉伯语。改革开放后,随着中国高等教育规模的扩大,接受专业教育和公共外语教育的人数都不断增长。最后,新中国成立以后,高校非通用语种教育也逐步完善,其发展历程主要可分为开拓期(1949—1965年)、停滞期(1966—1977年)、恢复期(1978—1999年)、发展期(2000年至今)四个阶段。相较于通用语种,非通用语种的发展速度较慢,从20世纪80年代末期才开始逐渐受到重视,但进入21世纪后,特别是随着"一带一路"倡议的提出,国家对非通用语种人才的需求逐渐增加,教育规模也随之扩大。上述阶段性变化从公共政策层面充分体现了新中国成立以来中国自主探索外语教育体系、解决外语人才缺口的过程。

纵观新中国成立至今的政策发展历史,尽管中国外语教育经历了一些挫折和低谷,但始终与国家的发展需要紧密相连,逐步建立起从基础教育到高等教育,覆盖通用语种与非通用语种的教育体系。特别值得一提的是,基于中国特殊的体制与国情,不同历史阶段的政策均对外语教育教学产生了直接而重要的影响,推动中国外语教育教学不断发展。换言之,中国的外语教育能有如今的成就,与相关政策的支持密不可分,顶层引领、自下而上、上下互动的政策形成机制确保了政策的合理性,而自上而下的政策执行机制确保了政策的落实效果。在一定程度上,中国外语教育政策体系的逐步建立与完善不仅为外国语言文学领域的自主知识体系建构奠定了基础,其本身也构成中国自主知识体系建构的重要组成部分,在自主解决中国问题的基础上为世界各国提供了有益的参考。现如今,中国特色社会主义进入新时代,中国的外语教育应紧随时代潮流,根据国家需要制定外语教育规划,改革创新教育教学模式,以培养出更多服务中国与世界的外语人才。

参考文献

包俏俏.2023.我国基础德语教育发展简史.现代职业教育,(10):133-136.

蔡基刚.2017. 中国高校英语教育40年反思:失败与教训.东北师大学报(哲学社会科学版),
　　(5):1-7.

戴炜栋.2008. 高校外语专业教育发展报告(1978—2008).上海:上海外语教育出版社.

戴炜栋,胡文仲,2009. 中国外语教育发展研究(1949—2009).上海:上海外语教育出版社.

丁超.2016. 中国非通用语教育的前世今生.神州学人,(1):6-11.

樊莲生.2015. 我国中学俄语教育规划与政策研究.哈尔滨:哈尔滨师范大学(硕士学位论文).

冯雅菲.2019.《义务教育俄语课程标准(2011年版)》修订的若干思考.教育探索,(5):39-41.

付克.1986. 中国外语教育史.上海:上海外语教育出版社.

胡文仲.2001. 我国外语教育规划的得与失.外语教学与研究,(4):245-251.

胡文仲.2009. 新中国六十年外语教育的成就与缺失.外语教学与研究,41(3):163-169.

康叶钦,席春玲,钟宝宁,等.2022. 新时代中小学非通用语种教育教学研究:基于深圳市龙华区
　　的调查.广东第二师范学院学报,42(6):82-91.

课程教材研究所.2001a. 20世纪中国中小学课程标准·教学大纲汇编:外国语卷(英语).北京:
　　人民教育出版社.

课程教材研究所.2001b. 20世纪中国中小学课程标准·教学大纲汇编:外国语卷(日语).北京:
　　人民教育出版社.

刘道义.2011. 议中国基础外语教育发展之路. 当代外语研究,(6):25-28.

刘道义,郑旺全.2018. 改革开放40年中国基础英语教育发展报告.课程·教材·教法,38
　　(12):12-20.

刘庆思.2017. 高考英语学科40年.中国考试,(2):13-19.

刘云.2020. 教育生态学视阈下日语高考生的困境及突破.当代教育论坛,(3):56-64.

皮俊珺.2022. 基础日语教育的历史回顾与未来展望.课程·教材·教法,42(5):103-110.

四川外国语学院高等教育研究所.1993. 中国外语教育要事录(1949—1989).北京:外语教学与
　　研究出版社.

四川外语学院外语教学研究室. 1983. 中华人民共和国外语教育文件选编(1950—1982).未出
　　版文献.

唐磊.2020.试谈我国基础教育日语教科书编制体系.课程·教材·教法,40(8):86-93.

佟晓梅.2011. 国家安全视阈下中国外语教育政策问题研究.社会科学辑刊,(2):222-224.

王定华,杨丹.2021. 人类命运的回响:中国共产党外语教育100年.北京:外语教学与研究出
　　版社.

吴驰,何莉.2011. 新中国外语教科书60年之演进.湖南师范大学教育科学学报,10(3):13-16.

谢倩.2011. 外语教育政策的国际比较研究.上海:华东师范大学(博士学位论文).

谢宇,董洪丹.2022.中学小语种课程开设的现状、问题及建议:基于四川省中学日语和西班牙
　　语课程开设情况的调查分析.西南大学学报(社会科学版),48(2):177-183.

修刚.2018. 新时代中国专业日语教育的转型与发展.日语学习与研究,(1):75-79.

杨丹.2022. 以"101 工程"非通用语振兴计划服务国家语言能力建设.外语界,(1):8-13.

杨家胜.2009. 黑龙江省中学俄语教育状况调研报告.中国俄语教学,28(3):94-96.

张国强.1997. 我国中学外语教育的历程(二).课程·教材·教法,(8):47-51.

张建伟.2016. 中国与德语国家外语教育政策比较及启示.学习与实践,(10):134-140.

张天伟.2017. 国家语言能力视角下的我国非通用语教育:问题与对策.外语界,(2):44-52.

张天伟.2021. 我国外语教育政策的主要问题和思考.外语与外语教学,(1):13-20.

Cooper, R. L. 1989. *Language Planning and Social Change*. Cambridge: Cambridge University
    Press.

第二章　中国外语教育架构简介及挑战分析

孙培健

一、引　言

外语教育作为国家语言战略的四大支柱之一①（杨丹，2022，2024），已伴随新中国走过 70 余载。从时间历程来看，我国外语教育可以划分为：探索期（1949—1977 年）、发展期（1978—1998 年）、加速期（1999—2011 年）和新时期（2012 年至今）（文秋芳，2019a）。从人才培养目标来看，我国外语教育可以划分为：语言技能型人才培养时期（新中国成立—20 世纪 80 年代中期）、复合型外语人才培养时期（20 世纪 80 年代中期—21 世纪初）和多元化外语人才培养时期（21 世纪初至今）（胡文仲，2014；姜亚军，2022）。从外语教学理论发展路径来看，我国外语教育大致可以分为：引进改造期（新中国成立—20 世纪 80 年代）、扎根本土期（20 世纪 80 年代—90 年代）以及融通中外期（20 世纪 90 年代至今）（文秋芳，2019b）。② 从语言热度来看，我国外语教育先后经历了"俄语热""英语热""小语种热"，以及近年来"一带一路"倡议所引发的"多语热"。

历经 70 余年的发展，我国已形成以英语为主导，日语、俄语、德语、法语、西班牙语等多语种并进的"大外语"格局，走出了具有中国特色、符合中国国情的外语教育发展道路，为我国的国际交流、经济发展、科技创新、文化传播以及"一带一路"倡议等的实施，提供了重要的外语人才支持与智力支撑。中国外语教育的蓬勃发展不仅在国内产生了深远的影响，也对全球外语教育格局产生了积极的推动

---

① 中国国家语言战略的四大支柱包括：推广普及通用语言文字、科学保护各民族语言文字、做好国际中文教育、大力发展外语教育。

② 关于上述不同时期中国外语教育的具体情况，请参阅原文。

作用。具体而言,中国外语教育的普及和教育质量的提升极大地增强了国民的国际交流能力,有效地促进了我国教育的国际化和多元化发展,为培养具有国际视野的人才提供了保障。同时,外语能力的提升不仅有助于加强中国与世界各国的经贸往来,加速全球市场的融合,还有助于中国文化的国际传播,增进多元文化的交流与互鉴。"大外语"教育格局的形成为我国综合硬实力、文化软实力、国际竞争力的提升奠定了坚实的基础,推动了教育、经济和文化的全球化进程。

　　中国在外语教育领域取得的显著成就[①]与其完备的教育架构密不可分。从学前教育、义务教育、高中教育,再到高等教育、特殊教育以及民办教育[②],中国已经构建起一个全方位、多层次的教育架构。这一架构不仅保证了各学段外语教育在培养目标和教学要求上的连贯性,还确保了中国外语教育的整体质量和效果。以英语教育为例,中国已经形成了从基础教育到高等教育的完整英语教育架构,并不断适应时代发展需求,与时俱进,为培养具有国际竞争力的人才奠定了坚实基础。鉴于教育架构在外语教育中的重要保障作用,以及"英语作为当代人类文明最主要的载体和最重要的国际通用语言"(杨丹,2024:4),本章以英语教育为例,就中国外语教育架构进行简要梳理,并基于此分析和总结当前中国外语教育所面临的挑战,为后续章节深入探讨中国外语教育中所呈现的"中国方案"提供必要的背景知识,为全球外语教育发展提供中国的借鉴和思考。

二、中国外语教育架构简介:以英语为例

　　外语作为学科纳入我国教育体系可追溯至 1902 年 8 月清政府颁布的《钦定学堂章程》(刘微,2020)。该章程规定中学堂(学制 5 年)和高等学堂(学制 3—5 年)应设置外语课程或专业,但是对小学堂(学制 9 年)未作要求。新中国成立后,教育部先后于 1950 年 8 月和 1952 年 3 月颁布了《中学暂行教学计划(草案)》和《中学暂行规程(草案)》,规定中学阶段须开设俄语或英语作为外语学习课程。此后,随着国际形势的变化和全球化进程的推进,英语逐渐成为我国的主要外语,并于 2001 年开始正式在全国范围内的小学进行推广。[③] 小学英语课程的开设起始

---

①　关于中国的具体外语成就,请参阅文秋芳(2019a)和王文斌、徐浩(2024)的文章。

②　参见:http://www. moe. gov. cn/jyb_zzjg/huodong/202401/t20240111_1099814. html。

③　参见:http://www. moe. gov. cn/srcsite/A26/s7054/200101/t20010120_166075. html。

年级一般为三年级,但是各地区可结合实际情况进行调整。① 相较而言,小语种尚未全面纳入我国中小学阶段教育。虽然教育部印发的《义务教育课程设置实验方案》②和《普通高中课程方案和语文等学科课程标准(2017 年版 2020 年修订)》规定学校可以自主从英语、日语、俄语等语种中选择一门外语③,但是我国除了一些外国语学校④以及经济和教育水平发达地区以外,绝大部分地区中学阶段的小语种教育尚未普及。鉴于英语在我国所有外语学科中发展最为全面、使用最为广泛,且已充分融入我国大、中、小学教育,形成了具有中国特色的发展模式,聚焦英语教育对中国外语教育架构进行梳理介绍,对我国乃至全球的外语教育具有重要的参考意义。

(一)义务教育阶段的英语教育

我国义务教育阶段的小学外语教育起步较晚。改革开放后,教育部于 1978 年 8 月在北京召开全国外语教育座谈会。会议总结了新中国成立以来外语教育的经验教训,提出了《加强外语教育的几点意见》,其中包括中小学外语教育(胡文仲,2009;刘道义、郑旺全,2018)。虽然教育部于 1978 年颁布了《全日制十年制中小学英语教学大纲》,但是由于当时外语师资力量不足,小学英语教育的开展不具规模(刘道义、郑旺全,2018)。随着我国国力的增强以及英语作为通用语在全球的普及,教育部于 2001 年 1 月印发了《教育部关于积极推进小学开设英语课程的指导意见》⑤,并于同年 7 月颁发了《全日制义务教育英语课程标准》(以下简称"《义教课标》")(中华人民共和国教育部,2001)。为紧跟全球外语教育的发展与演变、制定符合我国国情的英语教育方案,教育部组织专家对《义教课标》进行了多次修订,形成了 2011 版以及最新的 2022 版《义教课标》(中华人民共和国教育部,2022)。

2022 版《义教课标》以习近平新时代中国特色社会主义思想为指导,在 2011 版《义教课标》的基础上,以坚持目标导向、问题导向和创新导向为修订原则进行了优化,并从语言能力、文化意识、思维品质和学习能力四大核心素养方面为各个学段提出了相应的教育培养目标。义务教育阶段的英语课程分为三个学段:一级

---

① 参见:http://www.moe.gov.cn/s78/A26/jces_left/moe_714/tnull_665.html。
② 参见:http://www.moe.gov.cn/srcsite/A26/s7054/200111/t20011119_88602.html。
③ 参见:http://www.moe.gov.cn/srcsite/A26/s8001/202006/t20200603_462199.html。
④ 如杭州外国语学校、南京外国语学校、深圳外国语学校等。
⑤ 参见:http://www.moe.gov.cn/srcsite/A26/s7054/200101/t20010120_166075.html。

学段为3—4年级(小学)、二级学段为5—6年级(小学)、三级学段为7—9年级(初中)。三个学段基于四大核心素养进行了进阶性的目标描述。总体而言,语言能力的学段目标分别从感知与积累、习得与建构、表达与交流三个层面进行了详细描述,文化意识的学段目标分别从比较与判断、调适与沟通、感悟与内化三个层面进行了详细说明,思维品质的学段目标分别从观察与辨析、归纳与推断、批判与创新三个层面进行了具体阐述,学习能力的学段目标分别从乐学与善学、选择与调整、合作与探究三个层面进行了深度介绍。

就教学而言,义务教育阶段的小学英语教学"重视激发和培养学生学习英语的兴趣,培养一定的语感和良好的语音、语调基础,引导学生乐于用英语进行简单的交流"①。该阶段的英语学习并不作为学生评比和能力选拔的重要依据,因此小学阶段的英语教学呈现趣味性、多元化和现代化特点。正因如此,教师们也更愿意尝试和探索适合小学生的英语教学法,如"三位一体教学法""外语立体化教学法"等(刘道义,2015;刘道义、郑旺全,2018)。相较而言,义务教育阶段的初中英语教学更强调真实性,即真实情境、真实人物、真实问题、真实交际、真实语言材料等。② 然而,由于中考英语的出现,初中英语教学难免带有一定的服务考试的色彩。为解决教学与考试的矛盾,考试形式的改革与优化势在必行。"单元整体教学""教学评一体化"等创新理念便是"对我国基础外语教学中存在问题的直接回应"(王文斌、徐浩,2024:1)。

综上,义务教育阶段的英语教育主要是帮助学生"了解不同文化,比较文化异同,汲取文化精华,逐步形成跨文化沟通与交流的意识和能力,学会客观、理性看待世界,树立国际视野,涵养家国情怀,坚定文化自信,形成正确的世界观、人生观和价值观,为学生终身学习、适应未来社会发展奠定基础"(中华人民共和国教育部,2022:1)。不难看出,我国在义务教育阶段的英语教育已经超越了单纯语言技能的掌握,更加重视语言学习与文化认知、思维发展与价值观念的紧密结合,强调英语教育的育人功能和价值(程晓堂、丛琳,2022;王蔷等,2022)。

---

① 参见: http://www. moe. gov. cn/srcsite/A26/s7054/200101/t20010120 _ 166075. html。

② 2022版《义教课标》中,"真实"一词出现了40次,且首次出现该词是关于7—9年级(即初中)的教学描述。这说明了真实性对于义务教育阶段的英语教学,尤其是初中阶段来说至关重要。

(二)高中教育阶段的英语教育

高中教育阶段的外语教育在新中国成立之初就受到国家的高度重视。由于新中国成立初期与苏联的友好外交关系,俄语教育得到了迅速发展,成为当时我国外语教育的重中之重,全国各地纷纷开设俄语课程。随着国际政治和外交形势的变化,我国及时对外语教育进行了调整。具体而言,教育部于 1956 年和 1959 年分别发布了《关于中学外国语科的通知》和《关于在中学加强和开设外国语的通知》,突出了英语在中学外语教育中的地位(课程教材研究所,2001)。此后,随着苏联的解体以及英语在全球化过程中的作用凸显,英语成为高中阶段的主要外语。为推进高中英语教学改革与发展,教育部于 1981 年,国家教委分别于 1985年、1990 年和 1993 年进行《全日制中学英语教学大纲》的制定和修订工作(刘道义、郑旺全,2018)。为落实《面向 21 世纪教育振兴行动计划》,国家教委在 1996年版十二个学科教学大纲基础上进行修订和完善,教育部随后于 2000 年印发了《全日制普通高级中学课程计划(试验修订稿)》和语文等学科教学大纲(试验修订版),其中包括英语、日语、俄语教学大纲。① 此外,为深化高中课程改革,教育部于 2003 年印发了《普通高中英语课程标准(实验)》(以下简称"《高中课标》")。② 为落实党的十八大、十九大关于立德树人的根本要求,突出育人导向,促进课程有效实施,教育部组织专家进行《高中课标》修订,并颁布了《普通高中课程方案和语文等学科课程标准(2017 年版)》③和《普通高中课程方案和语文等学科课程标准(2017 年版 2020 年修订)》④(中华人民共和国教育部,2020)。

现行的 2017 年版 2020 年修订的《高中课标》凝练了学科核心素养、更新了课堂教学内容、研制了学业质量标准,使《高中课标》更具指导性和操作性。与义务教育阶段的 2022 版《义教课标》核心素养培养目标一致,高中阶段的《高中课标》同样强调对学生语言能力、文化意识、思维品质和学习能力的综合培养。具体而

---

① 参见:http://www.moe.gov.cn/jyb_xxgk/gk_gbgg/moe_0/moe_7/moe_445/tnull_6344.html;http://www.moe.gov.cn/jyb_xxgk/gk_gbgg/moe_0/moe_7/moe_445/tnull_6324.html。

② 参见:http://www.moe.gov.cn/srcsite/A26/s8001/200303/t20030331_167349.html。

③ 参见:http://www.moe.gov.cn/srcsite/A26/s8001/201801/t20180115_324647.html。

④ 参见:http://www.moe.gov.cn/srcsite/A26/s8001/202006/t20200603_462199.html。

言,在语言能力方面,学习者应具备"在社会情境中,以听、说、读、看、写等方式理解和表达意义的能力,以及在学习和使用语言的过程中形成的语言意识和语感"(中华人民共和国教育部,2020:4)。在文化意识方面,学生应具备"跨文化认知、态度和行为取向",进而有助于学生树立家国情怀和人类命运共同体意识(中华人民共和国教育部,2020:4)。在思维品质方面,学生应具有逻辑性、批判性、创新性分析和解决问题的能力,并能"对事物作出正确的价值判断"(中华人民共和国教育部,2020:5)。在学习能力方面,学生需要"积极运用和主动调适英语学习策略、拓宽英语学习渠道、努力提升英语学习效率的意识和能力"(中华人民共和国教育部,2020:5)。

就教学而言,2017年版2020年修订的《高中课标》强调高中阶段的英语教学应突破"教学内容碎片化现象和为考试而教等突出问题"(中华人民共和国教育部,2020:8),通过整合主题语境、语篇类型、语言知识、文化知识、语言技能和学习策略六大要素,使英语教学活动能指向学生的学科核心素养发展(中华人民共和国教育部,2020:8)。可见,要突破"为考而学"的外语学习困境(杨丹,2024:4),高中阶段的英语教学需转变观念,从应试教育向素质教育过渡。为此,教育部于2023年5月发布《基础教育课程教学改革深化行动方案》,提出要"有组织地持续推进基础教育课程教学深化改革""注重核心素养立意的教学评价,发挥评价的导向、诊断、反馈作用,丰富创新评价手段,注重过程性评价,实现以评促教、以评促学,促进学生全面发展"①。以2023年全国英语高考卷为例,试卷"在考试内容和形式等方面都有新思路、新举措,试卷所选取的语篇体现了引导学生德智体美劳全面发展、发挥高考育人功能的目标和主旨"(王文斌、徐浩,2024:131)。这无疑对全球外语教育具有重要的参考价值。

综上,高中阶段的英语教育在义务教育的基础上进一步深化了英语的育人功能和价值,尤其强调通过教、学、评的有机结合(程晓堂、谢诗语,2023),形成强大的育人合力。此外,该阶段的英语教育更加注重学生核心素养的培养,更加强调在教学过程中将语言的工具性功能与人文性价值有机融合,实现对学生语言能力、文化意识、思维品质和学习能力的综合提升(中华人民共和国教育部,2020)。

---

① 参见:http://www.moe.gov.cn/srcsite/A26/jcj_kcjcgh/202306/t20230601_1062380.html。

(三)高等教育阶段的英语教育

高等教育阶段的英语教育主要包括英语专业和大学英语两大类。就英语专业教育而言,新中国成立后,在参照苏联高校专业设置的基础上,我国于1954年出台了《高等学校专业目录分类设置(草案)》,其中包括英语专业(郭英剑,2019)。1964年,《外语教育七年规划纲要》的出台将英语确定为学校教育中的第一外语(胡文仲,2009),意味着俄语作为主要外语时代的落幕。为推动英语专业教育的全面开展,教育部于1979年印发了《加强外语教育的几点意见》,其中对外语院系、外语师资、外语人才等方面做出了指示(胡文仲,2009;刘道义、郑旺全,2018)。自此,英语专业教育进入蓬勃发展期。尤其是国家相继颁布了一系列指导性文件,包括《高等学校英语专业基础阶段英语教学大纲》《高等学校英语专业高年级英语教学大纲》《关于外语专业面向21世纪本科教育改革的若干意见》《高等学校英语专业英语教学大纲》《普通高等学校本科专业类教学质量国家标准(外国语言文学类)》(以下简称"《国标》"),以及《普通高等学校本科外国语言文学类专业教学指南》(以下简称"《指南》")等,为英语专业教育的规范化、系统化发展提供了坚实的政策支持和明确的方向指引。①

其中《指南》由教育部高等学校外国语言文学类专业教学指导委员会基于教育部2018年颁布的《国际》研制而成,并于2020年出版,分上下两册。上册是英语类三个专业(英语、翻译、商务英语)的教学指南,下册是包括俄语、德语、法语、阿拉伯语、日语、非通用语等六类专业的教学指南。② 以英语专业为例,《指南(上)》以《国标》为基准,不仅提出了该专业纲领性的总体培养目标,同时还规定了核心课程的具体培养目标。具体而言,英语专业的总体培养目标涵盖素质要求、知识要求和能力要求这三大层面,指出该专业"旨在培养具有良好的综合素质、扎实的英语语言基本功、较强的跨文化能力、厚实的英语专业知识和必要的相关专业知识,能适应国家与地方经济建设和社会发展需要,熟练使用英语从事涉外行业、英语教育教学、学术研究等相关工作的英语专业人才和复合型英语专业人才"(教育部高等学校外国语言文学类专业教学指导委员会英语专业教学指导分委员会,2020:1)。由此可见,英语专业的教育培养目标具有职业和战略导向,有利于在服务新文科建设和加强国际传播能力建设中充分发挥作用(武世兴,2024)。

---

① 具体介绍请参阅郭英剑(2019)关于新中国英语专业教育70年的论述。
② 2021年修订版《指南》中新增了普通高等学校本科西班牙语专业教学指南。

　　就大学英语教育而言,1964 年 11 月,国务院批准了《外语教育七年规划纲要》,确定英语为第一外语(胡文仲,2009),这标志着中国英语教育时代的到来。十年"文革"令中国外语教育一度停摆,但 1979 年 3 月教育部印发的《加强外语教育的几点意见》让英语等语种的外语教育得以恢复(胡文仲,2009;刘道义、郑旺全,2018)。为适应和满足国家不同阶段的发展需求,国家教委分别于 1985 年和 1986 年颁发了《大学英语教学大纲(高等学校理工科本科用)》和《大学英语教学大纲(文理科本科用)》,此后,教育部分别于 1999 年、2004 年、2007 年、2015 年和 2020 年颁发了《大学英语教学大纲(修订本)(高等学校本科用)》《大学英语课程教学要求(试行)》《大学英语课程教学要求》《大学英语教学指南》以及《大学英语教学指南(2020 版)》。① 这些文件反映了我国大学英语教育的历史进程,确保了大学英语教育有序、高效地进行,为教师提供了清晰的教学指导。

　　根据《大学英语教学指南(2020 版)》,大学英语教育应培养大学生的"英语应用能力,增强跨文化交际意识和交际能力,同时发展自主学习能力,提高综合文化素养,培养人文精神和思辨能力,使他们在学习、生活和未来工作中能够恰当有效地使用英语,满足国家、社会、学校和个人发展的需要"(教育部高等学校大学外语教学指导委员会,2020:5)。该指南同时指出,虽然大学英语教育与高中英语教育相衔接,但是考虑到我国幅员辽阔,各地、各高校的大学英语教育需因地制宜,根据实际情况选择相应的教学目标,具体包括基础、提高、发展三个级别。大学英语的三级教学目标分别从总体要求和单项技能要求进行了描述。在总体要求层面,该指南从语言知识与语言技能、跨文化交际能力和学习策略这三个方面提出了相应的教学目标。在单项技能要求层面,该指南从听、说、读、写、译五大技能对三个等级的教学目标进行了详细说明。

　　综上,高等教育阶段的英语教育,不论是英语专业还是大学英语,所提出的教学目标均致力于全面提高学生的语言应用能力、跨文化意识、多元思维品质和终身学习能力,以满足国家、社会和个人发展的需要。英语专业和大学英语教学相关要求的研制与颁布,不仅为高等教育阶段的英语教育实践指明了方向,为不同学生群体的外语能力培养提供了指导,也为构建更加完善的外语教育体系奠定了坚实的基础(何莲珍,2023)。只有通过顶层设计、目标引领,不断完善符合中国特色和中国国情的外语教育体系,我国的外语教育才能扎根中华大地、落实立德树

---

　　① 　具体介绍请参见本书第一章"中国外语教育政策概况"。

人的根本任务,培养出"具有世界眼光,融通语言能力、学科专业能力以及全球话语能力的卓越国际化人才"(姜锋,2021:4)。

三、中国外语教育挑战分析

虽然我国的外语教育以价值塑造、能力培养、知识传授三位一体为目标,形成了具有中国特色的专业标准和课程教学指南,建立了以英语教育为引领,贯穿小学、中学和大学的外语教育架构,但是外语教育仍面临不少挑战。

(一)教育政策的规划与实施

教育政策是国家或地区为实现一定的教育目标和任务而制定的行为准则,它对教育的发展方向、教育内容、教育结构、教育管理等方面都具有重要的指导和规范作用(胡壮麟,2022;Bell & Stevenson,2006;Lunenburg & Ornstein,2022)。我国外语教育政策已全面覆盖教育的各阶段,为我国的外语人才培养和输送提供了重要保障,为我国国际竞争力和话语权的提升奠定了基础。

我国的外语教育政策总体上由国家层面进行顶层设计,以确保教育方向与国家发展战略相契合(详见第一章)。虽然我国定期发布相关政策为外语教育的实践路径和发展方向提供制度保障,但是目前我国的语言规划在战略布局方面仍存在一定不足(张天伟,2021)。比如在当前国际地缘政治复杂的时代背景下,如何培养"一精多会""一专多能"的国际化复合型外语人才亟待规划布局,以满足新时期国家发展的战略需求,为进一步提升我国文化软实力和全球竞争力提供坚实保障。

此外,由于相关政策部门自成体系、联动有限,导致部门之间沟通不足,不利于政策的有效实施,进而影响我国外语教育质量的整体提升(李宇明,2025)。例如,我国尚未组织各教育阶段的相关专家就不同阶段的英语教材编写进行统一的研讨与论证,这使得我国在实现英语教材"一条龙"的目标上困难重重(王文斌、柳鑫森,2021)。

(二)教育资源的统筹与分配

教育资源的合理配置是实现教育可持续发展的根本基石。唯有确保各地资源充足、分配合理、使用高效,才能实现教育的公正与公平,从而推动整个社会和国家的长远发展。外语教育资源作为我国教育资源建设和配置中的重要组成部分,为外语教育的普及提供了坚实基础,对全民外语能力的提升具有重要作用。为更好地迎接数智时代,推进外语教育资源共享智慧化,构建优质均衡的公共教育服务体系,我国大力开展国家级精品在线开放课程和一流本科课程的建设与共享。①

然而,我国幅员辽阔,各地经济发展不平衡,外语教育资源分布不均,学生之间外语能力差异性较大(常俊跃等,2021)。在发达地区,尤其是沿海地区和一些大城市,外语教育资源相对丰富,学校拥有先进的教学设备和资源,教师队伍素质较高(张天伟,2021)。这为学生提供了更多的机会和优质的学习环境,使他们能够更好地学习和掌握外语。然而,在欠发达地区和一些边远山区,情况截然不同。这些地区的经济发展相对滞后,教育资源投入有限,师资力量、教学设备和教材资源不足(张天伟,2021),导致了这些地区的外语教育水平相对较低,学生的外语学习机会和资源相对匮乏。

此外,我国庞大的人口基数导致师生比与国际平均水平尚有差距。以义务教育为例,教育部发布的《2022年全国教育事业发展统计公报》②显示,我国小学阶段56人以上大班和超大班有1.38万个,初中阶段56人以上大班和超大班有4522个。以上数据表明,我国的中小学班级规模与国际平均每班20人的规模存在较大差距(虞梓钰、胡耀宗,2024;周琴等,2023)。鉴于我国外语教育资源有限且分布不均,如何进行资源的统筹安排和优化配置,实现外语教育资源的公平化和普惠化这一问题亟待解决。

(三)多维目标的融合与发展

为突出育人目标,促进学生在外语学习过程中的全面发展,相关课程标准和教学指南针对外语教育,尤其是英语教育,提出了全方位的指导,除了强调听、说、读、写等能力的均衡发展,还指出文化意识、思维品质和学习能力等核心素养的重要性。在如今快速变化的全球化时代,跨文化交际能力、创新性和批判性思维、适应新知识和终身学习的能力,已成为个人发展和社会进步的关键因素。因此,外语教育应该围绕如何培养和提升学生的多维核心素养而展开。

虽然课程标准和教学指南强调了价值塑造、能力培养、知识传授三位一体的

---

① 参见:http://www.moe.gov.cn/jyb_xwfb/gzdt_gzdt/s5987/202306/t20230612_1063838.html。

② 参见:http://www.moe.gov.cn/jyb_sjzl/sjzl_fztjgb/202307/t20230705_1067278。

外语教育目标,但在实际教学过程中,三者之间的融合不够深入甚至仍有缺位。以义务教育阶段英语教学为例,2022版《义教课标》提出了"基础外语教育的中国主张与实践方案",即"将语言、文化、思维三者紧密结合,实现目标、内容与方法的融合统一"(王若语,2022:87)。然而,如何帮助学生在语言学习过程中拓展思维,培养其发现问题、分析问题和解决问题的能力,对义务教育阶段的教师,尤其是缺乏思维能力训练的教师而言任重道远(毛浩然等,2022;张虹、徐浩,2024)。此外,2022版《义教课标》"在目标、内容与方法之间,存在着一定程度的不匹配……这势必影响到学生核心素养的培养"(王卉,2023:136)。例如,2022版《义教课标》提出英语教学方法需紧密结合信息技术,进而提高英语学习效率,但是并未明晰何为信息素养,这无疑会影响英语教学过程中目标、内容与方法的有机融合,进而影响学生综合素质和外语能力的增强与发展。

(四)语言环境的创设与优化

语言环境是语言学习成功的核心要素。然而,中国外语学习者的语言学习环境缺乏真实的语境和互动,不利于学生外语能力,尤其是外语口语能力的发展(Kang,2014;Kim et al.,2022)。因此,创设和优化外语学习语境至关重要。与此同时,由于我国各阶段外语学习目标不同,外语课堂学习环境的构成也存在差异,比如小学和大学阶段的英语学习"应试"倾向相对较弱,教师更愿意创设更加轻松自在、更具互动性的英语课堂学习环境。相较而言,初中和高中阶段的英语学习存在"应试"倾向(杨丹,2024),教师所创设的英语课堂学习环境更多的是为了学生能在考试中取得更好的成绩。这导致该阶段的英语课堂学习环境相对封闭和枯燥。

近年来,生成式人工智能技术迅猛发展,DeepSeek,Kimi,ChatGPT等智慧工具不断推陈出新,为外语学习的语言环境创设与优化提供了新的机遇和挑战。例如,生成式人工智能助手可以根据学生的学习进度和水平,生成个性化的学习内容、模拟真实的语言交流场景,并提供实时的纠正与反馈,从而有效提升学生的语言运用能力及学习自主性(Deng et al.,2025;Divekar et al.,2022;Zheng et al.,2025)。生成式人工智能尽管在外语学习中扮演多重角色,如个性化学习顾问、语言实践伙伴、语言测评专家等(许家金、赵冲,2024),但也引发了抄袭、过度依赖技术、独立思考能力退化等诸多问题(郭茜等 2023;文秋芳,2024;郑咏滟,2024;Pack & Maloney,2024)。因此,如何在教育数智化时代,创设和优化外语学习路径,真正促进学生的外语能力综合发展,值得深入思考和探究。

鉴于上述挑战,各部门之间需要加强有机联动,科学统筹教育政策的规划与实施,深度优化教育资源的配置与共享,系统落实多维教育目标的融合与发展,积极推进数智时代语言学习环境的创设与优化,这样才能深入推动我国外语教育高质量发展,加快实现中国特色社会主义教育强国的战略目标。

四、结　语

教育是国之大计、党之大计,《教育强国建设规划纲要(2024—2035 年)》[①]提出到 2035 年建成教育强国的目标。为响应建设教育强国号召,服务国家语言战略需求(杨丹,2022,2024),为国家培养和输送高精尖外语人才,我国构建了以英语教育为引领,多语种协同发展,覆盖大、中、小学的外语教育架构,体现了我国外语教育的前瞻性和战略性。然而,我国的外语教育在教育政策的规划与实施、教育资源的统筹与分配、多维目标的融合与发展、语言环境的创设与优化等方面仍面临诸多挑战。如何在外语教育政策不断更新的背景下,汇聚各方力量,确保外语教育政策的有效规划与实施,推进我国外语人才的体系化培养与专业化发展?如何在外语教育资源相对有限的情况下,健全学校、家庭、社会协同育人机制,统筹与优化教育教学资源配置,促进外语教育的高质量均衡发展?如何在人工智能和大数据时代,深化教育教学改革,健全多元评价体系,促进外语多维培养目标融合发展?如何在目标语环境缺失的情况下,创新外语教学模式,强化外语学习实践,促进外语能力的全面发展?上述这些挑战本身亦孕育着宝贵的机遇。破解中国语境下的外语教育难题,不仅有助于谱写我国外语教育新篇章,更能为全球外语教育贡献中国智慧与中国方案。

参考文献

常俊跃,黄洁芳,刘雪莲,秦丽莉,夏洋,赵秀艳,朱效惠. 2021. 外语教育学学科建构背景下英语课程的关键问题. 外语与外语教学.(1):30-37.

程晓堂,丛琳. 2022. 义务教育英语课程的育人目标及实施策略. 中小学外语教学(小学篇),45

---

① 参见:https://www.gov.cn/zhengce/202501/content_6999913.htm。

（6）：3-9.

程晓堂,谢诗语. 2023. 英语"教—学—评"一体化的理念与实践. 中小学外语教学(中学篇),46
（1）：3-10.

郭茜,冯瑞玲,华远方. 2023. ChatGPT在英语学术论文写作与教学中的应用及潜在问题. 外语
电化教学,(2):18-23.

郭英剑. 2019. 新中国英语专业教育70年:历史考察与反思. 语言教育,7(4):2-18.

何莲珍. 2023. 服务高教强国建设,重构大学外语课程体系. 外语界,(5):2-7.

胡文仲. 2009. 建国60年来我国外语教育的成就与缺失. 外语界,(5):10-17.

胡文仲. 2014. 试论我国英语专业人才的培养:回顾与展望. 外语教学与研究,46(1):111-117.

胡壮麟. 2022. 中国外语教育政策面面观. 外语电化教学,(2):3-8.

姜锋. 2021. 建党百年与中国外语教育新使命. 中国外语,18(4):4-7.

姜亚军. 2022. 试论我国外语教育的中国特色. 外语教学,43(5):42-47.

教育部高等学校大学外语教学指导委员会. 2020. 大学英语教学指南(2020版). 北京:高等教
育出版社.

教育部高等学校外国语言文学类专业教学指导委员会英语专业教学指导分委员会. 2020. 普通
高等学校本科外国语言文学类专业教学指南(上):英语类专业教学指南. 上海:上海外语
教育出版社.

课程教材研究所. 2001. 20世纪中国中小学课程标准·教学大纲汇编:外国语卷(英语). 北京:
人民教育出版社.

李宇明. 2025. 试论外语教育能力建设. 外语教学与研究,57(3):322-335.

刘道义. 2015. 百年沧桑与辉煌:简述中国基础英语教育史. 中国教育科学,(4):95-133.

刘道义,郑旺全. 2018. 改革开放40年中国基础英语教育发展报告. 课程·教材·教法,38
（12）：12-20.

刘微. 2020. 近代中国英语学科教育研究(1862—1937). 武汉:武汉大学(博士学位论文).

毛浩然,刘艳芹,林杏. 2022.《义务教育英语课程标准(2022年版)》的拐点、难点与奇点. 教育
评论,5:24-30.

王卉. 2023. 义务教育英语新课标的"变"与"不变":兼论语言知识在新课标中的平衡作用. 四
川师范大学学报(社会科学版),50(1):130-137.

王蔷,孙万磊,李雪如. 2022. 从外语教学走向外语教育:新时代中小学英语课程体系的建构:
《义务教育英语课程标准(2022年版)》解读. 中小学外语教学(中学篇),45(10):3-10.

王若语. 2022. "新课标"视域下义务教育英语教学转向与应对研究. 上海教育科研,(6):
85-88.

王文斌,柳鑫淼. 2021. 关于我国外语教育研究与实践的若干问题. 外语与外语教学,(1):
1-12.

王文斌,徐浩. 2024. 2023 中国外语教育年度报告. 北京:外语教学与研究出版社.

文秋芳. 2019a. 新中国外语教育 70 年:成就与挑战. 外语教学与研究,51(5):735-745.

文秋芳. 2019b. 新中国外语教学理论 70 年发展历程. 中国外语,16(5):14-22.

文秋芳. 2024. 人工智能时代的外语教育会产生颠覆性革命吗? 现代外语,47(5):722-731.

武世兴. 2024. 深入推进外语教育改革,加快建设高等教育强国. 外语教育研究前沿,7(2):3-5.

许家金,赵冲. 2024. 大语言模型在英语教学中的角色. 外语教育研究前沿,(1):3-10.

杨丹. 2022. 中国外语教育的三个转向. 语言战略研究,7(5):1.

杨丹. 2024. 大国语言战略:新时代外语教育的挑战与变革. 外语教学与研究,56(1):3-11.

虞梓钰,胡耀宗. 2024. 人口变化背景下我国义务教育班级规模调整:基于第七次全国人口普查数据. 上海教育科研,24(1):48-55.

张虹,徐浩. 2024.《高校外语教师专业素养标准》的确立依据及其内涵解读. 外语教育研究前沿,7(2):20-28.

张天伟. 2021. 我国外语教育政策的主要问题和思考. 外语与外语教学,2021(1):13-20.

中华人民共和国教育部. 2001. 全日制义务教育英语课程标准(实验稿). 北京:北京师范大学出版社.

中华人民共和国教育部. 2020. 普通高中英语课程标准(2017 年版 2020 年修订). 北京:人民教育出版社.

中华人民共和国教育部. 2022. 义务教育英语课程标准(2022 版). 北京:北京师范大学出版社.

郑咏滟. 2024. 生成式人工智能在外语教育中的应用:关键争议与理论构建. 外语教学,45(6):48-53.

周琴,陈笛,邱德峰. 2023. 义务教育阶段师资数量需求预测:基于生师比和班级规模的国际比较. 教育研究,44(7):134-149.

Bell, L. & Stevenson, H. 2006. *Education Policy: Process, Themes and Impact*. London: Routledge.

Deng, R., Jiang, M., Yu, X., Lu, Y. & Liu, S. 2025. Does ChatGPT enhance student learning? A systematic review and meta-analysis of experimental studies. *Computers & Education*, 227. https://doi.org/10.1016/j.compedu.2024.105224.

Divekar, R. R., Drozdal, J., Chabot, S., Zhou, Y., Su, H., Chen, Y., Zhu, H., Hendler, J. A. & Braasch, J. 2022. Foreign language acquisition via artificial intelligence and extended reality: Design and evaluation. *Computer Assisted Language Learning*, 35 (9): 2332-2360. https://doi.org/10.1080/09588221.2021.1879162.

Kang, D.-M. 2014. The effects of study-abroad experiences on EFL learners' willingness to communicate, speaking abilities, and participation in classroom interaction. *System*, 42:

319-332. https://doi.org/10.1016/j.system.2013.12.025.

Kim, J., Zhao, H. & Diskin-Holdaway, C. 2022. Willingness to communicate and second language fluency: Korean-Speaking short-term sojourners in Australia. *Languages*, 7(2). https://doi.org/10.3390/languages7020112.

Lunenburg, F. C. & Ornstein, A. 2022. *Educational Administration: Concepts and Practices*. 7th ed. Thousand Oaks, CA: Sage.

Pack, A. & Maloney, J. 2024. Using artificial intelligence in TESOL: Some ethical and pedagogical considerations. *TESOL Quarterly*, 58(2): 1007-1018. https://doi.org/10.1002/tesq.3320.

Zheng, Y.-B., Zhou, Y.-X., Chen, X.-D. & Ye, X.-D. 2025. The influence of large language models as collaborative dialogue partners on EFL English oral proficiency and foreign language anxiety. *Computer Assisted Language Learning*. https://doi.org/10.1080/09588221.2025.2453191.

第三章　中国外语学习者的个体特征及成因

滕　琳　李少峰

一、引　言

中国作为外语教育大国，拥有特殊的教学环境、庞大的学习群体、差异化的个体需求，这些因素为有效提升外语教学质量和学习效率带来了巨大挑战（何莲珍，2018；王文斌，2021）。因此，外语教育人才培养需深入了解中国学习者的个体特征，主动适应学生的个性化需求及其多元化的发展目标，不断革新外语教学理念与实践，才能有效构建起具有中国特色的外语教学环境和学习生态，从而积极推动中国外语教育的创新与发展（何莲珍，2018，2023；王文斌，2021；文秋芳，2019；徐锦芬，2020）。鉴于此，本章将梳理和总结中国外语学习者的典型个体特征[①]，从教育政策、教学理念以及教学模式等多维层面解析成因，并简要提及部分与学习者个体特征密切相关且在本手册后面各章有深入探讨的教育教学创新举措。通过本章的讨论，我们希望能够更深入理解中国外语学习者的需求与差异，从而优化外语学习效果，促进个体的全面发展，为外语教育改革创新和高质量外语人才培养贡献中国智慧。

二、学习者个体特征概念及内涵

学习者的"个体特征"或"个体差异"指的是个体在认知、意志、情感等方面表现出来的相对稳定而又不同于他人的心理或生理特点，涉及共性特征和个体差异

---

① 中国外语学习者包括各个阶段的外语学习者（基础和中等教育阶段的外语学习者、高等教育的外语专业和非外语专业的学习者）。

(Ellis,2004)。个体特征涵盖认知和非认知因素,不仅包含学习者的认知、动机、情感等方面,还涉及社会文化因素(Li et al.,2022)。此外,学习者的个体特征具有多样性、动态性、互动性和情境性,在外语学习过程中发挥着关键作用(Dörnyei,2005;Li,2024;Li et al.,2022)。

在二语学习情境下,学习者的个体特征主要包括认知、动机和情绪、社会文化等方面,对语言习得和学习效果产生重要影响(Li et al.,2022)。首先,认知特征主要涉及信息处理,包含语言学能、工作记忆和学习策略等方面。认知能力的差异会影响学习者对外语知识的吸收和应用,对学习效果起着决定性作用(Li et al.,2022)。其中,学习策略作为重要的认知因素之一,不仅对于构建、转化和应用语言知识具有积极影响,而且与教学情境和学习成效紧密相连(Oxford,2013)。研究发现,学习策略的使用与学习动机、信念和情感等因素密切相关(Thomas et al.,2022),例如,大学阶段的外语学习者会根据自身的动机和情绪状态选择不同的策略来调节认知、动机和环境,从而实现学习目标(Teng & Zhang,2020)。

其次,动机和情绪特征涵盖了学习动机、信念、意愿和情绪等多个方面,对于语言学习投入和学业水平具有重要作用(Li et al.,2022)。学习动机层面在二语习得研究领域受到了广泛关注,可以划分为不同的维度,如内部动机(如对语言本身的兴趣和热爱)和外部动机(如追求考试成绩和奖励等外部因素),融入型动机(如融入目标语文化和语言群体)和工具型动机(如学习外语为了找到一个好工作),理想自我(如学习者本人想达到的目标)和应该自我(如学习者满足别人的期待或要求)。信念层面涉及学习者的自我效能感,它指的是个体对自己在某种情境或领域中能否成功的信心和预期,对二语学习者的情绪、动机和行为产生影响(Teng et al.,2018)。意愿层面涉及学习者的交际意愿,它是影响交际行为和语言学习的重要因素(Peng & Woodrow,2010)。情绪层面指的是影响二语学习过程的情感状态,比如焦虑、愉悦、无聊等情绪会影响语言学习过程和成效(Li,2020)。研究表明,学习动机、自我效能感、交际意愿和学业情绪之间关系紧密,对学业绩效和个体发展产生重要影响(Dörnyei,2005;Li et al.,2022)。

最后,社会文化特征也是影响语言习得的重要因素之一。语言不仅是一套符号和规则的集合,更是一种深深植根于特定社会和环境中的文化现象(Swain et al.,2015)。因此,学习者的文化身份、家庭背景和教育情况以及社会环境等因素都会影响他们的学习效果(Li et al.,2022)。研究发现,学习者的身份认同和文化意识在很大程度上塑造并影响了他们的语言学习经验和学习成效(李战子,2005;

Edwards,2009)。

综上所述,学习者的个体差异在外语学习过程中占据着举足轻重的地位,深刻影响着外语学习的各个环节与成效(Li,2024)。面对日益复杂多变的语言环境和学习者多样化的个体需求,深入了解和把握不同文化和语境下的学习者个体特征,对于提升外语教学效果、促进学习者自主发展具有重要意义。

三、中国外语学习者的典型个体特征概况①

随着中国外语教育的蓬勃发展,学界系统深入地研究阐释了外语学习者的个体特征。改革开放40多年来,国内外语言学核心期刊关于中国外语学习者个体特征的研究呈现快速增长趋势。通过对文献的梳理,本节重点回顾中国外语学习者的典型个体特征,涵盖社会文化、动机和情绪以及学习策略等方面。这些因素对于提升语言习得效果和外语教学质量至关重要。

(一)社会文化特征

社会文化特征指的是在学习过程中受到文化与社会环境影响所表现出的个体特征,涵盖了身份认同和跨文化能力两方面。身份认同涉及学习者对学习信念、社会角色以及所属群体的认知和定位,对学习动机、态度和能动性产生重要影响(高一虹等,2003a;李战子,2005;秦丽莉,2015)。此外,跨文化能力是指学习者在跨越不同文化背景和语言环境时所展现出的适应性和交流能力,它与外语学习者的身份认同密切相关,受到学习语境和社会环境的深刻影响(戴晓东,2011;孙有中,2016)。

外语教育应彰显语言的文化价值(杨丹,2024:6),进而激发学习者的动机、能动性以及文化认同感。多年来,中国外语教育一直重视对于学生跨文化交际能力的培养。2000年,《高等学校英语专业英语教学大纲》提出了"注重培养跨文化交际能力"的目标;教育部2018年颁布的《普通高等学校本科专业类教学质量国家标准(外国语言文学类)》(以下简称《国标》)将"跨文化能力"作为外语类专业的核心能力指标。这一能力的培养对于提升学习者的外语水平,拓宽其国际视野

---

① 本文在选取和划分外语学习者的典型个体特征时,并未严格按照二语习得领域中个体差异研究常见范式和类别进行,而是选取与中国教育政策、教学方法以及学习情境密切相关的三个方面进行了概括分析。

至关重要(孙有中,2016;孙有中、王卓,2021)。

通过文献梳理,我们发现中国外语学习者的社会文化特征体现在以下三个方面。第一,跨文化知识相对欠缺,跨文化思辨能力较为薄弱。研究发现,外语学习者对目标语文化的理解仍停留在浅层阶段,跨文化敏感性不足(高一虹等,2003a;刘璐、高一虹,2012;Li & Li,2020)。此外,在跨文化交际过程中,外语学习者往往缺乏灵活性和策略性,跨文化思辨能力亟须提升(孙有中,2015)。

第二,外语学习者身份认同与跨文化能力的发展紧密相连。近年来,外语教育对学习者跨文化交流能力和全球胜任力培养的重视程度不断提高。外语学习者的跨文化意识得到了显著提升,他们对目标语的文化身份认同感逐渐增强,展现出积极的外语身份认同特征(孙有中,2015;Li & Li,2020)。

第三,外语学习者对不同民族文明、文化传统的深层理解能力亟待提升,民族文化自信仍需不断加强。一方面,中国外语学习者欠缺对不同文化传统进行比较、鉴别、取舍和与文明交流互鉴的能力(孙有中、王卓,2021)。另一方面,外语学习者对中国本土文化的深层认知不足,"中国文化失语"现象普遍存在(孙有中、王卓,2021)。因此,如何用外语讲好中国故事、增强文化自信成为中国外语教学改革的首要任务。

(二)动机和情绪特征

动机是一种心理特征,它能够激发、定向和维持学习行为,是决定第二语言学习成功与否的关键因素(Dörnyei,2005)。学习动机作为外语学习者最重要的个体特征之一,反映出学习者在追求目标、进行选择和采取行动方面的差异性(高一虹等,2003b)。研究表明,中国外语学习者的学习动机、自我效能、交际意愿等因素直接影响他们的学习策略的选择、学习毅力的维持以及语言能力的发展(高一虹等,2003b;郑咏滟、刘维佳,2021;周燕、高一虹,2009)。此外,外语学习过程复杂多变、耗时耗力且充满挑战,情绪也是影响外语学习的重要因素,与学习动机密切相关,二者共同影响学习者的外语学习成效和学习体验(高照、李京南,2016;李成陈等,2024)。研究发现,外语焦虑、愉悦和无聊等是最为频发的学业情绪,在不同的语境和学生群体中对学业绩效产生差异化的影响(李成陈等,2024)。

中国外语学习者在动机和情绪方面呈现三大典型特征。第一,学习动机差异显著,呈现动态发展,并受到年龄、专业和语种等因素影响。虽然外语学习者以外部动机驱动为主,工具型动机显著(如追求学习成绩、证书等级以及工作收益等),

但是不同学习群体在动机方面存在差异。例如,中学阶段英语学习者的工具型动机显著高于大学阶段的英语学习者;非英语专业学生的工具型动机普遍高于英语专业学生(周燕、高一虹,2009)。此外,中国外语学习者的内生学习动力正在逐步增强,显现出融合型动机特征。例如,在大学阶段,多语学习者①的动机与他们的学习经历、文化兴趣密切相关,表现出积极融入目标语言文化的融合型学习动机(郑咏滟、刘维佳,2021)。

第二,外语学习者表现出自我效能感偏低与交际意愿不强的特点。对于初学者而言,他们往往在外语知识的运用方面缺乏自信,显现出较低的自我效能感,同时伴随着回避心理和焦虑情绪(Wang et al.,2021)。然而,随着外语水平的逐步提高,外语学习者的语言自信程度逐渐增强,学习策略的运用和内部动机也得到了显著增强和提升(Teng et al.,2018)。尽管如此,在实际学习和语言运用的过程中,外语学习者的交际意愿相对薄弱,特别是在课堂上表现为"不愿开口"的现象,进而导致学习动机减退(周慈波、王文斌,2012;Liu & Jackson,2008;Peng & Woodrow,2010)。

第三,消极情绪较为普遍,但学业情绪呈现积极转向。应试教育背景下,外语学习者易产生焦虑情绪,对语言能力发展和学习效果产生了负面影响(Zhang et al.,2020)。此外,外语学习者常常处于紧张的应试状态中,容易导致倦怠心理的出现,具体表现为情感耗竭和自我效能感降低(李成陈等,2024)。近年来,随着外语教育理念的改革创新,中国外语学习者逐渐展现出愉悦和坚毅等积极心理特质,对其学业和个体发展产生促进作用(李成陈等,2024)。研究发现,外语学习者的愉悦情绪能够提升他们的课堂参与度,激发学习热情,进而有助于提高整体学习成绩(Li,2020)。

(三)学习策略特征

语言学习策略是个体在学习过程中有意识选用的方法和技巧,展现出多维性、复杂性和动态性的特征(Oxford,2013)。学习策略为探究语言认知过程(王初明,2018),揭示内隐认知特征,以及优化学习效率提供了关键视角和有效途径(何莲珍 2003;徐锦芬,2020;Li et al.,2022)。此外,外语学习者能否有效掌握并熟练运用学习策略,是培养其自主学习能力至关重要的一环(何莲珍,2003;滕琳等,

①　多语学习者指的是非英语语种(language other than English,LOTE)的外语学习者。

2024；文秋芳，1996；徐锦芬，2020）。

中国外语学习者在学习策略的运用方面表现出三大特征。第一，对策略认知不足，高阶策略运用薄弱。研究发现，外语学习者倾向于使用浅层策略，如复述、记忆、组织等，而对于高阶认知策略（如监控、评估、反思和批判思维）的运用则相对薄弱（何莲珍等，2011；徐锦芬，2024；Teng & Zhang，2016）。

第二，学习策略运用的类型、广度和灵活性受到语言技能和语言水平的影响。在写作和阅读情境中，外语学习者主要运用认知和元认知策略，如组织、检索、计划、监控和评估等（Gu et al.，2011；Teng & Zhang，2016；Zhang & Zhang，2019）；在听力情境中，他们的策略运用主要涉及信息提取与加工等层面（Zhou & Thompson，2023）；在口语情境中，学习者更倾向于使用社会互动策略，如与他人合作和参与讨论等（Wang & Sun，2024）。此外，高水平外语学习者在策略运用的广度和灵活性方面通常优于低水平学习者（秦晓晴，1998；文秋芳，1996；Teng，2022）。

第三，学习策略的运用呈现发展趋势，多元策略涌现。学习策略并非一成不变，而是具有可塑性（Oxford，2013）。随着中国外语教育不断改革创新，外语学习者表现出运用多元策略的特征，尤其是元认知策略和社会互动策略的运用得到显著加强（Teng，2022）。研究发现，大学阶段的外语学习者表现出高阶策略运用的特征，涉及计划制订、学业监控和评估等多个方面；策略的积极运用有效促进了自主学习能力的发展（何莲珍等，2011；徐锦芬，2024；Teng，2022）。

综上所述，中国外语学习者的个体特征主要体现为以下三个方面。在社会文化方面，外语学习者跨文化交际意识薄弱；虽然积极的外语学习者身份认同显现，但高阶跨文化能力及对母语文化的深层认知亟须提升。在动机和情绪方面，外部学习动机凸显，自我效能感较低，且交际意愿不强；但内生学习动机呈现上升趋势，积极学业情绪开始涌现。在学习策略运用方面，学习策略知识不足，浅层学习策略占主导地位；但高阶认知及互动策略呈现发展趋势，自主学习意识得到了显著提升。上述特征共同构成了当前中国外语学习者复杂而多样的个体画像。

四、中国外语学习者的典型个体特征成因

改革开放 40 余年来，中国外语学习者的个体特征经历了显著的变化，这与不同时期的外语教育政策、教学理念、教学方法以及学习者面临的挑战紧密相连。

本节围绕上述三方面的典型个体特征开展成因分析。

(一)社会文化特征的影响因素

外语学习者的社会文化特征与外语教学理念和教师跨文化素养紧密相连。首先,中国外语教学深受工具性理念的影响,教学内容主要集中在对语言技能的训练强化,缺少对跨文化知识的系统输入,从而导致学生的跨文化意识相对薄弱,跨文化能力不足(高一虹等,2003a;孙有中、王卓,2021)。此外,外语教师的跨文化教学意识不足,缺乏对目标语文化的深入理解,无法有效传递高阶跨文化知识(孙有中,2016)。这些因素导致外语学习者无法深入理解纷繁复杂的跨文化现象,限制了高阶跨文化能力的发展(秦丽莉,2015;孙有中,2015)。

近年来,随着外语教育政策对跨文化交流和全球意识培养力度的不断加强,外语学习者的社会文化意识得到了显著提升(孙有中,2016)。然而,外语教学对于中国国情、中华文化融入课堂的育人实践不足(王文斌、柳鑫森,2021)。这导致学生在理解中国、向世界讲述中国故事时面临诸多挑战,"中国文化失语"问题依然存在(孙有中、王卓,2021)。

(二)动机和情绪特征的影响因素

中国外语学习者的动机和情绪特征主要受到传统应试教育的影响。首先,应试导向使得学习者以外部动机驱动为主、工具型动机显著,"为考而学"和"证书导向"的问题根深蒂固,焦虑等消极情绪普遍存在(王文斌、柳鑫森,2021)。其次,外语教材和教学内容长期惯于搬用国外理论,未能充分考虑中国学习者的实际需求(文秋芳,2020);教材内容枯燥,与现实语言交际使用相去甚远,造成教师和学生"水土不服",降低了他们的交际意愿和自我效能感(文秋芳,2020;周慈波、王文斌,2012)。再次,学习动机存在语种差异,并与学习兴趣和学习经历密切相关。例如,大学阶段的多语学习者对目标语文化展现出浓厚兴趣,且多数具有海外学习交流经历。因此,他们展现出积极的外语身份认同和内部学习驱动的特征(郑咏滟、刘维佳,2021)。

进入新时期,中国外语学习者不再仅仅满足于语言技能的学习,而是更加关注个人兴趣与职业发展的双重需求,追求个性化学习路径和个体全面发展。学习动机呈现内外融合驱动的新特征,同时,积极学业情绪开始涌现。首先,这一转变与我国外语教育政策的人文转向密切相关。例如,《普通高等学校本科外国语言文学类专业教学指南》(2020 版)与《大学英语教学指南》(2020 版)均明确指出,外语教育要将育人与语言教学有机融合,旨在培养具备扎实语言技能、宽广国际视野和深厚人文素养的外语人才(何莲珍,2023;孙有中、王卓,2021)。其次,外语教育者不断创新教学理念和教学模式,开展科教融合的实践改革,例如续理论(以下简称"续论")(王初明,2021)、产出导向法(文秋芳,2020)、内容语言融合教学法(常俊跃、刘兆浩,2020)、合作学习模式(杨嘉琪、徐锦芬,2023)以及自我调控策略教学法(Teng,2022)等。这些创新实践改善了外语学习过程中普遍存在的学用分离、产出能力滞后、学习效率低下及互动能力不足等问题,有效提升了学习兴趣,激发了学习者的积极心理情绪(文秋芳,2019;杨嘉琪、徐锦芬,2023)。

(三)学习策略特征的影响因素

学习策略的有效运用对于提升外语水平和培养自主学习能力具有重要作用(文秋芳,1996;徐锦芬,2020;Teng,2022)。然而,外语学习者的策略知识相对匮乏,主要依赖浅层策略。这一现象与我国外语课堂的教学内容和教师主导的教学模式紧密相关。第一,外语教学长期以来注重语言形式而非内容和意义的表达,重读写、弱听说(孙有中、王卓,2021)。这一教学模式导致学生过度依赖机械记忆和应试技巧等浅层认知策略,在各项语言技能策略的运用方面差异显著(文秋芳,1996;徐锦芬,2024;Gu et al.,2011)。第二,外语课堂缺乏对学习策略的显性教学实践,导致学生策略知识不足。第三,以教师为中心的传统外语教学模式削弱了学生的自主学习能力,他们习惯被动地接受知识,鲜少主动运用策略解决学习问题(徐锦芬等,2004;Teng,2022)。

随着我国外语教育持续改革与创新,外语学习者呈现出多元策略运用的特征,其自主学习能力也得到了显著提升。首先,国家大力推动外语教育的全面发展,明确了个性化学习和自主学习能力是人才培养的核心目标(沈骑,2019;王文斌,2021;文秋芳,2019)。2018年教育部颁布的《国标》对外语人才自主学习能力的构成进行了清晰界定,明确强调了自我调节和策略运用在提升自主学习能力中的核心作用。在此背景下,外语教学重心逐渐由教师主导转向学生为中心,强化培养学习者的多元策略运用技能,旨在提高学习效率,培养自主学习能力(文秋芳,2019;徐锦芬,2024;Teng,2022)。其次,外语学习者的自主意识和自我认知也逐步增强和提升。越来越多的学习者开始审视自身在语言学习中的优势和短板,并主动采用不同的学习策略来提升语言水平(何莲珍等,2011;Gu et al.,2011;Teng & Zhang,2016)。与此同时,教育新生态的逐步形成与优质教学资源的日益丰富,为外语学习者提供了多样化的互动渠道和自主学习机会(徐锦芬,2020)。

五、中国外语教育教学创新举措

多年来,外语教育者立足中国实际问题,围绕上述典型个体特征,在教育政策、育人理念、培养模式、教学策略等方面不断创新,为提升外语学习者的跨文化素养、激发其内在学习动机、促进学习策略的积极运用提供了可借鉴的改革方案。

针对社会文化特征,中国在育人理念和教材建设方面采取了系列措施,为有效提升外语学习者的跨文化素养和民族自信提供了创新路径。首先,教育部提出"学科核心素养"导向的育人理念,将语言能力、文化意识、思维品质和学习能力作为核心素养重要的构成部分(核心素养研究课题组,2016),针对不同学段(基础教育、中等教育和高等教育)和不同外语学科(英语、日语、俄语、德语、法语和西班牙语等),全面开展了核心素养导向的外语教学改革。通过修订课标和制定指南①、调整教学目标和教学内容等系列措施,进一步提升了学生的跨文化意识和思辨能力(李媛等,2022)(详见第八章)。其次,建设完成了涵盖 10 个外语语种及国际中文的"理解当代中国"系列教材,面向全国外国语言文学类专业本科生、研究生和语言类留学生推广使用,并开展了"外研社·国才杯""理解当代中国"全国大学生外语能力大赛等系列活动。这些创新举措的深入开展为提高学生的跨文化交流能力、坚定民族文化自信提供了中国方案。

针对动机和情绪特征,中国外语教育者在教学理论与人才培养模式方面不断改革,有效缓解了外语学习者产出能力薄弱、学习内生动机不足的问题。一方面,外语教育者融通西方的前沿理论,紧密结合本土一线教学实践,创新建构外语教学理论与方法,显著提升了外语学习者的内在动机和学习效率。其中,"续论"通过多元续任务,将理解和产出紧密结合,激发了学习过程中的协同效应。这种模式有效解决了传统外语教学中互动不足、阅读与产出能力发展不均衡的问题(详见第四章);"产出导向法"强调学生中心、学用一体及全人教育理念,融合驱动、促

---

① 我国修订和颁布了《义务教育外语学科课程标准》(2022 版)、《普通高中课程标准》(2020 年修订版)、《普通高等学校本科外国语言文学类专业教学指南》(2020 版),全面贯彻落实各学段的核心素养导向的外语教育。

成、评价三个教学阶段,为解决"学用分离""产出能力薄弱"等典型问题提供了中国方案(文秋芳,2020)。另一方面,中国不断探索多元化的人才培养模式,创新人才培养环境,贯彻落实全人育人理念。例如,"产学协同育人"模式将人才培养、科学研究和服务社会有机融合;通过政府、用人单位和高校的合作,不仅提升了外语学习者的语言运用能力,而且促进了他们的内生动机与职业发展(详见第十章);"博雅教育"模式以文学素养为基础,通过课堂教学、校内活动、校外实践和国际交流等多元形式,提升了学生的学习兴趣和能动性,促进他们积极心理特质的形成(详见第十一章)。

针对学习策略特征,外语教育者在外语能力测评体系的建设和数智赋能的教学实践改革等方面不断探索,为有效提升多元策略的运用,培养具备自主学习能力的外语人才提供新路径。一方面,《中国英语能力等级量表》(以下简称"《量表》")提出语言使用策略是英语能力框架的重要组成部分。《量表》清晰界定了策略的内涵、特征,为开展教学创新实践提供了理论依据和测评标准。通过实施策略驱动的教学模式,教师能够有效扩充外语学习者的策略知识库,激发他们的学习动机,进而提升学习效率和自主学习意识(Teng,2022)。另一方面,依托数智教学情境,全国各大高校积极开发数智学习平台(如"浙江大学慧学外语智能学习平台"),通过个性化学习、智能评估和即时反馈等方式,有效培养了外语学习者的自主学习能力(何莲珍,2023)。

上述改革创新案例反映出中国外语教育立足本土问题,围绕外语学习者的典型个体特征,从教育政策的制定、人才培养模式的改革、教学理念的创新、教学模式和教学平台的建设等多个层面,积极探索外语人才培养的新路径和新方法。

六、结 语

本章探讨了中国外语学习者的典型个体特征及其成因和改革创新举措。研究发现中国外语学习者在社会文化、动机和情绪以及学习策略等方面呈现出多元、动态的发展特征。这些变化与外语教育政策、人才培养目标、教学理念及教学方法等多元因素紧密相连,既揭示了当前外语教学中存在的挑战,也反映了中国外语教育改革创新的成效。

在社会文化方面,外语学习者面临跨文化能力薄弱与民族文化自信心不足的双重挑战。这主要归因于课堂教学缺少对目标语深层文化知识的输入,中国文化元素缺失现象普遍。中国通过核心素养导向的育人理念改革、"理解当代中国"系列教材建设等创新举措,为提升跨文化能力和厚植家国情怀提供了改革方案。在动机和情绪方面,外语学习工具型动机主导、交际意愿薄弱及消极情绪普遍。这主要归因于应试导向的外语教学模式及学生语言产出能力不足等问题。因此,中国外语教育将育人与语言教学有机融合,通过外语教育理论创新和人才培养模式改革等举措,在一定程度上解决了产出能力薄弱和内生动机不足的问题。在学习策略方面,外语学习者面临高阶策略知识匮乏与自主学习意识薄弱的困境。这主要归因于传统教学模式注重语言形式,忽视了对学生高阶认知技能和自主学习能力的培养。针对上述特征,外语教育者在外语能力测评体系建设以及技术赋能的教学实践改革等方面不断创新,为提升自主学习能力提供了有效路径。

　　教育的本质与核心在于人才的培养(王文斌,2021)。随着智能教育、数字人文等新兴教育领域的蓬勃发展,中国外语学习者将会呈现出新的个体特征,这也为人才培养带来更多挑战。鉴于此,外语教育者亟须深入剖析新时期中国外语学习者的多样性和复杂性特征,针对不同学段(基础教育、中等教育、高等教育)、不同语种(通用语种、非通用语种)、不同专业(外语专业和非外语专业)的外语学习者个体特征,开展系统深入的研究和改革创新,着力培养符合时代发展的国际化高端外语人才。

参考文献

常俊跃,刘兆浩.2020.内容语言融合教育理念的理论支撑.外语与外语教学,(6):85-95.

戴晓东.2011.跨文化交际理论.上海:上海外语教育出版社.

高一虹,程英,赵媛,等.2003a.英语学习与自我认同变化:对大学本科生的定量考察.外语教学与研究,(2):132-139.

高一虹,赵媛,程英,等.2003b.中国大学本科生英语学习动机类型.现代外语,(1):28-38.

高照,李京南.2016.中国学习者英语课堂焦虑情绪对比:翻转 vs. 传统.外语电化教学,(1):37-42.

何莲珍.2003.自主学习及其能力的培养.外语教学与研究,(4):287-289.

何莲珍.2018.从引介到创新:中国应用语言学研究四十年.外语教学与研究,(6):823-829.

何莲珍.2023.服务高教强国建设,重构大学外语课程体系.外语界,(5):2-7.

何莲珍,傅莹,方富民,等.2011.中国非英语专业大学生自主学习能力的培养路径之探索.中国外语,(5):18-24.

核心素养研究课题组.2016.中国学生发展核心素养.中国教育学刊,(10):1-3.

李成陈,李嵬,江桂英.2024.二语学习中的情绪研究:回顾与展望.现代外语,(1):63-75.

李媛,练斐,董艳.2022.我国核心素养研究的回顾、思考与展望.沈阳师范大学学报(教育科学版),(4):80-88.

李战子.2005.身份理论和应用语言学研究.外国语言文学,(4):234-241.

刘璐,高一虹.2012.英语学习动机与自我认同变化跟踪:综合性大学英语专业四年级样本报告.外语与外语教学,(2):32-35.

秦丽莉.2015.社会文化视域下英语学习者能动性与身份之间的关系.外语教学,(1):60-64.

秦晓晴.1998.硕士研究生使用英语学习策略特点的实证研究.外语教学,(1):54-58.

沈骑.2019.中国国家外语能力建设40年回顾与前瞻(1978—2018).中国外语,(4):43-49.

孙有中.2015.外语教育与思辨能力培养.中国外语,(2):1.

孙有中.2016.外语教育与跨文化能力培养.中国外语,(3):1.

孙有中,王卓.2021.与时俱进,开拓中国外语教育创新发展路径:孙有中教授访谈录.山东外语教学,(4):3-12.

滕琳,等.2024.国际二语自我调节学习研究二十年回顾:基于文献计量与范围综述的融通方法.浙江大学学报(人文社会科学版),(4):145-149.

王初明.2018.我国应用语言学研究在解决问题中前行.外语教学与研究,(6):813-816.

王初明.2021.续论高效促学外语的内在逻辑.外语界,(6):2-7.

王文斌.2021.对外语教育中国化的思考.中国外语,(18):20-21.

王文斌,柳鑫淼.2021.关于我国外语教育研究与实践的若干问题.外语与外语教学,(1):1-12.

文秋芳.1996.大学生英语学习策略变化的趋势及其特点.外语与外语教学,(4):43-46.

文秋芳.2019.新中国外语教育70年:成就与挑战.外语教学与研究,(5):735-745.

文秋芳.2020.产出导向法:中国外语教育理论创新探索.北京:外语教学与研究出版社.

徐锦芬.2020.外语类专业学生自主学习能力的构成与培养.外语界,(6):26-32.

徐锦芬.2024.语法学习策略使用与英语学习成就的相关性研究.现代外语,(2):209-221.

徐锦芬,彭仁忠,吴卫平.2004.非英语专业大学生自主性英语学习能力调查与分析.外语教学与研究,(1):64-68.

杨丹.2024.大国语言战略:新时代外语教育的挑战与变革.外语教学与研究,(1):3-11.

杨嘉琪,徐锦芬.2023.新时代背景下我国外语教育发展:徐锦芬教授访谈录.语言教育,(1):14-23.

郑咏滟,刘维佳.2021.中国学习者多语动机构成和跨语言差异.外语与外语教学,(6):45-57.

周慈波,王文斌.2012.大学英语学习者负动机影响因子调查研究.中国外语,(1):48-55.

周燕,高一虹.2009.大学基础阶段英语学习动机的发展:对五所高校的跟踪研究.外语教学与研究,(2):113-118.

Dörnyei, Z. 2005. *The Psychology of the Language Learner: Individual Differences in Second Language Acquisition*. New York: Routledge.

Edwards, J. 2009. *Language and Identity: An Introduction*. Cambridge: Cambridge University Press.

Ellis, R. 2004. Individual differences in second language learning. In Davies, A. & Elder, C. (eds.). *The Handbook of Applied Linguistics*. Malden, MA: Wiley-Blackwell: 525-551.

Gu, P. Y., Hu, G. & Zhang, L. J. et al. 2011. *Strategy-Based Instruction: Focusing on Reading and Writing Strategies*. Beijing: Foreign Language Teaching and Research Press.

Li, C. 2020. A positive psychology perspective on Chinese EFL students' trait emotional intelligence, foreign language enjoyment and EFL learning achievement. *Journal of Multilingual and Multicultural Development*, 41(3): 246-263. https://doi.org/10.1080/01434632.2019.1614187.

Li, C. & Li, W. 2020. Learner identity in Chinese as a foreign/second language education: A critical review. *Frontiers of Education in China*, 15(1): 73-98. https://doi.org/10.1007/s11516-020-0004-x.

Li, S. 2024. Individual differences and task-based language teaching: Theory, research, and practice. In Li, S. (ed.). *Individual Differences and Task-Based Language Teaching*. Amsterdam: John Benjamins: 10-49.

Li, S., Hiver, P. & Papi, M. 2022. *The Routledge Handbook of Second Language Acquisition and Individual Differences*. New York: Routledge.

Liu, M. & Jackson, J. 2008. An exploration of Chinese EFL learners' unwillingness to communicate and foreign language anxiety. *The Modern Language Journal*, 92(1): 71-86. https://doi.org/10.1111/j.1540-4781.2008.00687.x.

Oxford, R. L. 2013. *Teaching and Researching Language Learning Strategies*. 2nd ed. New York: Routledge.

Peng, J. E. & Woodrow, L. 2010. Willingness to communicate in English: A model in the Chinese EFL classroom context. *Language Learning*, 60(4): 834-876. https://doi.org/10.1111/j.1467-9922.2010.00576.x.

Swain, M., Kinnear, P. & Steinman, L. 2015. *Sociocultural Theory in Second Language Education: An Introduction Through Narratives*. Clevedon: Multilingual Matters.

Teng, L. S. 2022. *Self-Regulated Learning and Second Language Writing: Fostering Strategic Language Learners*. Cham, Switzerland: Springer.

Teng, L. S., Sun, P. P. & Xu, L. 2018. Conceptualizing writing self-efficacy in English as a foreign language contexts: Scale validation through structural equation modeling. *TESOL*

Quarterly，52(4)：911-942. https：//doi. org/10. 1002/tesq. 432.

Teng，L. S. & Zhang，L. J. 2016. A questionnaire-based validation of multidimensional models of self-regulated learning strategies. *The Modern Language Journal*，100(3)：674-701. https：//doi. org/10. 1111/modl. 12339.

Teng，L. S. & Zhang，L. J. 2020. Empowering learners in the second/foreign language classroom：Can self-regulated learning strategies-based writing instruction make a difference?. *Journal of Second Language Writing*，48. https：//doi. org/10. 1016/j. jslw. 2019. 100701.

Thomas，N. ，Rose，H. & Cohen，A. D. et al. 2022. The third wind of language learning strategies research. *Language Teaching*，55(3)：417-421. https：//doi. org/10. 1017/ S0261444822000015.

Wang，Y. ，Shen，B. & Yu，X. 2021. A latent profile analysis of EFL learners' self-efficacy：Associations with academic emotions and language proficiency. *System*，103. https：//doi. org/10. 1016/j. system. 2021. 102633.

Wang，Y. & Sun，P. P. 2024. Development and validation of speaking strategies for self-regulated learning questionnaire (S3RLQ)：A multidimensional approach. *The Asia-Pacific Education Researcher*，33. https：//doi. org/10. 1007/s40299-023-00807-0.

Zhang，D. & Zhang，L. J. 2019. Metacognition and self-regulated learning (SRL) in second/ foreign language teaching. In Gao，X. A. (ed.). *Second Handbook of English Language Teaching*. Cham，Switzerland：Springer：883-898.

Zhou，S. & Thompson，G. 2023. A longitudinal study on students' self-regulated listening during transition to an English-medium transnational university in China. *Studies in Second Language Learning and Teaching*，13(2)：427-450. https：//doi. org/10. 14746/ssllt. 38281.

Zhang，X. ，Dai，S. & Ardasheva，Y. 2020. Contributions of (de)motivation，engagement，and anxiety to English listening and speaking. *Learning and Individual Differences*，79. https：//doi. org/10. 1016/j. lindif. 2020. 101856.

第二部分

中国特色外语教育
教学理论与实践创新

第四章　中国外语教学理论创新：以"续论"为例

王　敏

一、问题缘起

　　外语在我国的国民教育体系中占有十分重要的地位。从 2001 年开始，教育部规定从小学三年级起开设外语课程，有条件的地区可调至一年级，加上各类城市数量不等的双语幼儿园，外语实际上已贯穿我国幼儿园至博士各学段，学习和使用外语的人数高达 4 亿（He，2020）。改革开放 40 余年来，我国的外语教育在实践层面取得不小的成就。随着"一带一路"倡议和构建人类命运共同体的深入推进，国家外语能力建设成为强国战略的重要支撑，外语教育的重要性更是得到了前所未有的彰显，我国已成为名副其实的外语教育大国。但迄今为止，我国的外语教育仍未摆脱以引介和借鉴西方理论为主的局面，没有形成具有中国特色的理论体系，在国际学界"失声"，在理论体系中"缺位"（文秋芳，2017，2019；王文斌，2017），与我国外语教育大国的地位极不相称。一方面，西方理论往往与中国外语教学实际脱节，未充分观照到中国外语学习的特殊性和复杂性，对教学实践的指导意义不强。另一方面，由于缺乏面向中国外语教学实际的原创性理论，对外语学习本质和规律的认识多有争议，简便易行的促学手段又较少，费时低效成为长期困扰我国外语教育的难题。中国要成为外语教育强国，中国的外语教育要服务国家发展战略、提升在国际学术领域的话语权，必须要有能够走向世界的中国外语教育理论（王文斌、李民，2018；李民、王文斌，2018；文秋芳，2019）。学者们纷纷呼吁加快建设具有中国特色的外语教学理论体系（如：戴炜栋，2008；束定芳，2005，2013，2016；王文斌，2017；王文斌、李民，2018；李民、王文斌，2018）。

　　近年来，我国外语教育研究者朝着构建自主理论体系的方向努力，取得了一些令人瞩目的进步。他们立足于解决中国外语教学中的实际问题，既借鉴融通西方的前沿理论,使其"为我所用",又结合中国语境的特殊性进行"以我为主"的创新,产出导向法和"续论"是其中的典型代表(何莲珍,2018)。本章首先基于自主知识体系构建的内涵,分析外语教学理论创新的原则与标准,然后以"续论"为例,探讨中国外语教学理论创新的路径和成效,最后对未来的发展方向提出展望。

二、理论创新的内涵

理论创新指的是"人们在社会实践活动中,对出现的新情况、新问题作出新的理论分析和理论解答,对认识对象或实践对象的本质、规律和发展变化的趋势作出新的揭示和预见,对人类历史经验和现实经验作出新的理性升华"(韩振峰,2022:25)。对照前言中提到的构建自主知识体系的根本原则和应用语言学自主知识体系的核心特征,外语教学理论的创新性应体现在问题本土化、方法科学化和成果国际化三个主要方面。1)本土化是理论创新的定位和目标,关乎理论是否有助于解决中国外语教学中的重要理论和现实问题,体现问题导向。这些问题涵盖宏观、中观、微观三个层面。从构建中国自主应用语言学知识体系的总体目标出发,宏观层面的首要问题是:如何构建具有中国特色的外语教学理论,为外语教学实践提供更具针对性的理论指导,提升中国应用语言学研究的国际话语权?中观问题反映解决宏观问题的具体思路和方案——如何立足中国本土问题推进外语教学理论创新,实现外语教学理论的本土化、科学化及国际化?微观问题则聚焦教学实践的不同维度,为解决宏观和中观问题提供实践基础,例如,如何有效促进中国外语学习者语言产出能力的发展,提升外语教学的效率?如何解决中国外语学习环境中互动和语境匮乏的问题?2)科学化涉及外语教学理论创新的方法和手段,即理论是否充分观照了当下的时代背景,吸收和借鉴本领域或相关领域的前沿理论和方法?是否采用语言学及应用语言学、心理学、认知科学等多学科的理论和方法来发掘外语学习的规律?是否采用科学的方法来检验理论的心理现实性或促学效应?理论的融通互鉴是实现科学化的重要途径。3)国际化是外语教学理论创新的重要标准之一,本土性和原创性是国际化的基础和前提,而国际表达与传播是实现国际化的主要路径和方式。文秋芳强调,创新性的应用语言学理论应具有国际可理解度,即所创理论中的术语和概念体系"必须与国际相关理论有联系","能够与现有国外相关理论在同一个层面上进行比较和对话",即"一定要在批判目前国外流行理论的基础上创立,这样外国学者才能调用自己熟悉的理论图式来理解具有中国特色的理论"(文秋芳,2017:262)。

近十年来,我国外语教育研究的理论自觉意识和创新意识不断加强(王文斌,2022,2023),在长期实践过程中观察到的问题、积累的经验也为理论创新提供了自下而上的支撑。构建中国特色外语教育理论的呼吁逐渐转化为现实,取得了令人瞩目的成就。理论创新主要针对中国外语教学中的宏观或微观问题展开,致力于解决外语教学的"费时低效"问题,涌现出以"产出导向法"(文秋芳,2018)和"续论"(王初明,2017)为代表的优秀成果。这些理论虽然解决问题的方法和路径不同,但都凸显了立足本土问题、理论融通互鉴和国际表述与传播等三个理论创新的基本原则,呈现出鲜明的本土化、科学化和国际化特色。下文将以"续论"为例,具体阐释中国外语教学理论创新的原则、路径和成果,主要聚焦三个问题:1)"续论"所解决的中国外语教学的关键问题是什么? 2)"续论"的理论体系构成是什么? 解决问题的成效如何? 3)"续论"的理论贡献和国际影响力如何?

三、"续论"的理论体系与促学效果

(一)所解决的关键问题

"续论"是我国学者王初明教授提出的语言习得理论,其核心观点是"语言是靠'续'学会的,高效学习是通过'续'实现的"(王初明,2017,2018)。"续论"旨在解决外语学习的根本性问题,即静态语言学习与动态内容表达的适配问题。王初明(2020)提出,无论是书面还是口头交际中,内容总是随着交际目的动态变化的,忽视内容表达而专注于语言本身的语言学习方式是静态的。静态的语言学习方式难以适应动态的内容表达,造成了外语学习环境中产出能力弱的瓶颈问题。由于这个问题的存在,学生学习了多年外语却不会用,"哑巴英语"和"中式英语"现象严重。"动静接口问题"实质是语言知识与语言能力的转化问题,不仅存在于中国外语教学环境中,也是世界范围内二语习得的难点问题(Larsen-Freeman,2003)。美国教育学家艾尔弗雷德·诺思·怀特黑德(Alfred North Whitehead)称之为"惰性知识问题"(inert knowledge problem)(Whitehead,1929),即学生无法将课堂上学到的知识应用到课堂以外的环境中。为解决这个问题,应用语言学研究者曾提出陈述性知识与程序性知识(declarative knowledge vs. procedural knowledge)(Anderson,1976)、语言知识与语言使用(usage vs. use)(Widdowson,

1989)、语法与语法技能(grammar vs. grammaring)(Larsen-Freeman,2003)等对立概念,试图厘清知识和能力之间的转化关系,但效果都不理想。根本原因在于,这些理论依然聚焦语言形式的学习,未意识到内容驱动的意义创造才是知识转化为应用的关键(王初明,2014,2023)。"续论"认为,输入、互动和语境是语言知识转化为应用能力的必要条件。然而,相较于二语学习(在自然环境里学习二语),外语学习环境中的"动静接口问题"掣肘因素更多:1)语言形式的教与学与语境割裂,导致语言使用中母语语境知识补缺严重(王初明,2003,2008);2)互动机会匮乏,导致输入与输出脱节,产出能力远滞后于理解能力(王初明,2012);3)负面、消极情感(如焦虑、交际意愿弱)对学习的干扰大(王初明,2010);4)语篇、语用、情感等交际必需的知识并非完全基于规则的或完全可教的(王初明,2020)。这些问题严重影响了学习效率,导致外语教学费时低效。

(二)"续论"的核心观点

结合自己多年的理论研究成果和对学习规律的深入思考,王初明教授提出"续论",尝试以"续"为纲解决上述问题。"续"指说话者在语言交际中理解并承接他人的表述方式,用以阐述自己的思想,前后关联,推动交流。例如,在典型的读后续写任务中,学习者阅读一篇被抹去后半部分内容的故事,然后尽可能连贯、有逻辑地将其续写完整。为了完成续写,学习者必须充分理解前文的内容,并在语言和情境模型两个层面与前文协同(Pickering & Garrod,2004,2021);此外,与前文的互动协同能够激活并强化正确的语言表达方式,为续作中的内容表达提供支持和帮助。因此,"续"的实质是创造性模仿,创造的是内容,模仿的是语言。如图4.1所示,"续"包含了如下认知过程:1)与优质的、可理解的输入互动,由此产生交际意愿,驱动内容创造;2)为实现交际目的,充分理解原作者的交际意图,构建共同注意(joint attention)框架,从而理解语言形式与意义的连接关系,建立共同立场(Tomasello,2003);3)在与输入互动的过程中,对其中的内容和语言形式做出预测。当输入中出现新的、高于自身发展阶段的语言形式时,学习者的预测会出现错误,由此产生的惊讶效应(surprisal effect)能够强化他们对特定语言形式的注意,激发基于错误的隐性学习(Pickering & Gambi,2018);4)输入提供多层次的、丰富的语境以及与之配套的语言表达形式,学习者以此为支架,实现之前因语言水平所囿而难以实现的交际目的,突破临近发展区域(zone of proximal development)(Vygostky,1978),同时降低负面情感对学习的干扰;5)由于输入中的语言形式总是与正确的语境相伴（即"学相伴"），借助语境启动语言的功能，"续"帮助学习者将语言形式与语言使用黏合起来，实现"用相随"（参阅王初明，2011）；6）与输入的互动引发协同（Pickering & Garrod，2004），学习者的产出系统据此做出调整，模仿输入中的语言形式来表达自己创造的内容，促使较低的产出能力不断趋同于较高的理解能力，制造两者的拉平效应。根据互动协同模型（interactive alignment model）（Pickering & Garrod，2004，2021），协同发生在语言（如语音、词汇、语义、句法）和情境模型两个层面，不同层面的协同相互关联，一个层面的协同能够带动其他层面的协同。这意味着词汇或句法层面的协同可以引发语篇、语用、情感层面的协同，帮助解决这些知识难学、难教的问题。

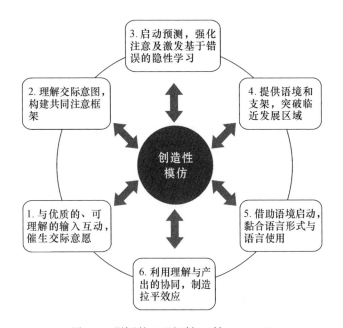

图 4.1　"续"的心理机制（王敏，2024：83）

　　值得注意的是，这些认知过程并非线性的、孤立的，而是在"续"的过程中循环往复、互动交织。基于"续"的心理机制，"续论"提出了一套系统化的习得理论。首先，提高学习效率的关键在于利用语言理解与语言产出前高后低的不对称，借力两者互动而产生的拉平效应，以"续"为拉平的引擎，强力拉高语言产出水平，将别人的语言形式赋予自己的内容从而高效转化为自己会用的语言。其次，"续论"以"学伴用随"原则为基石（王初明，2009），强调互动是语言学习的源头，语言学习遵循"互动—理解—协同—产出—习得"这条普遍有效路径——互动中丰富的语境信息促进理解，理解促进协同，协同促进产出，产出促进习得（王初明，2011）。具体而言，影响互动的语境变量繁多，大致可分为语言变量（如词、短语、句子、篇章）和非语言变量（如认知、情感、情境、母语文化背景知识）两类（王初明，2011：542-543）。两类变量以学习者为载体互相交融，关联通达。如果互动、理解和协同等产出前过程有丰富的语境变量相伴（学相伴），在产出和习得环节这些变量就会启动正确的语言使用（用相随）。再次，参与互动语境变量的多寡直接影响互动的强度：互动强则协同强，互动弱则协同弱。互动促学实则是以"续"促学，因为"续"中囊括了有效路径中的所有环节，缺一不可。为了"续"，学习者必须与他人或前文内容互动，理解所接收的输入，在内生动力的驱动下与输入在语言形式和情境模型层面协同，并将获得的语言知识在产出环节中创造性地运用出来。如此一来，有限的产出能力与较高的理解能力不断趋同，产生拉平效应，从而帮助学习者高效习得语言。

概而言之，"续论"解决外语学习根本问题的方案包含四个要点：1）将理解和产出紧密结合，最大限度地激发协同效应；利用"续"激发理解和产出的互动协同，使有限的产出能力不断趋同于较高的理解能力，制造拉平效应；2）依靠输入文本提供不同层次的语境，将语言形式与语言使用黏合起来，做到"学相伴、用相随"，降低母语迁移的概率；3）利用协同的多层次渗透性，通过语言协同带动语篇、语用及情感等其他层面的协同；4）通过操控互动或输入的认知因素（如文本复杂度、趣味性、模态）及社会情感因素（如对谈话伙伴的好感度、认可度），为学习者提供支架（scaffolding），减少负面情感对学习的干扰。

外语教学理论创新的终极目的是要指导教学，解决教学中的实际问题，提高教与学的效率。在应用语言学的发展历史中，理论研究与课堂教学实践之间始终存在着难以逾越的隔阂（de Bot，2015）。然而，"续论"通过各类"续"任务（如读后续写、听后续说、读后续说等）将理解和产出紧密结合激发协同效应，以简便易行的方式将核心理论观点付诸实践，实现知行合一，开启了在外语教学中的广阔应用空间。以"续论"的核心理念为衡量标准，读后续写任务是比较理想的促学方法（参阅王初明，2012，2015，2017）。在这项任务中，学习者阅读一篇被抹去后半部分的外语读物，接着续写、补全内容。此任务有两大突出特点：其一，阅读理解与产出水平不对称，阅读的是优质语言输入内容，产出的是学习者自己创造的语言，语言水平前高后低；其二，在前文提供的语境相伴下模仿使用语言，能为所学所用的词语或句型贴上语境标识，增强词语或句式的记忆保持效果，提高后续提取使用的概率。由于具有这些特点,读后续写能将理解与产出紧密结合起来,使学习者在丰富的语境中接触到新词生句,由此引发交流互动,进而产生拉平效应,促进语言习得。更重要的是,读后续写为外语学习中语境缺乏和互动不足这两大瓶颈问题提供了解决方案。

(三)"续论"的促学效果

迄今为止,大量的实证研究已验证了续写的促学功能。王敏和王初明(2014)、Wang 和 Wang(2015)首先用实验证明了读后续写中的语言运用存在与阅读文本的协同效应。被试在完成读英文故事续写英文任务时,高频使用输入文本中出现过的语言结构。因此,读英语故事后续写作文与读中文故事后续写相比,语言形式错误率明显较低。其他研究者从写作、词汇、句法、语篇连贯、修辞等角度考察了读后续写的促学作用。姜琳和陈锦(2015)对比了读后续写和命题作文对于学习者英语写作语言准确性、复杂性和流利性发展的影响,发现读后续写在准确性和复杂性方面,效果好于命题写作,能有效提升学习者的语言产出质量。实证研究(Zhang,2017b)表明,续写具有语言纠错功能,输入文本的语言类型(英语 vs 汉语)影响后续作文语言使用的准确性,续写英语读物具有改善英语使用的显著功效。姜琳和涂孟玮(2016)探究了读后续写对词汇学习的促学效果,实验采用 8 个假词为目标词,从词形、词义和用法 3 个维度考察被试对目标词的习得情况。结果表明,相比于概要写作,读后续写能有效促进二语词汇学习,促使学习者模仿阅读材料中的词语句型来表达自己创造的内容,新词汇一经学习者主动使用,记忆即可加深,被牢固掌握。读后续写在语篇层面的协同效应也得到了验证。缪海燕(2017)发现,阅读输入文本能启动学习者后续外语产出中的语言使用,引发学习者在情境模型、语篇连贯和语言复杂度等方面与阅读文本协同。此外,读后续写能够对学生作文的词汇、句法结构、语篇连贯等文本特征产生显著影响(张晓鹏,2016),有助于提高学习者写作的语言连贯性和内容连贯性(彭红英,2017)。在写作修辞层面,读后续写的协同效应仍然存在。杨华(2018)探索了读后续写对中高级英语学习者写作修辞的学习效应,发现读后续写可以通过深度阅读发挥阅读文本的语境"支架"功效,促使中高级英语学习者创造性地模仿使用高于自身语言产出水平的修辞,实现"以续促学"。目前,已有大量研究证实了读后续写的即时和长期促学效应。即时效应研究一般考察单次续写任务中输入文本如何影响学生在续写中的语言使用(如王敏、王初明,2014);长期效应研究一般采用前-后测设计,考察在训练阶段完成一次或多次续写任务后,学生的词汇、短语、句法、语篇等知识是否较前测有显著增长(Zhou & Wang,2024)。也有研究聚焦语言发展,考察读后续写训练能否以及如何改善学生语言表达的复杂性、流利性和准确性(姜琳、陈锦,2015)或整体写作质量(Wang et al.,2022)。

值得一提的是,读后续写的促学效果在英语以外语种的学习中也得到了验证。王启和王凤兰(2016)在来华的韩国留学生中开展读后续写实验,结果表明,汉语二语读后续写中的协同效应十分明显:被试在完成读后续写任务时,高频使用阅读文本中出现过的词语、词块和句法结构,汉语偏误发生率显著降低;例如,汉语的"把"字结构和"被"字结构是外国留学生的学习难点,在与文本输入协同的作用下,这类句式的犯错率显著降低。洪炜和石薇(2016)考察了读后续写能否帮助外国留学生解决学习汉语名量词的难题。实验被试为汉语中级水平的学习者,分为续写组、阅读组和对照组。对三组学习者的量词知识进行前测、实验后的即时后测和延后测之后发现:与对照组相比,续写组的量词学习成绩显著提高,学习效应一周后仍能保持;阅读组虽然也能有效提高量词学习成绩,但保持效果明显不如续写组,这表明续写能够强化量词记忆。与之类似,读后续写可以帮助外国留学生习得空间短语结构(如"在桌上")(Zeng et al.,2017)。刘丽和王初明(2018)以两名在华留学生为被试,借助有声思维和即时访谈的方法,探讨了被试对比续写(选取一篇故事,让被试读后对比续写自己的类似经历)的思维过程,结果显示:读物中高频出现的动结式结构(由动词加补语构成,如"打开")有助于促进续作中动结式的正确使用;续作在语言、篇章结构和连贯性方面跟原作产生了明显的拉平效应。

上述研究为"续论"的心理现实性提供了"硬"证据,揭示出以"续"促学发生的表征和加工条件,为在大规模教学中应用"续论"奠定了坚实的理论基础。

四、"续论"的理论贡献与国际影响

"续论"以"续"为轴心将二语习得的关键变量串联起来,真正从系统论的视角审视学习过程。输入在二语学习中的作用如何,母语迁移为何产生,互动何以促学等是二语习得研究的经典问题,恒久不衰。"续论"通过互动协同将语言习得中的核心过程(互动、理解、模仿、产出)及纷繁复杂的影响因素(如语言本体因素、学习者个体因素、情境、母语文化背景知识等)纳入同一框架下进行探讨,探索输入、产出、语境、互动、母语迁移之间的动态关系，提出以语境为轴心的"学相伴、用相随"原则（王初明，2010）、"补缺假设"（王初明，2003）等，将此前被割裂的学习机制打通，对二语习得中的关键问题提出了新解，推进了西方学者引领的现有理论发展。其理论贡献体现在三个主要方面：

第一，"续论"在二语习得的整体框架下考量二语协同的机制与作用，将协同研究从人际互动拓展至书面产出，极大地拓展了协同研究的深度和广度，成为国际二语协同研究的主要理论视角之一。语言研究中的协同，指人们在互动中相互配合、动态调整、彼此适应的社会认知过程。国际著名心理学家 Pickering 和 Garrod（2004）认为，协同是人际对话顺畅进行的心理认知机制。新兴的二语习得社会认知视角将人类认知重新定义为"适应性智力"（adaptive intelligence），即人们依据生态社会环境变化而做出调整的能力。基于这一思想，Atkinson 等（2007）提出，协同是人类适应环境的复杂手段，而环境由心智、身体、物质世界三者共同构成。因此，协同不仅发生在人与人之间，也发生在人与社会和物质环境之间，是第二语言习得的核心驱动力。在此背景下，语言使用中的协同现象成为二语习得和心理语言学研究的新热点（参阅 Jackson，2018，2023）。然而，现有研究存在三点主要局限：1）未对二语习得中互动协同产生的机制进行深入挖掘，对二语协同产生的表征和处理条件观照不足，试图在对话与学习效果间建立简单线性关系；2）研究范围仅限于人际对话，忽略了外语学习以书面文本输入为主的客观事实，书面表达中是否存在协同效应、协同效应能否促学等重要问题尚待研究；3）缺乏将协同在语言教学中付诸实践的手段，极大地限制了互动协同在外语/二语学习中的应用空间。"续论"通过自己的理论主张有效克服了这几点局限。首先，"续论"将协同与输入、产出、互动、母语迁移、语境等语言习得的关键变量有机关联。这一点我们将在下文中做进一步阐释。其次，通过整合社会认知理论中协同的概念，"续论"重新定义了互动协同（interactive alignment），提出协同不仅发生在人与人之间，也发生在人与文本之间（Wang & Wang，2015），把协同研究从会话拓展至其他模态，为二语互动协同研究开辟了广阔空间，极大地推动了理论的发展（何莲珍，2018）。与此同时，"续论"通过简单易行的"续"任务，如读后续写、听后续说、读后续译等来激发学习者与输入文本之间的协同效应，使互动协同在外语教学课堂中成功落地，产生了极佳的促学效应。

第二，"续论"将协同、语境、母语迁移、过度泛化等二语习得的经典核心问题结合起来，从崭新的理论视角解释这些问题产生的机制并提出解决方案，彰显了中国学者在二语习得理论创新中的能力和贡献。语境是语言学和语言习得研究的核心构念,研究历史悠久。然而,前人研究缺乏对心理机制的系统化解释,且对语境的操作化手段匮乏。"续论"从互动协同模型中情境模型表征和语言表征的联动关系出发,从逻辑上论证协同对语境的依赖以及语境对语言的激活作用,提出语言学习的"学伴用随"原则,并通过操控读后续写任务的输入语言和写作话题,构建母语和二语语境,将语境的抽象作用可视化,在理论和方法两个层面极大地推进了语境研究。首先,"续论"从语境补缺的角度重新解释母语迁移发生的机制。成功的语言习得发生在特定语境之中,缺少语境配合,语言虽学过却用不出来。在二语学习中,语言形式的习得往往与语境分离,但在使用中语境又必不可少,学习者只好用母语语境知识来补缺。母语语境知识和二语语言形式的错配是导致母语迁移的主要原因之一(王初明,2009)。而在"续"的过程中,学习者与地道的语言输入互动,与正确的语言协同,将外语形式与恰当的情境知识有机黏合,强化语境直接启动语言使用的功能,从而抑制母语语境知识补缺。其次,"续论"从动态复杂系统论的视角重新定义和考察语境,认为语境是一个多维概念,包括各种语言变量和非语言变量。各种语言形式,如词类、语音、词法、语义、语篇、语用等属于语言变量(王初明,2009,2023)。语言与非语言的变量以学习者为中介相互作用,关联通达(王初明,2011)。因此,"续论"强调学习者在互动过程中的主体性,并充分利用成人在推理、思维和认知方面的优势,提高互动强度,催生协同效应。例如,在王初明(2018)提出的对比续写中,学习者必须能够通过认知对比,发现输入与自己所要表达内容之间的关联与差异,通过模仿语言、创造内容完成续写任务。

第三,"续论"深刻揭示了语境、互动和协同之间的交互关系,将此前被割裂研究的习得变量有机串联,深化了对二语习得关键机制的认识。具体而言,互动是协同的源头,协同强度取决于互动强度,互动强则协同强。而互动强度取决于参与互动的语境线索的多寡,语境线索越丰富,互动强度越大,而协同效应自然越强。此外,"续论"凸显了语境在解决二语习得难点问题中的关键作用,深化了对语境促学机制的理解。王初明(2011)提出,在母语学习过程中,语言体验总是发生在语境里,与语境相伴获得的语言使用知识也是一种语感;通过大量语言体验所获得的语感,能够约束语言规则的生成性,阻止它过度泛化(overgeneralization),并抑制母语的干扰作用。同理,二语学习者在真实语境中不断"续"前人或前文内容的过程中,通过模仿地道语言,累积真实的语言体验,打造语感,通过地道的语言抑制因泛化以及母语迁移导致的错误。学习者与正确输入互动协同的过程中，会无意识地获取语言形式的概率性分布，低频率或零频率为他们提供间接负面证据，从而抑制过度泛化(Zhang Xiaopeng，2017)或母语迁移(Wang & Wang，2015)。

经过近 10 年的发展，"续论"不断借鉴整合认知科学、语言学、心理学和二语习得的前沿理论，形成了一整套完整的、极具创新性的语言习得观，已逐渐成为一个新兴的研究范式，引起国际关注。目前，在 Web of Science 中可检索到的有关"续论"研究的论文已有 40 余篇，发文期刊涵盖了应用语言领域的众多知名国际期刊，如 *Applied Linguistics*、*Language Teaching Research*、*Journal of Second Language Writing*、*System* 等。互动协同模型的原创者、国际知名心理学家马丁·皮克灵(Martin Pickering)教授认为，"续论"将互动协同与二语习得研究完美结合，令人惊叹。国际著名应用语言学家吉姆·麦克金利(Jim McKinley)在回顾总结全球二语写作研究的重要进展时提到，"读后续写通过践行非西方的构念，为重构二语写作的概念提供了崭新的思路(present new ways of reconceptualizing L2 writing by operationalizing non-western construct)"(McKinley，2022:4)。在 *System* 杂志 2023 年有关二语协同的专刊中，Kim 和 Michel(2023)综述了二语协同研究的新进展，其中特别提到，读后续写研究已成为二语协同研究的新趋势，为协同在二语教学中的应用提供了具有创新性的方法。

五、未来发展

历经十余年的发展，"续论"和产出导向法等具有中国特色的外语教学理论体系日臻完善，其国际影响力不断提升，在教学实践中的应用范围持续扩大，标志着中国外语教学长期跟跑西方理论的局面已开始得到改善(何莲珍，2018)。文秋芳(2019)将外语教学领域内的创新知识分为四类：引进评介、引进改造、扎根本土、融通中外。前两类主要是引进西方的前沿理论，然后根据中国国情进行述评或改造。所谓扎根本土是指立足中国外语教学的实际问题，提出解决方案，而融通中外则是指充分借鉴吸收中外的思想理论精华，解决国内外外语教学中的实际问题，提出理论框架和教学方案。很显然，第三和第四类是构建中国自主知识体系所要求的，即针对中国问题提出中国方案，从中国实践中凝练出中国理论，回答中国之问、世界之问、时代之问。然而，这两类目前在我国的外语教学理论研究中属"凤毛麟角"。从这个意义上说，我国外语教学研究在国际学界中还处于'跟跑''并跑'阶段,处于'领跑'的研究非常鲜见"(文秋芳,2023:5)。这意味着,中国外语教学的理论创新依然有很长的路要走。

首先,中国自主的外语教学理论建构尚处于起步阶段,真正意义上的创新性理论数量稀少。因此,未来研究应强化理论创新意识,对标本土化、科学化、国际化三个标准,遵循以下思路展开(参阅文秋芳,2023:1)解决具有世界普遍性的中国问题。如前文所述,"续论"所解决的"输入(知识)与输出(能力)的转化问题",虽然是中国外语教学语境中的典型问题和难点问题,但在世界其他国家和地区的外语教学中同样存在。2)融通中国概念与国际理论。虽然"续论"等是由我国学者提出的本土理论,但是它们都以西方经典二语习得理论(如互动假说)或心理学理论(如互动协同模型)为出发点,结合中国外语教学的语境和实践对其中局限进行深入思考,在此基础上提出的中国自主的创新理论。3)具有国际可理解度。中国自主的外语教学理论不仅要彰显中国理论和中国实践,还应代表本领域研究的前沿,具备在国际学术话语体系中进行交流与对话的能力,能够对推进国际应用语言学领域的发展做出中国贡献。

其次,现有的外语教学理论创新研究主要在大学英语教学中展开,涉及的人群及语种比较单一,理论的普适性和可推广性有待拓展。"续论"研究也尝试向中小学、非通用语种、对外汉语教学等多个语境延伸,但相关研究尚处于起步阶段,数量总体偏少。未来研究应更多关注基础教育阶段外语教学中的重点和难点问题。自21世纪起,国家启动了新一轮外语教育改革并调整外语教育政策,英语被列为基础教育阶段的必修课程,外语在基础教育中得到了前所未有的重视。以颁布英语课程标准(中华人民共和国教育部,2003,2011)为标志,基础英语教育发生了重要变化,高中毕业生的英语水平逐年提高,但仍面临巨大挑战(邹为诚,2015),外语教学仍因"耗时低效、高投入、低产出"而饱受诟病。由于中、小学生和大学生在学习者个体特征、学习心理及语言认知过程等方面存在很大差异,以大学生为对象提出的外语教学理论无法简单复制和迁移到中、小学外语教学中。因此,未来的外语教学理论研究应更多关注中小学外语教学的提质增效问题,探索解决问题的方案,并以此为契机进一步推动中国特色外语教学理论创新。

再次,随着信息技术的发展,特别是人工智能的强势崛起,语言教学的目标定位、教学模式、学习方式等将发生根本性的变革。在这样的背景下,外语教学理论需要与时俱进,重新审视"教什么"和"如何教"的问题。要回答这两个问题,不仅要充分考虑如何在外语教学中有效使用人工智能技术,更应该深入探究人工智能技术的融入给外语教学带来的深层次变化。教师、学习者及学习环境是传统外语教学中的三个核心要素，而教育体智能的加入，改变了以往教师和学习者这两个教学主体之间的关系，以及学习主体与学习环境的交互作用，衍生出一种新的主体关系——人机关系。这种关系一方面表现为教师与机器的协同，人工智能能够代替教师进行知识讲解、提供输入、提供反馈；另一方面体现为学生与智能机器协同，学生不再是通过教师单向灌输获取知识，而是在与人工智能的互动中完成知识的合作构建，得到解决问题的能力、批判性思维以及创新能力。这意味着，在面向人工智能的外语教学中，教师在学习过程中的作用和角色、外语能力的内涵、发展过程及影响因素、语言学习中的关键变量（如输入、输出、反馈）及其之间的关系、学习者的个体特征（如动机、学习策略）等都将发生变化。未来的外语教学理论应聚焦这些变化，提出前瞻性的观点，为人工智能时代的外语教学提供理论指导和行动方案。

六、结　语

本章基于自主知识体系构建的内涵，分析外语教学理论创新的重要意义、原则与标准，并以"续论"为例，探讨中国外语教学理论创新的路径和成效，最后提出了未来发展的趋势。"续论"的发展历程表明，要实现中国外语教学理论创新，应该以解决中国外语教育中的典型问题为根本目标，挖掘中华优秀传统文化中的思想精华，并融通借鉴西方的经典理论，广泛地开展国际合作与交流，以实现理论的本土化、科学化和国际化。与此同时，外语教学理论创新应始终坚持实践是检验真理的唯一标准。"续论"的理论体系建构并不是一蹴而就的，而是在教学实践和应用中反复尝试、检验、修正，然后逐步建立起来的。这些发展历程为中国外语教学的理论创新积累了宝贵的经验，提供了有价值的借鉴。与此同时，"一带一路"倡议及构建人类命运共同体的不断推进、国家高质量对外开放政策的实施、拔尖创新人才自主培养的新需求、教育智能化和信息化的转型等对外语教学提出了新要求，也为外语教学理论创新提供了新机遇。相信未来会涌现出更多具有中国特色的创新型外语教学理论，在国际应用语言学话语体系中发出中国声音，推动我国实现从外语教育大国到外语教育强国的转变。

参考文献

戴炜栋.2008. 关于二语习得研究学科建设的几个问题:《二语习得研究与中国外语教学》序.山东外语教学,(6):3-5.

桂诗春.2015. 我国英语教育的再思考:理论篇.现代外语,(4):545-554.

韩振峰.2022. 理论创新的科学内涵和根本要求.理论导报,(4):25-27.

何莲珍.2018. 从引介到创新:中国应用语言学研究四十年.外语教学与研究,(6):823-829.

洪炜,石薇.2016. 读后续写任务在汉语二语量词学习中的效应.现代外语,(6):806-818.

姜琳,陈锦.2015. 读后续写对英语写作语言准确性、复杂性和流利性发展的影响.现代外语,(3):366-375.

姜琳,涂孟玮.2016. 读后续写对二语词汇学习的作用研究.现代外语,(6):819-829.

李民,王文斌.2018. 关于构建外语教育学若干问题的思考.外语与外语教学,(2):7-14.

刘丽,王初明.2018. "续论"与对外汉语动结式的学习.广东外语外贸大学学报,(3):21-28.

缪海燕.2017. 外语写作互动的语篇协同研究.现代外语,(5):630-641.

彭红英.2017. 英语学习者写作连贯性的实证研究.解放军外国语学院学报,(4):87-92.

束定芳.2005. 呼唤具有中国特色的外语教学理论.外语界,(6):2-7.

束定芳.2013. 关于我国外语教育规划与布局的思考.外语教学与研究,(3):426-435.

束定芳.2016. 对接新目标　创建新体系　适应新需求:写在"新目标大学英语系列教材"出版之际.外语界,(2):2-8.

王初明.2003. 补缺假设与外语学习.外语学刊,(1):1-5.

王初明.2008. 语言学习与交互.外国语(上海外国语大学学报),(6):53-60.

王初明.2009. 学相伴　用相随:外语学习的学伴用随原则.中国外语,(5):53-59.

王初明.2010. 互动协同与外语教学.外语教学与研究,(4):297-299.

王初明.2011. 外语教学三大情结与语言习得有效路径.外语教学与研究,(4):540-549.

王初明.2012. 读后续写:提高外语学习效率的一种有效方法.外语界,(5):2-7.

王初明.2014. 内容要创造　语言要模仿:有效外语教学和学习的基本思路.外语界,(2):42-48.

王初明.2015. 读后续写何以有效促学.外语教学与研究,(5):753-762.

王初明.2017. 从"以写促学"到"以续促学".外语教学与研究,(4):547-556.

王初明.2018. 如何提高读后续写中的互动强度.外语界,(5):40-45.

王初明.2020. 外语学习的一个根本性问题:静态语言知识如何适配到动态内容?.现代外语,(5):593-600.

王初明.2023."续"是语言接口的天然粘合剂.现代外语,(2):237-244.

王敏.2024.续论视角下的外语教材设计:理念与应用.外语教育研究前沿,7(4):81-88.

王敏,王初明.2014.读后续写的协同效应.现代外语,(4):501-512.

王启,王凤兰.2016.汉语二语读后续写的协同效应.现代外语,(6):794-805.

王文斌.2017.并重外语研究与汉语研究.外国语(上海外国语大学学报),(1):7-9.

王文斌.2022.外语教育能力建设是提升国际传播力的基本前提.语言战略研究,(6):8.

王文斌.2023.外语教育在国际传播能力建设和文明互鉴中的新责任和新担当.当代外语研究,(4):5-7.

王文斌,李民.2018.外语教育属于什么学科?外语教育学构建的必要性及相关问题探析.外语教学,(1):44-50.

文秋芳.2017.我国应用语言学理论国际化的标准与挑战:基于中国大陆学者国际论文创新性的分析.外语教学与研究,(2):254-266.

文秋芳.2018."产出导向法"与对外汉语教学.世界汉语教学,(3):387-400.

文秋芳.2019.新中国外语教学理论70年发展历程.中国外语,(5):14-22.

文秋芳.2023.外语课堂教学创新研究的分类与论文撰写.外语教育理论前沿,(1):3-10.

杨华.2018.读后续写对中高级水平外语学习者写作修辞的学习效应研究.外语教学与研究,(4):596-607.

张晓鹏.2016.读后续写对二语写作过程影响的多维分析.外语界,(6):86-94.

中华人民共和国教育部.2003.普通高中英语课程标准(实验).北京:人民教育出版社.

中华人民共和国教育部.2011.义务教育英语课程标准.北京:北京师范大学出版社.

邹为诚.2015.六国基础教育英语课程比较研究.外语教学与研究,(5):437-446.

Anderson, J. R. 1976. *Language, Memory, and Thought*. Hillsdale, NJ: Lawrence Erlbaum Associates.

Atkinson, D., Churchill, E. & Nishino, T. et al. 2007. Alignment and interaction in a sociocognitive approach to second language acquisition. *The Modern Language Journal*, 91 (2): 169-188.

de Bot, K. 2015. *A History of Applied Linguistics: From 1980 to the Present*. New York: Routledge.

He, D. 2020. *China English in World Englishes: Education and Use in Professional World*. Singapore: Springer.

Jackson, C. N. 2018. Second language structural priming: A critical review and directions for future research. *Second Language Research*, 34(4): 539-552.

Jackson, C. N. 2023. Epilogue: Advances in L2 alignment and where we go from here. *System*, 114. https://doi.org/10.1016/j.system.2023.103023.

Kim, Y. & Michel, M. 2023. Linguistic alignment in second language acquisition: A methodological review. *System*, 115. https://doi.org/10.1016/j.system.2023.103007.

Larsen-Freeman, D. 2003. *Teaching Language: From Grammar to Grammaring*. Boston: Heinle.

McKinley, J. 2022. An argument for globalized L2 writing methodological innovation. *Journal of Second Language Writing*, 58. https://doi.org/10.1016/j.jslw.2022.100945.

Pickering, M. J. & Gambi, C. 2018. Predicting while comprehending language: A theory and review. *Psychological Bulletin*, 144(10): 1002-1044. https://doi.org/10.1037/bul0000 158.

Pickering, M. J. & Garrod, S. 2004. Toward a mechanistic psychology of dialogue. *The Behavioral and Brain Sciences*, 27(2): 169-190.

Pickering, M. J. & Garrod, S. 2021. *Understanding Dialogue: Language Use and Social Interaction*. Cambridge: Cambridge University Press.

Tomasello, M. 2003. *Constructing a Language: A Usage-Based Theory of Language Acquisition*. Cambridge, MA: Harvard University Press.

Vygotsky, L. S. 1978. *Mind in Society: The Development of Higher Psychological Processes*. Cambridge, MA: Harvard University Press.

Wang, C. & Wang, M. 2015. Effect of alignment on L2 written production. *Applied Linguistics*, 36(5): 503-526.

Wang, M., Gan, Q. & Boland, J. E. 2022. Effect of interactive intensity on lexical alignment and L2 writing quality. *System*, 108. https://doi.org/10.1016/j.system.2022.102847.

Whitehead, A. N. 1929. *The Aims of Education and Other Essays*. New York: The Free Press.

Widdowson, H. G. 1989. Knowledge of language and ability for use. *Applied Linguistics*, 10(2): 128-137.

Zeng, L. Y., Mao, Z. C. & Jiang, L. 2017. The effect of the continuation task on the acquisition of the Chinese spatial phrase structure by L2 Chinese learners. *Chinese Journal of Applied Linguistics*, 40(3): 298-315.

Zhang, Xiaopeng. 2017. Second language users' restriction of linguistic generalization errors: The case of English *un*-prefixation development. *Language Learning*, 67(3): 569-598.

Zhang, Xiaoyan. 2017. Reading-Writing integrated tasks, comprehensive corrective feedback, and EFL writing development. *Language Teaching Research*, 21(2): 217-240.

Zhou, X. & Wang, C. 2024. Effects of interactive alignment on L2 vocabulary learning by Chinese EFL learners. *Language Teaching Research*, 28(2): 466-496.

第五章　中国外语能力测评体系建设

何莲珍

一、问题缘起

中国是最早建立考试制度的国家。公元前 178 年,西汉初期,汉文帝刘恒首次在贤良方正科采用试题的形式选拔政府高级官员,考生书面作答后由汉文帝亲审,这标志着中国历史上笔试的诞生(杨学为,2008),我国考试历史之长河由此发源。公元 605 年,隋炀帝杨广创立科举制,选拔人才授予任官资格(杨学为,2017)。科举制兴于唐宋,衰于明清,逐渐演变为我国封建社会时期的重要社会制度,科举考试也成了真正意义上的大规模、高风险统考。且不论其考试内容与形式合理与否,科举制"能力本位""公平择优"的精神内涵绵延至今,历经 1400 余年而不动摇,为推动中华文明进步做出了巨大贡献。现代各类考试所采用的原则和方法与科举考试之间均存在着明显的渊源和继承关系(刘海峰,1998),如我国现行的高考制度(郑若玲,1999)。

考试作为现代社会一种普遍的社会活动,因其范畴、功能等不同而呈现出复杂多样的形式。但总的来说,考试是根据一定的教育目标和社会需求,有目的、有计划、有组织地对被试的知识、能力等方面进行检验、测量、评价、鉴定等的社会活动,以期能够达到育才、选才、用才的目的(许起祥,2021)。

现代意义上的语言测试于 20 世纪 60 年代初被确立为应用语言学的分支学科(Bachman,2000)。1979 年,第一届国际语言测试研讨会(Language Testing Research Colloquium,LTRC)在波士顿召开,1984 年,《语言测试》(*Language Testing*)创刊,标志着语言测试学科作为应用语言学一个独立的分支学科开始进入快速发展阶段。

中国的外语测评始于 20 世纪 70 年代末,中国应用语言学学科、语言测试学科的奠基人桂诗春先生主持设计了我国首个英语水平考试。进入 80 年代,伴随着大学外语各语种教学大纲、外国语言文学类各专业教学大纲的相继颁布,以及社会对语言能力评价需求的增加,大学外语、外语专业、社会化的外语考试逐步推出,关于考试的研究不断深入。

但中国的考试存在诸多问题,如因缺乏明确考试目的而导致的考试滥用、考试命题缺乏统一的标准和要求、对各种考试缺乏客观的评价标准、考试的评分方法比较落后、在各种教学试验中不会运用教育测量的方法检验试验的结果等(桂诗春,1982a)。存在这些问题的原因一方面是宏观层面的顶层设计不足、制度建设不够、统一的测量标准缺乏,另一方面是涉考各方的专业化程度不够,评价素养缺失。

四十多年来,我国各级教育行政主管部门、外语测评领域的专家学者始终坚持立足本土,坚持问题导向,根据国家的社会经济发展需求,根据各教育阶段对学习者外语能力水平的要求,根据中国语境下外语学习者的学习特点、能力发展特点等,开发并实施各类外语考试,在理论与实践层面做出了有益探索,走出了一条具有中国特色的外语测评之路。

作为学习者最多的外语语种,英语的考试种类最多,在研究数量与质量上优于其他语种,与国际接轨的程度也最高。本章将以英语为例,在介绍主要英语考试的基础上,阐述中国在该领域所做的理论创新与实践探索,并对该领域的未来发展提出几点建议。

二、考试开发与实施

四十多年来,中国的教育考试机构、语言测评领域的专家学者在充分借鉴国际上先进的语言测评理论与实践的基础上,结合中国的英语学习环境、英语教学实际以及各学段的英语教学要求,自主研发了多个具有中国特色的英语考试。在本节中,笔者将介绍六大类各具特色的英语考试。

(一)英语水平考试

英语水平考试(The English Proficiency Test,EPT)"是一种标准性、客观性的英语水平测验"(桂诗春,1982b:66),是中国有史以来第一次引进国际先进的考试科学理论,把考试作为一门科学建立起来的全国性考试,也是我国首次取得国际承认的考试,其建立和连年举办为我国培养了第一批考试科学人才(李筱菊;转引自董燕萍、王初明,2001:3)。EPT 设计的初衷是测量和评估我国学生,特别是派遣到英语国家进修学习的访问学者和研究生的英语水平。为设计 EPT,教育部成立了命题小组,并举办语言测试短训班,培养了我国语言测试领域的第一批骨干教师。其间,香港考试及评核局、英国文化委员会(British Council,现为英国文化教育协会)和美国教育考试服务中心均给予了大力支持(杨小石等,1982)。EPT 可以有效预测当时的托福纸笔考试成绩,二者分数的相关系数高达 0.86(桂诗春,1982b)。经前期设计、命题、试测,EPT 于 1981 年在一定范围内开始试用。1983 年起,每年定期举行两次,每次考生人数在 5000 左右(桂诗春,1984)。EPT 的设计与开发为我国的标准化考试改革积累了丰富的经验,更是开创了中国标准化语言考试之先河。

(二)入学英语考试

高等学校入学英语考试(The Matriculation English Test,MET)是我国语言测试领域的另一项重要实践。20 世纪 80 年代初,我国的英语教学观严重滞后,从中学到大学,各教育阶段都将语言作为知识来学习,忽视了语言也是一种能力。对此,李筱菊(1984)率先撰文介绍了"交际能力"(communicative competence)这一概念及与之相对应的交际教学法,即同时注重语言知识、技巧和能力的培养。1987 年,李筱菊出版了 CECL(communicative English for Chinese learners)教程,中文名为"交际英语教程"(李筱菊,1987)。然而,要想改变中国整体的语言教学观,写文章、出版教材对教学的影响远不及考试。桂诗春与李筱菊两位教授意识到这一点,决定从考试入手,通过考试的正面反拨效应,改变我国外语教学"重知识、轻能力"的教学观念与教学实践。1982 年,桂诗春先生带领团队开发了MET,引进了第一台光学标记阅读器(optical mark reader,OMR),研发了我国第一个题项分析软件 GITEST。1984 年,广东省高考标准化改革试验开始,拉开了我国考试现代化的序幕(刘庆思,2017)。1989 年,MET 推广至全国使用。结合我国考生规模大、水平差异大的特点,桂诗春等(1988)摸索出了符合中国国情的标准化考试改革试验的基本经验。考生人数从最初广东省报考外语类的 2280人,扩大到了 1988 年的 100 多万人。MET 坚持在现代教育测量学和教育统计学的理论指导下进行统计分析,试验期间,李崴等(1989)对 MET 的成绩分布、试题项目分析、评卷误差控制、标准分制度及常模、平衡题及观察点等逐项进行报告。

这项改革,于中国而言,"创建了我国有史以来第一个全国规模的标准化考试,使我国考试科学从理论到实践都开创了一个新纪元"(李筱菊;转引自董燕萍、王初明,2001:3);于国际而言,在超大规模选拔性考试的标准化方面,测试理论、技术难题均有突破性的进展。1991年,高考英语学科的分值由100分或120分调整至150分,调分之后,MET正式更名为 National Matriculation English Test (NMET)。四十多年来,高考英语持续汲取着语言测试的最新研究成果,在考查内容及试卷结构上不断进行着革新(刘庆思,2017),为高校人才的选拔保驾护航。

研究生入学英语考试(Graduate School English Entrance Examination, GSEEE)是由教育部教育考试院研发与组织的一项高风险考试,旨在为中国高等教育与科研机构遴选硕士研究生(He,2010)。1962年12月,教育部正式颁布《关于1963年招收研究生工作的规定》,明确规定"俄、英语的考试,全国统一命题",此举标志着我国GSEEE正式开启了全国统一命题的历史性阶段(乔辉、田强,2018)。不同于英语高考或其他英语水平测试,考生唯有达到或超过其报考专业的分数线,方能获得录取资格。因此,GSEEE的成绩对多数考生的职业发展具有决定性影响,甚至会对某些考生的人生轨迹产生深远影响。自实施以来,作为一项常模参照的英语语言能力测试,GSEEE在提升研究生教育质量方面发挥了重要作用,考试的公平性也得到了相关实证研究的验证(Min & He,2020)。

(三)大学英语四、六级考试

1985—1986年,国家教委相继颁布了《大学英语教学大纲(理工科本科用)》和《大学英语教学大纲(文理科本科用)》。这两份教学大纲"确立了大学英语作为公共必修课程的地位,提出了大学英语分级教学的要求,并且规定学生在修完大学英语课程后参加全国统考"(金艳、杨惠中,2018:29),大学英语四、六级考试(College English Test,CET)应运而生。国家教委于1985年组建"大学英语四、六级标准考试设计组"(1994年更名为"全国大学英语四、六级考试委员会"),设计并实施大学英语四、六级考试(金艳、杨惠中,2018)。作为大学英语课程体系的一部分,该考试旨在推动大学英语教学大纲的贯彻执行。

作为一项全国性的教学考试,大学英语四、六级考试设计的基本原则是根据大学英语课程要求确定测试目标,并运用应用语言学领域的研究成果界定考试构念。具体而言,四、六级考试设计主要遵循以下原则:1)"体现大学英语课程对学生的英语能力要求";2)"考试构念具有代表性,且避免构念不相关因素的干扰";

3)"考试设计以可操作性为前提,确保考试的安全性和公平性";4)"优化考试设计,实现考试对教学的设计后效"。(金艳、杨惠中,2018:30-32)

　　大学英语四、六级考试始于 1987 年,已走过了三十多年的历程,对我国大学英语教学的发展和改革产生了积极的影响,对开发和实施具有中国特色的大规模语言考试具有重要的启示。三十多年来,四、六级考试委员会与国际语言测试界一直保持密切的学术交流,并多次在国际会议上报告考试研究成果,增进了国际语言测试界对四、六级考试的了解,也促使四、六级考试紧跟国际语言测试领域的发展步伐(金艳、杨惠中,2018)。

(四)英语专业四、八级考试

　　1989 年和 1990 年,《高等学校英语专业基础阶段英语教学大纲》和《高等学校英语专业高年级英语教学大纲(试行本)》相继出版,"标志着具有中国特色的英语专业教学体系的逐步形成与完善"(邹申,2010:9)。教学大纲不仅明确规定了教学原则、对象、任务与目的、内容、评估形式等,还对每一年级学生在语言知识、语言运用能力(包括单项和综合语言技能)、交际能力等方面应达到的水准做出了具体要求(邹申,2010)。英语专业考试(Test for English Majors,TEM)正是根据教学大纲要求所开发的一个考试系列。其中包括专业四级、八级,其考试对象分别为二年级、四年级英语专业学生。TEM 根据教学大纲规定的教学要求,对学生的英语语言运用能力(包括语言知识)进行阶段性考查。其中四级考试由上海外国语学院(现上海外国语大学)负责,于 1990 年开考;八级考试由广州外国语学院(现广东外语外贸大学)负责,于 1991 年开考。从 1992 年 10 月起,上海外国语学院受高等学校外语专业教学指导委员会以及英语组的委托,同时负责英语专业四级和八级考试(笔试)工作(邹申,2010)。

　　英语专业四、八级考试历经三十余年的发展与改革,在推动我国英语专业人才培养、提升英语专业学生英语能力的同时,为设计和实施具有中国特色的语言考试提供了借鉴。

(五)全国英语等级考试

　　全国英语等级考试(Public English Test System,PETS)由教育部考试中心(现教育部教育考试院)自 1996 年起设计开发并负责实施,1999 年正式开考。PETS 有 5 个级别和一个附属级(一级 B),以评价考生英语交际能力为目的。PETS 的设计与实施旨在"改进我国现有的英语教育考试体制,建立一个科学的考试系统,为社会提供一个权威的、合理的英语水平评价标准,以适应社会发展和四个现代化的需要"(李惠、初春玲,2001:71)。

全国英语等级考试是标准参照性考试,各级考试证书为证书持有者提供不同水平语言能力的证明,满足了不同人群对于英语能力提升与评定的需求。为确保体系内部不同级别间能力考查的相互联系与合理区分,以及同一级别不同考次间难度的等值,PETS采用Rasch模型将各级别的能力设置在同一能力量表上。

全国英语等级考试是一个多级别向社会全方位开放的非学历证书考试体系,不强制规定考试用途,充分尊重各单位用人自主权,"符合社会主义市场经济对全国性外语水平证书考试的要求"(禾平,1999:40)。

全国英语等级考试从设计之初就得到英国海外发展署(Overseas Development Institute,ODI)及其聘请的英方英语测试专家的技术支持。各等级考试所考查的能力的设定及其描述、有关题型和方法、试卷结构等都是中英两国英语测试专家结合我国实际共同研究的结果。

(六)校本考试

上述五类考试均属于大规模英语测试,然而,鉴于我国高等院校数量庞大且发展水平不均衡,全国范围内统一实施的大规模英语考试难以满足不同类型高校对学生英语能力所提出的特定要求。相比之下,校本考试能够彰显"分类指导、特色发展"的核心原则(何莲珍,2019a)。鉴于此,国内诸多高校已着手研发能够体现各自办学理念与特色的校本英语水平测试。部分"双一流"建设高校,如清华大学、浙江大学、上海交通大学、复旦大学等,已开发出与各自人才培养目标高度契合的校本英语水平测试,并围绕此类考试开展了一系列深入研究,不仅取得了显著成效,还积累了宝贵经验,为校本考试设计与研究工作提供了有益的借鉴与参考。

三、理论创新与实践探索

本节从三个方面阐述中国语言测评领域专家学者所做的理论创新与实践探索,即推进考试的现代化、制定统一的语言能力标准、发挥考试的正面反拨作用。

(一)推进考试的现代化

针对前文所述的中国考试存在的诸多问题,1981年年底,在广东省的一次教学经验交流会上,桂诗春先生提出了实现考试现代化的四个方面,即从领导体制上实现制度化、从组织上实现专业化、从方向上实现标准化、从技术上实现电脑化。

1.考试的制度化

桂诗春(1982a)指出,要根据我们党的教育方针和为"四化"培养人才的需要建立符合我国实际的社会主义考试制度。他提出要考试立法,保证考试发挥好的作用,建立各类发现、培养、审核、选拔人才的制度;要在党中央集中统一领导下实行一种实施考试与使用考试的部门分立的制度,即建立主管考试的机构,专司编制、组织、评定考试等职能。考试机构的相对独立,有利于保证教育测量的客观性和权威性,有利于各级教育行政部门掌握教学质量动态(桂诗春,1982a)。实施考试的单位的主要职责是主持各种标准化考试,以证明通过不同途径成才的人的水平,改变"一考定终身"的局面。桂诗春进一步明确,"所谓'制度化'指的是从教育和考试的相互关系上考虑考试的'反拨'作用,建立一些有利于促进教育发展的法定的考试制度"(1982a:2)。桂诗春(1994)提出要探索更有效地测量人才的手段,并指出要探讨如何把中学成绩以合适的权重计入高考成绩,采用连续考试、面试等评价人才的手段。

在今天看来,桂诗春先生所倡导的建立考试机构、考试立法等推进考试制度化的举措都是极具前瞻性的,且在中国不断推进和完善考试制度的过程中逐步得到落实。成立于1987年的国家教育委员会考试管理中心(2022年更名为"教育部教育考试院")是在国家层面推进考试制度化建设的一项重要举措。就考试立法而言,虽然时至今日我国还没有专门的考试法或教育考试法,但其他法律在制定社会管理规范时会加入涉及考试管理的相关条款,如《中华人民共和国刑法修正案(九)》将考试作弊入刑,《中华人民共和国教育法》第二十一条明确规定"国家实行国家教育考试制度。国家教育考试由国务院教育行政部门确定种类,并由国家批准的实施教育考试的机构承办"①。此外,有关考试的组织、实施,尤其是对于违纪违规行为的认定与处理,散见于各种类型、不同层次的法律、法规、规章及规范性文件中,如《高等教育自学考试暂行条例》《国家教育考试违规处理办法》等。党的十八届三中全会审议通过的《中共中央关于全面深化改革若干重大问题

---

① 参见:http://www. moe. gov. cn/jyb_sjzl/sjzl_zcfg/zcfg_jyfl/202107/t20210730_547843. html。

的决定》提出："推进考试招生制度改革,探索招生和考试相对分离、学生考试多次选择、学校依法自主招生、专业机构组织实施、政府宏观管理、社会参与监督的运行机制,从根本上解决一考定终身的弊端……逐步推行普通高校基于统一高考和高中学业水平考试成绩的综合评价多元录取机制。"①中共中央、国务院于 2020 年 10 月印发的《深化新时代教育评价改革总体方案》②是"扭转不科学的教育评价导向",指导教育评价改革具体落实的纲领性文件。该方案提出的"改进结果评价,强化过程评价,探索增值评价,健全综合评价"为建立科学的、符合时代要求的教育评价制度和机制指明了方向。在笔者看来,所有这些都是桂诗春先生所乐见的推进考试制度化的有力举措,必定会使考试在发现、培养、审核、选拔人才方面发挥更大的作用。

2. 考试的专业化

"所谓'专业化',有两层意思。一是建立一支教育测量的专业化队伍,二是用教育测量学的专业知识武装各级教育行政管理人员和广大教师。"(桂诗春,1982a:2)建立一支教育测量的专业化队伍有利于从组织上保证考试制度的实施,而建立由专业化人员组成的考试机构十分有必要,主要原因有:1)考试的编制对保密性和流程化程度要求高,需要有专人执行;2)考试的试题要有继承性、均衡性,不同年份、不同批次的考试在内容、难度、测试方式上要具有一致性;3)考试的成绩必须集中统计和分析,这样才能全面了解历年的教学质量,并为教育行政部门提供参考数据;4)要对教育测量进行科学研究,确保测量的科学性、客观性,从而确保公平性;5)要与国外考试机构加强沟通交流(桂诗春,1982a)。所有这些工作都需要具有专业知识、受过专业训练的人来完成。"专业化的另一层意思是在教学行政管理人员和教师中普及教育测量学的知识。"(桂诗春,1982a:4)桂诗春先生倡导开设教育测量学课程、举办培训班、编写反映国外先进水平并结合我国实际的教育测量学教材。他身体力行,不仅引进了大量国外语言测试领域的图书资料、题项分析软件,还撰写文章、出版专著、开设课程。20 世纪 80 年代,桂诗春先生就在广州外国语学院(现为广东外语外贸大学)成立了测试研究与发展中心,举办各类研讨会和培训班,并为我国培养了多位活跃在中国语言测试领域的学者,有力推动了中国考试的专业化进程。

---

① 参见:https://www.gov.cn/zhengce/2013-11/15/content_5407874.htm。

② 参见:https://www.gov.cn/zhengce/2020-10/13/content_5551032.htm。

3.考试的标准化

"标准性考试定出测量的客观标准,不但可以用来校正其他考试,而且可以对教学起到检查,甚至指导的作用"(桂诗春,1982a:4)。桂诗春先生在推动考试的标准化方面所做的第一项开拓性工作是主持开发了 EPT,第二项是高考改革。他认为,标准化是考试改革的方向,有其历史的必然性。"一是这是我国教育测量专家的共同认识,二是以它为核心易于入手,可带动其他方面的改革。"(桂诗春,1994:94)在桂诗春先生的带领下,广东从 1984 年起酝酿标准化考试改革试验。"1987 年国家教委考试(管理)中心成立后,又把标准化考试作为考试改革的核心,列入国家教委人文社会科学'七五'规划并在全国范围内进行大规模试验。"(桂诗春,1994:94)高考的"标准化"是指考试的各个环节,包括试卷设计、命题、考务实施和分数处理,均按照统一的标准和规范进行操作,"这无疑将提高考试的科学性和公平性,促进考试的现代化"(刘庆思,2008:24)。具体而言,标准化考试是指三个方面的标准化处理:一是试题的标准化处理;二是实行标准分制度;三是考试组织管理的标准化(桂诗春,1994)。在整个改革过程中,桂诗春先生带领的团队坚持在现代教育测量学和教育统计学的理论指导下进行统计分析,对高考的成绩分布、题项分析、评卷误差控制、标准分及常模等进行了逐项报告。这项改革于中国而言,"创建了我国有史以来第一个全国规模的标准化考试,使我国考试科学从理论到实践都开创了一个新纪元"(李筱菊,2001:3);"于国际而言,在超大规模选拔性考试的标准化方面,测试理论、技术难题均实现了突破"(何莲珍、张娟,2019:30)。

在大力度推进考试改革的同时,桂诗春先生著书立说,介绍并推广标准化考试。在他自称为一本"小书"的《标准化考试——理论、原则与方法》里,他分六章阐述了考试的现代化、什么是标准化考试、标准化试卷的设计、试测、考试的实施及常模的建立。陈思清(1988:69)概括了这本"小书"的四大特点:1)短小精悍、言简意赅;2)条理清楚、层次分明;3)通俗易懂、深入浅出;4)论述和例子不限于英语教学,"而是面向整个教育系统,适用于各个考试科目"。这本"小书"无疑填补了我国教育测试理论的一个空白。

4.考试的电脑化

美国著名教育测量学专家罗伯特·桑代克(Robert Thorndike)曾在 20 世纪70 年代初期指出,过去二十年来在教育测量中发生的最有戏剧性的变化来自技术发展,特别是来自光学扫描器和电子计算机的发展(Thorndike,1971)。1985年起,英国文化委员会(现英国文化教育协会)委托兰卡斯特大学的查尔斯·奥尔德森(Charles Alderson)等人进行一项题为"基于计算机的英语测试"(computer-based English language testing,CBELT)的研究。最后项目组提交了一份题为《语言测试改革:计算机能提供帮助吗?》的总结报告(Alderson,1988)。这项研究有三个目的:1)探索用计算机改进测试的潜力;2)探索用计算机组织除了多项选择题与完形填空题以外的题型的测试;3)探索与计算机辅助语言学习(computer-assisted language learning,CALL)相匹配的机助语言测试。桂诗春先生是考试电脑化的首倡者,更是积极的实践者。桂诗春(1982a:5)指出,考试的"标准化中所涉及的许多问题,如试测、分数统计、分数校正等等,都需要借助电子计算机来完成,因此考试的现代化离不开电脑化"。桂诗春(1986a)从编制试题、改卷与评分、评估试题三个方面阐述了电脑技术在标准化测试三个重要环节中的应用。他引进了我国第一台光学标记阅读器(OMR),研发了我国第一个采用经典测试理论和项目反应理论单参数模型进行考试评卷和题项分析的软件 GITEST,在高考等考试中得到成功应用。在教育测量中,题库建设是一项理论性强、实际意义重大的基本建设,大规模标准化考试离不开题库建设。为了加快题库建设的科学化、理论化进程,20 世纪 80 年代后期,《现代外语》开辟"测试理论与应用"专栏。桂诗春先生于 1989—1990 年间,在该专栏发表《题库建设讲话(一)—(四)》,对建立题库的基本条件、建立题库的数学模式、单参数模式的难度值与能力值估算、题库的扩充、项目选择、适宜性估算等题库建设的核心问题进行了详细的阐述,为题库组织的科学严密性、内容的广泛性、对考生能力的预测性、使用的经济可行性等方面提供了丰富的理论指导与实践指导。我国的一些大规模标准化考试(如 PETS)、部分校本考试均建有专门的题库,为考试的科学性、稳定性、公平性提供了保障。

桂诗春先生为推动考试电脑化发展所做的努力还可从他指导学生开展的电脑化测试研究中得到例证。杜金榜和桂诗春(2000:350)本着系统探讨电脑化诊断测试特点、为以后的深入研究铺平道路的目的,从阅读的角度探讨了电脑化诊断测试的总体框架、一般过程、重要环节和技术要求。该研究还为进一步开展电脑诊断测试提出了四个努力方向,即"电脑化诊断测试总体模式的探索""写作、口语、听力等能力的诊断研究""诊断报告的生成""阅读诊断的深入研究",为该领域的研究树立了标杆,提供了重要参考,时至今日仍然具有重要的理论与实践指导意义。

桂诗春先生还将认知科学引入语言测试,提出了以认知信息处理模型(cognitive information processing models,CIP 模型)为基础的语言测试,并尝试在阅读测试及评分中应用该模型。在桂诗春先生的指导下,笔者从理论上对计算机在语言测试中的应用,计算机适应性考试的数学模型、起点问题、项目选择、能力估计、终止原则,以及认知科学及其在语言测试中的应用问题进行了深入探讨,在理论研究的基础上结合我国实际设计出一个阅读理解和词汇语法的计算机化的认知适应性测试模型,以期提高我国大规模考试的信度及效率。"论文完成于1998 年,现在看来,它仍然具有很大的现实意义。它的出版问世,当会对我国的测试发展提出一种新的思路。"(桂诗春,2004:1)

当今时代,信息技术突飞猛进,硬件设施不断完善,听力理解的计算机自适应语言测试模型研究已经取得进展(何莲珍、闵尚超,2016),主观题的机器自动评分精度大幅提升。笔者认为人工智能技术、大语言模型在语言测试中的应用潜力巨大,需要进一步挖掘,语言测试研究人员可以尝试研发一些在纸笔考试中无法实施的新题型。此外,线上教学或线上线下混合教学模式下的评价手段同样值得探究。

制度化、专业化、标准化、电脑化四位一体的中国考试现代化发展进程为中国语言测试的蓬勃发展奠定了基础,推动了教学改革,使中国走出了一条自主的语言测试之路。

(二)制定统一的语言能力标准

"改革开放以来,我国外语教育得到了快速发展,但是国民现有外语水平与国家发展需求还有较大差距。外语考试作为人才选拔和培养的重要手段,还存在一些问题:一是考试项目众多,但功能单一,缺乏统一标准,且考试级别界定不清。二是现有考试与实际语言运用结合不够紧密,对学生语言综合运用能力考查不够全面,对教学的积极导向作用不够充分。三是国际认可度不高,没有与国际接轨的标准,证明考试质量的证据不够充分,不利于提升教育国际化水平。"(教育部考试中心,2021:1)制定统一的语言能力标准势在必行。

语言能力标准和量表的研制在国外已有很长的历史,发展到今天已经很成熟(韩宝成,2006)。国外的语言能力标准和量表的相关研究主要集中在澳大利亚、欧洲、北美等国家和地区(韩宝成、常海潮,2011;刘建达,2015),如《美国外语教学委员会语言能力量表》(American Council on the Teaching of Foreign Languages

Guidelines，ACTFL Guidelines）、《加拿大语言能力标准》（Canadian Language Benchmarks，CLB）、澳大利亚的《国际第二语言能力量表》（International Second Language Proficiency Ratings，ISLPR）、《欧洲语言测试者协会语言能力标准》（ALTE "Can Do" Statements）、《欧洲语言共同参考框架》（Common European Framework of Reference for Languages，CEFR）等等。上述语言能力量表和标准不仅反映了各个国家和地区在外语教育领域的探索与实践，也为全球语言能力的评估与认证奠定了坚实的基础。但是，要解决中国外语教育面临的实际问题，我们不能直接照搬这些标准和量表，需要制定符合中国国情、符合中国英语学习者特点的语言能力标准。

随着亚洲地区实现经济一体化的步伐不断加快，亚洲国家和地区间的多方交流迅速扩大，早在 2007 年，杨惠中和桂诗春两位教授就在《语言测试的社会学思考》一文中提出"有必要尽早建立统一的'亚洲英语语言能力等级量表'"。并提出了六项原则：1)语言能力等级要有明确、直观的描述语，描述语应该直接反映考生在实际语境中使用语言的能力，使分数具有直接可解释性，这样做最容易被用户理解和接受；2)能力等级的划分尽量做到量化，也就是级与级之间尽量做到连续而且等距；3)定性分析和定量分析相结合；4)制定统一的语言能力等级量表还要考虑到不同用户的需要；5)统一的语言能力等级量表制定完成后应经过定性的效度论证和定量的效度论证，以证明其有效性与可行性；6)统一的语言能力等级量表只提供分数解释的参照标准，并不涉及各项考试的行政主权。文末还提出了极具可操作性的八条建议。

2014 年国务院发布《关于深化考试招生制度改革的实施意见》（国发〔2014〕35 号）（以下简称《实施意见》）①，提出要加强"外语能力测评体系建设"，第一次从国家层面对外语能力测评体系建设提出明确要求。在教育部考试中心（现教育部教育考试院）的高效领导及全力支持下，全国百余位专家学者协同努力，历时 3 年多，顺利完成了《量表》的研制工作。经国家语言文字工作委员会语言文字规范（标准）审定委员会审定，《量表》于 2018 年 2 月 12 日由教育部、国家语言文字工作委员会作为语言文字规范发布。经过这些年的使用，修订版将于 2025 年出版。

《量表》是面向我国英语学习者和使用者的首个英语能力测评标准。它以中国英语学习者能力的实证数据为依据，同时充分考虑各学段的需求，将学习者的

---

① 参见：https://www.gov.cn/zhengce/content/2014-09/04/content_9065.htm。

英语能力从低到高划分为基础、提高和熟练三个发展阶段,共九个等级。《量表》以语言运用为导向,构建了多层级的指标体系,对各等级的能力特征进行了全面、清晰、翔实的描述。《量表》就像一把能力标尺,在促进各学段衔接、提升考试质量、推动国内外考试对接、发展多元评价、进行教学反馈等方面都将发挥积极作用。国内外专家认为,《量表》从习近平新时代中国特色社会主义思想的新需求出发,大胆创新,在多方面填补了国际空白,为推动国际语言教育的发展贡献了中国智慧;同时对推动我国外语教育"一条龙"建设,进一步丰富完善国家语言文字规范标准体系建设,传播中国文化、讲好中国故事具有重要意义(《中国英语能力等级量表》系列总序)。

在《量表》的研制过程中以及发布以后,多项国际知名的大规模考试(如托福网考[TOEFL iBT]、小托福[TOEFL Junior]、雅思[IELTS]、普思[Aptis])与《量表》开展了对接工作。这些考试与《量表》的成功对接,不仅标志着《量表》已经在国际语言教学、语言测评领域得到认可与应用,更标志着中国与英、美两国在教育领域,特别是在语言教育与测评方面,开启了合作的新篇章,促进了教育资源的互鉴与共享。对接实践不仅彰显了《量表》的广泛应用价值与实践意义,还构建了语言测试与《量表》对接的规范化研究框架(如何莲珍,2019b),为学术界提供了借鉴。更为重要的是,这一进程推动了"中国标准"在国际语言教育舞台上的亮相与认可,为中国在全球语言教育治理中发挥更加积极的作用奠定了坚实基础,也为解决全球性语言教育挑战贡献了中国视角与中国方案。

(三)以考试的正面反拨作用推动英语教学改革

如前文所述,桂诗春、李筱菊两位教授实施高考改革的初衷是推动中国英语教学的改革。应《语言评估季刊》(*Language Assessment Quarterly*)之邀,笔者与亓鲁霞教授于2008年9月对桂诗春先生进行了专访,过程中他谈道:

> 把语言作为知识来学,大学、中学都是这样。要改变这种观念,要把语言作为一种能力来培养。讲一点理论,写一两篇文章,影响力是不大的。最容易入手的,最容易影响教学的就是考试……我们要追求 good washback effect……因为他们得对付考试,他不想改也得改。所以我们就想搞考试,把注意力从知识转向能力。英语高考改革的目的就是推动中学英语教学改革,扭转英语教学过程中重语言知识轻语言能力的倾向。(He & Qi,2010)

"实验初期,可能会有一些中学教师感到不适应,但是我们相信,在考试的'指挥棒'指引下,他们会慢慢地把教学重点从语言知识转移到语言能力上面去的。"(桂诗春,1986b:46)高考改革至今,(N)MET 的题型多次调整。1978—1988 年,MET 的考查重点为语法、词汇等语言知识,听力、阅读、写作能力的考查严重缺位;1989 年,MET 启用了书面表达题;2003 年起,全国开始统一使用含听力考试的英语试卷;2016 年,新研发的读后续写和概要写作替代了原短文改错,读写结合,旨在考查学生获取信息、处理信息及英语书面表达的综合能力。这些变化体现了三个重视,即重视考生的语言综合应用能力,重视测试任务的真实性,重视考生的语言交际能力,有效引导中学教学把重点从语言知识转移到语言能力上面。

王初明指出,"我国英语高考是超大规模的高利害考试,除了用于高校选拔学生,还承载着积极引领英语教学的期望"(王初明,2022:425)。这与桂诗春先生的观点与期望一脉相承。从 21 世纪初开始,王初明教授带领团队从"以写促学"开始进行英语写作教学改革(王初明等,2000),到 2016 年提出"续论",并成功应用于 2017 年开始的浙江省高考改革。"续论"很好地贯彻了教育部颁发的《普通高中英语课程标准》的精神,产生了良好的反拨作用,转变了教师的阅读教学思路,改变了教师的写作教学方法,在引领教学中发挥了重要作用(王初明,2022)。相关研究表明,"读后续写测试任务具有鲜明的特色和优势,不仅能够有效测量学生的语言能力,而且有助于传播先进的教学理念,发挥测试对教学的积极反拨作用"(何莲珍等,2023:8)。从考试改革入手,推动英语教学的改革,以考促学、以考促教,这正是高考在选拔人才之外的又一重要功能。

与高考改革相类似,大学英语四、六级考试,英语专业四、八级考试从开考至今,题型也经历了多次改革,每一次的改革都朝着考试任务的真实性迈进一步,更加重视考生的交际语言能力考查。这些改革均有效发挥了考试的正面反拨作用,推动了英语教学改革,提升了学生的语言应用能力。

除了发挥大规模考试的积极导向作用,学界也从评价方式、测试反馈等方面入手,发挥考试的促学功能。一方面,考试以更具个性化的评价方式促学。诊断测试能够对学生语言学习过程中的问题进行诊断,教师能够利用诊断信息及时调整教学内容和教学方式,提供个性化教学,从而发挥教师的中介作用以达到有效促学的目的。自桂诗春先生提出将 CIP 模型应用于语言测试以来,学界对测试过程给予了更多关注。我国语言测试学者承袭了桂诗春的观点,尝试将项目反应理论(item response theory,IRT)与 CIP 模型相结合,聚焦计算机化的认知自适应语言测试,使我国的语言测试研究与国际接轨(何莲珍,2004;He & Min,2017)。

诊断测试充分体现了以评促学这一理念,有助于教师诊断考生的语言能力,及时有效地提供补偿性干预。另一方面,考试以丰富和完善的评价反馈体系促进学习。很长一段时间以来,我国多数语言考试项目的成绩报告比较单一,大多仅提供总分,分项分及相应的能力解读缺失,不利于成绩的有效使用。人工智能(artificial intelligence,AI),尤其是生成式 AI 深刻改变了语言学习的方式与模态,为外语教学与测评带来了前所未有的机遇和挑战。浙江大学提出了 AI 赋能的大学外语"教—学—评一体化"新体系,构建了"浙江大学慧学外语智能学习平台"。该平台具有如下六大特色,即科学化测评、个性化学习、差异化教学、个性化写作训练、智能化人机口语对话、可视化评价反馈。其中的可视化反馈,同时提供个体能力成长曲线和群体能力成长曲线。个体能力成长曲线记录每一名学生进入浙江大学后在学习过程中的英语能力发展情况,群体能力成长曲线记录全校大学生的英语能力发展情况以及各院系学生的英语能力发展情况(何莲珍,2024)。为丰富成绩反馈信息,未来的考试项目进行分数汇报时需要兼顾总分与分项分、兼顾量化及质性分数解读、兼顾不同分数使用者的多元化需求。

四、未来发展

笔者认为,未来的外语能力测评研发、研究应该在科学性、专业性、公平性等方面加大力度,推动我国外语能力测评的健康发展。

(一)科学性

我国现存外语考试项目众多、标准各异,考查内容或重复或断档,直接导致试题本身的科学性存疑,评分、成绩解释等方面存在的问题更是不一而足。《实施意见》中明确提出要加强"外语能力测评体系建设"(以下简称"测评体系"),第一次从国家层面对外语考试综合改革和系统化建设提出了明确要求。中国特色、科学的测评体系应以我国外语教育教学存在的问题为导向,以促进学生健康成长成才为宗旨,着重评价体系的科学化、系统化建设。"测评体系建设任务包括建立统一、规范的测评标准,研发科学、系统的等级考试,推动外语考试内容与形式改革,促进形成性评价与终结性评价的综合应用,构建面向各级各类学习者的外语能力综合评价体系。"(姜钢、何莲珍,2019:4)

建立"国家英语能力等级考试"(以下简称"等级考试"),是测评体系建设的重要组成部分。"等级考试"应以《量表》为标准参照,设置多个级别连贯有序的考试,着重考查学习者综合语言运用能力,为促进学习者语言能力发展提供连贯有序的阶梯。"等级考试"研制工作应以现实需求为基础,强调科学设计及验证,着眼于考试内容、成绩报告方式的改革与创新,以加强考试对教与学的积极反馈,更好地满足不同类型学校和专业、用人单位以及教育行政部门的评价需求,促进科学的教育评价体系的建立。

"建设一个既体现中国特色、符合中国国情,又与国际接轨的英语能力考试体系,是国家新时代人才选拔及培养的要求,是外语教育教学健康可持续发展的要求。"(姜钢、何莲珍,2019:8)考试评价方式的改革与创新,有助于克服"唯分数"带来的问题,推动教育教学的改革和评价科学化,促进学生健康成长成才。"建立科学的、系统的'等级考试'体系,需要充分了解教情、学情、考情,科学设计考试目标与内容,建立全流程的质量管控体系,创新评价方式方法,完善考试服务。这个过程中不仅需要考试机构的努力,更需要教育行政主管部门、教育机构以及涉考的各个利益群体的协同创新。"(姜钢、何莲珍,2019:8)

(二)专业性

桂诗春先生早在 20 世纪 80 年代就提出要实现考试现代化的"四化"——制度化、专业化、标准化、电脑化,其中的"专业化"包含两个方面,一是建立一支教育测量的专业化队伍,二是用教育测量学的专业知识武装各级教育行政管理人员和广大教师。笔者认为,过去四十多年来,我国在考试现代化的进程中取得了很大成绩,但对照《深化新时代教育评价改革总体方案》的要求,还有距离。特别是语言测试相关人员评价素养和语言测试标准的制定方面还有很大的提升空间。

要使该方案得到落实,除了政策层面的引导与支持、评价所涉各方的观念转变以外,评价领域自身的专业化建设至关重要。就语言测试而言,笔者认为应从两个方面入手:一是提升语言测试相关人员的评价素养,帮助他们了解为何评、评什么、如何评,从而建立科学的、符合时代要求的教育评价制度和机制;二是制定语言测试标准。没有专业的标准,我们无法判断考试质量,也无法对考试使用是否符合伦理标准做出判断(Davies,1997)。

1.语言测试相关人员语言评价素养的提升

语言评价素养指的是利益相关群体(如语言教师、考生、考试成绩使用者、大学管理人员等)对评价理论与实践的熟悉程度以及将相关知识应用于评价实践的能力(Inbar-Lourie，2008；Taylor，2009)。评价素养的缺失可能导致以下两个问题：一是教师倾向于使用终结性评价而忽视形成性评价；二是评价结果往往会被误用甚至滥用。过去一二十年间，国际语言测试界在语言评价素养的理论建构及实践方面进行了有益尝试。2011年第三十三届国际语言测试研讨会设立语言评价素养专题，2013年国际语言测试权威期刊 *Language Testing* 出版语言评价素养专刊，分别从评价基本要素——评价实施者和评价结果使用者视角(Malone，2013)、评价素养定义——评价实施者和非评价实施者视角(Jeong，2013)、大学水平测试使用者的评价素养提升(O'Loughlin，2013)、非语言评价从业人员的评价素养提升问题(Pill & Harding，2013)等方面展开讨论。

就其定义而言，Boyles(2005)指出语言评价素养包括对测试实践的了解、多种评价手段的运用、评价结果的解释与分析，以及评价结果在教学中的应用。Davies(2008)提出了语言评价素养三要素，即评价技能、评价知识和评价原则。评价技能包括考试设计、评分、数据分析等方面的实践能力，评价知识包括测量学、语言学等方面的知识，评价原则是指导考试开发和使用的理论基础和伦理道德，如效度、信度、行为准则等。

相较而言，我国对评价素养的关注相对较少，且不成体系。笔者认为中国亟须建立科学的、符合时代要求的教育评价制度和机制，需要对为何评、评什么、如何评这三问进行深入思考。

(1)为何评

任何一项考试都有其目的，考试目的不同，评价方法不同，分数解释不同，结果的运用也不同。从学习与评价之间的关系来看，可以分为三种："对学习的评价(assessment of learning)、促进学习的评价(assessment for learning)、作为学习的评价(assessment as learning)。"(何莲珍，2020：6)其中第二种方式近年来受到较多的关注，也有一些成功的实践案例。但对于如何在评价过程中不断寻找、解释教与学的过程中收集到的各类证据，确定学生的水平和需要达到的目标，以及如何才能取得最佳学习效果等方面，仍有较大的研究与探讨空间(何莲珍，2020)。

(2)评什么

语言测试，顾名思义，就是要测试语言能力，而语言是用来交际的，因此测试语言能力就是要测试考生的交际语言能力。"交际语言能力模型反映了人们对交际语言能力及其相关方面的基本认识"，为外语教学提供了基本的理论指导，也为语言能力测试的设计提供了"坚实的理论基础、具体的操作方法和可行的评价原则"(姜钢、何莲珍,2019:6)。《量表》研制组以交际语言能力模型为基础,从语言教学和社会需求的实际出发,把语言能力定义为"语言学习者和使用者运用自己的语言知识、非语言知识以及各种策略,参与特定情境下某一话题的语言活动时表现出来的语言理解能力和语言表达能力"①。这一定义为中国语境下英语能力测试的构念定义、命题细则编制等提供了重要参考。

(3)如何评

"如何评"是一个方法论问题。测试者除了需要了解测试开发的相关理论与方法以外,还需了解教育测量学知识,能够对测试结果进行量化分析与质性分析,对测试分数做出科学解释,并对测试结果予以妥善运用,还应能从社会学角度审视测试的公平性,对基于测试结果的决策做出理性判断。笔者认为重点应加强语言测试的效度研究及公平性研究。

2.语言测试标准的制定

中国是考试大国,目前,我国有多达几十种外语考试。但是,这些考试质量如何? 基于考试所做的决策是否科学? 考试是否被误用甚至滥用? 涉考各方的责任与义务是否明确? 是否有一整套标准来指导或规范考试从设计到使用的全过程? 这些问题值得深思。

没有专业的标准,我们无法判断考试质量,也无法对考试使用是否符合伦理标准做出判断(Davies,1997)。美国心理学协会(American Psychological Association,APA)早在20世纪40年代就组建了心理学道德标准委员会,并且制定了第一套道德准则。欧洲语言测试者协会也于1994年颁布了《欧洲语言测试者协会行为准则》,并于2001年对其进行了修订,同时还颁布了《欧洲语言测试者协会良好测试行为原则》(范劲松、金艳,2010)。国际语言测试学会(International Language Testing Association,ILTA)于20世纪90年代组建特别工作组对各类标准和行业准则进行调研,在此基础上着手制订《国际语言测试学会道德准则》(ILTA Code of Ethics),并于2000年3月在温哥华举行的国际语言测试研讨会上获得通过。该准则是一份原则性文件,用于指导良好的职业行为。在此基础上,国际语言测试学会又组织专家制定了《国际语言测试学会实施指南》(ILTA

---

① 参见:http://www.moe.gov.cn/jyb_sjzl/ziliao/A19/201807/W020180725662475781772.pdf。

Guidelines for Practice)，于 2007 年 6 月在巴塞罗那举行的国际语言测试研讨会上获得通过。该指南对各种语言测试环境下良好的语言测试实践所要思考的基本问题、考试设计者和命题人员的责任、组织高风险语言考试机构的义务、考生及利益相关群体的责任、测试使用者的责任、考生的权利与义务等方面均提出了指导性原则，并有一个部分针对课堂语言测试提出指导性原则。

在中国，杨惠中和桂诗春指出，政府机构相关部门应"尽快制定适合我国国情的《教育与心理测量标准》并颁布实施，起到'量同衡'的作用，这是造福千百万学子的重要举措"(2007：372)。2014 年 9 月，国务院颁发《实施意见》，2018 年《量表》正式发布。《量表》构建起一个中国英语学习、教学与测评的完整理论体系和统一的英语能力标准，为我国英语课程大纲制定、教学、考试提供了一套合适的能力参照标准(刘建达，2015)。笔者认为制定出台适合我国国情的外语考试质量标准并落实标准实施的保障机制迫在眉睫。

(三)公平性

教育公平是社会公平的重要体现，考试是迄今为止所实施的相对公平的人才选拔制度，对守护教育公平及社会公平起到了至关重要的作用。大规模、高风险考试的公平性无疑是教育公平的重中之重，历来是我国政府和社会各界聚焦的重点。考试公平性问题在语言测试、教育测量等领域乃至整个社会日显重要，应予以充分的关注。国内学者在借鉴国外相关理论与实践的基础上在概念溯源及研究框架构建，以及大规模、高风险考试的公平性研究等方面进行了有益探索，也取得了一些成绩，但仍存在一些问题，如中国语境下考试公平性研究的优先级不明确，缺乏深度。此外，已有的实证研究多采用量化方法，质性研究不足，研究结果对实践的指导意义有限。

"公平"的基本含义非常丰富，测试的公平性具有多维性。"需要注意的是，测试公平性同时涉及测试实践和涉考群体的价值判断，而学界对测试公平性的含义、研究范畴和研究方法等重要议题至今尚未有定论，对不同社会文化语境下涉考群体对测试公平性的看法也知之甚少。"(何莲珍、张娟，2024：127)

笔者认为在语言测评的公平性研究中，应引入教育测量、规程标准、哲学等不同视角，可以将测试公平性视作一个连续统。绝对公平难以实现，测试公平性的证明也绝非易事。但是，伴随着语言测试领域专业化程度的不断提升，考试开发人员和考试使用者在测试实践的各个环节应将维护考试公平的责任铭记于心。

此外,测试公平性研究需要立足具体的考试语境,必要时可从考试的不公平之处着手收集证据,回应不同涉考群体、教育体系乃至整个社会对考试公平的深刻关切。

五、结 语

从 20 世纪 70 年代末至今的四十多年中,中国的外语能力测评从无到有,由弱到强。以中国应用语言学、语言测试学科奠基人桂诗春先生为代表的外语测评领域专家学者始终坚持立足本土,坚持问题导向,以一系列开创性的工作推进了中国考试的现代化进程。他们根据国家的社会经济发展需求,根据各教育阶段对学习者外语能力水平的要求,根据中国语境下外语学习者特征、能力发展等实际情况,设计考试、研究考试、革新考试技术,走出了一条中国自主的语言测试之路。他们著书立说,培养人才,为中国语言测试的蓬勃发展奠定了基础。他们大声疾呼、大胆改革,以考促学、以考促教,努力让考试引领教学,推动教学改革,提高学生的语言能力,为我们留下了宝贵的学术资源和精神财富。

展望未来,笔者认为中国的语言测评应该在科学性、专业性、公平性等方面加大力度,推动我国语言测评的内涵式高质量发展。就科学性而言,应着力建设一个既体现中国特色、符合中国国情,又与国际接轨的外语能力测评体系,这既是国家新时代人才选拔及培养的要求,又是外语教育教学健康可持续发展的要求。就专业性而言,一方面要提升语言测试相关人员的评价素养,另一方面要制定语言测试标准。就公平性而言,要从跨学科的视角,在具体语境中研究测试公平性,倾听来自不同涉考群体的声音,守护教育公平。

参考文献

陈思清.1988.建立我国的教育测试理论:《标准化考试——理论、原则与方法》一书简介.现代外语,(4):68-69.

董燕萍,王初明.2001.中国的语言学研究与应用:庆祝桂诗春教授七十华诞.上海:上海外语教育出版社.

杜金榜,桂诗春.2000.电脑化阅读诊断测试的实验研究.外语教学与研究,32(5):345-351.

范劲松,金艳.2010.语言测试标准研究:回顾、反思和启迪.外语界,(1):82-91.

桂诗春.1982a.开展教育测量学研究　实现我国考试现代化.现代外语,(1):1-6.

桂诗春.1982b.EPT:一种标准性、客观性的英语水平测验.外语教学与研究,(4):66-72.

桂诗春.1984.我国应用语言学研究的广阔前景.外国语(上海外国语学院学报),(4):3-8.

桂诗春.1986a.电脑与标准化考试.外语电化教学,(4):38-40.

桂诗春.1986b.中学英语教学改革之我见.课程·教材·教法,(9):5-8.

桂诗春.1994.对标准化考试的一些反思.中山大学学报论丛,(2):94-99.

桂诗春.2004.序言//何莲珍.计算机化的认知适应性测试.杭州:浙江大学出版社:1-2.

桂诗春,李筱菊,李崴.1988.广东省英语标准化考试实验的基本经验.课程.教材.教法,(11):
　　10-17.

韩宝成.2006.国外语言能力量表述评.外语教学与研究,(6):443-450.

韩宝成,常海潮.2011.中外外语能力标准对比研究.中国外语,(4):39-46.

何莲珍.2004.计算机化的认知适应性测试.杭州:浙江大学出版社.

何莲珍.2019a.新时代大学外语教育的历史使命.外语界,(1):8-12.

何莲珍.2019b.语言考试与语言标准对接的效度验证框架.现代外语,(5):660-671.

何莲珍.2020.以语言评价专业化建设推动教育评价改革.中国考试,(9):5-9.

何莲珍.2024.在强国建设中彰显大外作为.外语教育研究前沿,(2):6-10.

何莲珍,闵尚超.2016.计算机自适应语言测试模型设计与效度验证.杭州:浙江大学出版社.

何莲珍,闵尚超,张洁.2020.中国英语能力等级量表:听力量表研究.北京:高等教育出版社.

何莲珍,张娟.2019.中国语言测试之源与流.浙江大学学报(人文社会科学版),(6):29-38.

何莲珍,张娟.2024.“公平”的理论向度:兼论对语言测试公平性研究的启示.浙江大学学报(人
　　文社会科学版),(5):122-130.

何莲珍,张杨,王敏.2023.读后续写的测试学研究:现状与趋势.外语测试与评价,(2):1-11.

禾平.1999.顺应社会发展需要,结构科学合理的公共英语等级考试:公共英语等级考试(PETS)
　　评介.中国考试,(4):40-41.

姜钢,何莲珍.2019.构建系统连贯的考试体系,促进英语教育教学和评价方式改革.中国外语,
　　(3):5-10.

教育部考试中心.2021.总序//教育部考试中心组;曾用强,曹琳琳.中国英语能力等级量表·
　　阅读能力量表研究.北京:高等教育出版社:i-ii.

金艳,杨惠中.2018.走中国特色的语言测试道路:大学英语四、六级考试三十年的启示.外语界,
　　(2):31-41.

李惠,初春玲.2001.全国公共英语等级考试体系(PETS)简介.上海海关高等专科学校学报,
　　(2):71-74.

李崴,桂诗春,李筱菊.1989.高等学校入学英语考试(MET)使用的统计方法.外语教学与研究:
　　外国语文双月刊,(2):27-39.

李筱菊.1984.浅谈外语教学的交际教学法.现代外语,(1):18-23.

李筱菊.1987.一套新颖的教材:CECL 教程介绍.外语界,(3):10-13.

李筱菊.2001.语言测试科学与艺术.长沙:湖南教育出版社.

刘海峰.1998."科举学":21 世纪的显学.厦门大学学报(哲学社会科学版),(4):54-60.

刘建达.2015.我国英语能力等级量表研制的基本思路.中国考试,(1):7-11.

刘庆思.2008.改革开放三十年来我国高考英语科的发展情况.课程·教材·教法,(4):22-27.

刘庆思.2017.高考英语学科 40 年.中国考试,(2):13-19.

乔辉,田强.2018.关于研究生入学英语考试改革的思考与建议.外语测试与教学,(1):56-61.

王初明.2022.教考分离,重在促学.外语教学与研究,(3):425-432.

王初明,牛瑞英,郑小湘.2000.以写促学:一项英语写作教学改革的试验.外语教学与研究,32(3):207-212.

许起祥.2021.教育考试机构非学历教育证书考试的历史与发展探析:以全国英语等级考试(PETS)为例.招生考试研究,(3):64-80.

杨惠中,桂诗春.2007.语言测试的社会学思考.现代外语,(4):368-374.

杨小石,杨惠中,华钧.1982.我国英语水平考试(EPT)的特点及其前景.外国语,(6):16-19.

杨学为.2008.考试的起源(上).教育测量与评价(理论版),(1):58-61.

杨学为.2017.从废科举到恢复高考:现代化视野下的科举与考试变迁.中国考试,(1):25-31.

郑若玲.1999.科举启示录:考试与教育的关系.清华大学教育研究,(2):12-16.

邹申.2010.回顾与展望:写在英语专业四、八级考试开考 20 周年之际.外语界,(6):9-18.

Alderson, J. C. 1988. Innovation in language testing: Can the micro-computer help?. Special Report No. 1: Language Testing Update. English Language Institute, University of Lancaster.

Bachman, L. F. 2000. Modern language testing at the turn of the century. *Language Testing*, 17(1): 1-42.

Boyles, P. 2005. Assessment literacy. In Rosenbusch, M. (ed.). *National Assessment Summit Papers*. Ames, IA: Iowa State University: 11-15.

Davies, A. 1997. Demands of being professional in language testing. *Language Testing*, 14(3): 328-339.

Davies, A. 2008. Textbook trends in teaching language testing. *Language Testing*, 25(3): 327-347.

He, L. 2010. The graduate school entrance English examination. In Cheng, L. & Curtis, A. (eds.). *English Language Assessment and the Chinese Learner*. New York: Routledge: 145-157.

He, L & Min, S. 2017. Development and validation of a computer adaptive EFL test.

Language Assessment Quarterly, 14(2): 160-176.

He, L. & Qi, L. 2010. Gui Shichun: Founding father of language testing in China. *Language Assessment Quarterly*, 7(4): 359-371.

Inbar-Lourie, O. 2008. Constructing a language assessment knowledge base: A focus on language assessment courses. *Language Testing*, 25(3): 385-402.

Jeong, H. 2013. Defining assessment literacy: Is it different for language testers and non-language testers?. *Language Testing*, 30(3): 345-362.

Malone, M. E. 2013. The essentials of assessment literacy: Contrasts between testers and users. *Language Testing*, 30(3): 329-344.

Min, S. & He, L. 2020. Test fairness: Examining differential functioning of the reading comprehension section of the GSEEE in China. *Studies in Educational Evaluation*, 64, 100811.

O'Loughlin, K. 2013. Developing the assessment literacy of university proficiency test users. *Language Testing*, 30(3): 363-380.

Pill, J. & Harding, L. 2013. Defining the language assessment literacy gap: Evidence from a parliamentary inquiry. *Language Testing*, 30(3): 38-402.

Taylor, L. 2009. Developing assessment literacy. *Annual Review of Applied Linguistics*, (1): 21-36.

Thorndike, R. 1971. Educational measurement for the seventies. In Thorndike, R. (ed.). *Educational Measurement*. 2nd ed. Washington, DC: American Council on Education: 3-14.

第六章 中国外语能力标准构建①

闵尚超

一、问题缘起

自改革开放以来,我国在外语教育方面取得了显著进展,但国民的外语水平与国家的发展需求之间仍存在一定的差距。在我国的教育体系中,外语从小学到大学都占据着重要地位。然而,无论是外语教学还是测评,均存在纵向不连贯、不衔接,横向不可比、不互认的问题。

就外语教学而言,纵向来看,不同学段的外语学习目标不连贯,有时甚至出现重复或断档,这无疑影响了外语教育的整体效果。横向来看,普通教育、职业教育和继续教育等各类别的外语教学目标和标准之间缺乏衔接,不利于建立多元化的学习路径,限制了人才的多渠道、多元化发展。

就外语测评而言,纵向来看,不同教育阶段的考试难度差异较大,且标准不尽相同,衔接性不足。横向来看,同一教育阶段存在多种外语考试,成绩之间难以直接比较,给考生带来了困扰。

在外语教学中,应试教育仍然占据主导地位。然而,部分考试的内容覆盖不够全面,对学生语言综合应用能力重视不足,这在一定程度上影响了外语教学的积极导向。学生们所接触到的学习材料和练习题目,除教材外,大多局限于考试的范围和试题的素材。学生学习外语的动机与考试紧密挂钩,他们的语言能力、思维品质、文化意识以及学习能力的培养没有得到充分展现。应试教育使得外语教育的育人育才功能无法全面彰显。

综上,我国外语教育面临三大重要问题:第一,如何构建具有中国特色的统一

---

① 本章二(二)部分的内容由闵尚超等(2018)的文章拓展而成。

的语言能力标准,使基础教育到高等教育沿着同一个轨道循序渐进,实现英语教学"一条龙"? 第二,如何提供对各种英语考试衔接定位、对英语能力自我诊断的共同标尺,实现多种考试结果的沟通互认? 第三,如何加强教学与考试之间的联动,通过综合改革实现二者的协同增效,实现我国外语教育的提质增效? 针对这三大问题,专家学者们纷纷呼吁加快建设统一的外语能力标准和测评体系(如:杨惠中、桂诗春,2007;姜钢、何莲珍,2019)。

二、《中国英语能力等级量表》

从全球范围看,许多国家制定了外语能力标准或量表。国际上对语言能力量表的研究已历经近七十载(韩宝成,2006),主要集中在澳大利亚、欧洲、北美等国家和地区(刘建达,2015)。例如,《美国外语教学委员会语言能力量表》详尽划分了外语学习者的能力级别,为美国外语教育提供了科学的教学与测评标准。《加拿大语言能力标准》为移民及新居民的语言能力评估提供了全国统一的标准。澳大利亚的《国际第二语言能力量表》则不仅适用于评估英语作为第二语言的学习者,还兼顾了其他语言的能力评估需求,促进了全球语言教育的交流与合作。此外,欧洲的两大语言能力标准体系也备受瞩目。《欧洲语言测试者协会语言能力标准》汇集了欧洲多国语言测试机构和研究者的智慧,旨在制定统一的语言能力标准,以满足欧洲各种语言考试在测试内容及级别方面相互关联的需求。而《欧洲语言共同参考框架》更是欧洲乃至全球语言教育的里程碑,它不仅为学习者设定了从 A1(入门级)到 C2(精通级)的六个语言能力等级,还详细描述了各等级应掌握的语言技能、知识及交际策略,为语言学习、教学及测评提供了全面的指导框架(何莲珍等,2020)。

上述语言能力标准和量表不仅反映了各个国家和地区在外语教育领域的探索与实践,也为全球语言能力的评估与认证奠定了坚实的基础。但是,要解决中国外语教育面临的三大问题,我们不能照搬他国语言能力量表和标准。我们需要立足本土,选择性地借鉴国际上的成熟经验,同时结合中国具体的国情与外语教育现状,进行科学合理的体系设计与建构,从而创新性地制定出契合中国实际情况的外语能力标准体系,形成一套具有中国特色的解决方案,以有效应对中国外语教育存在的问题。

2014 年 9 月,国务院颁布《关于深化考试招生制度改革的实施意见》,明确提出要加强外语能力测评体系建设,全面提升我国外语教育的效果和效率。外语能力测评体系建设的一项基础性工程是英语能力等级量表(《量表》)的研制。这一举措不仅是学术层面的探索,更是战略高度的布局,旨在通过系统化设计并确立国家英语能力标准,打造一套具有中国特色的解决方案,直接回应并有效解决本章第一部分所提出的中国外语教育领域所面临的三大问题,从而为中国外语教育的可持续发展提供支撑与方向。

《量表》项目于 2014 年 9 月由教育部牵头启动,在全国多个研发团队,上百位研究人员的共同努力下,《量表》在 2018 年 2 月 12 日由教育部和国家语言文字工作委员会正式颁布,于同年 6 月 1 日起施行。① 《量表》是新时代外语教育领域中至关重要的语言规范,它标志着我国首个覆盖全学段的英语能力标准的诞生。

(一)《量表》的理论框架

《量表》将中国英语学习者的英语能力从低到高划分为"基础、提高和熟练"三个阶段,共设九个等级,对各等级的能力特征进行全面、清晰、翔实的描述。通过采用"能做"描述语,《量表》结合具体交际场景直观地描述语言能力(刘建达,2017),包含听、说、读、写、译等语言行为,清晰地描述出中国英语学习者的整体语言能力和各项技能。

就理论框架而言,《量表》提出面向运用的语言能力框架(见图 6.1)(刘建达、韩宝成,2018),将语言能力视为一种持续发展的、与实际运用紧密关联的认知技能,而非固定不变、脱离实际语境的规则集合。这种技能通过语言使用者或学习者在多样化语言活动(交互式和非交互式)中的表现得以展现。在这些活动中,语言能力的核心在于理解和表达信息,即语言理解能力和语言表达能力。当不同语言的交流者进行沟通时,翻译成为必要的桥梁,这一过程同时涉及理解和表达的协同作用。作为一种实践能力,语言能力具有层次性,它不仅受到个体语言知识和策略掌握程度的影响,更取决于如何将这些知识和策略应用于实际。面向运用的语言能力量表,着重描述不同能力层次的语言学习者和使用者在具体语境下的典型表现,即如何调动各项技能以完成特定的交流任务。因此,《量表》在对语言能力进行整体性描述的基础上,对不同技能(如听、说、读、写、译)及其在具体语言实践中的表现进行描述。

---

① 参见:https://www.gov.cn/zhengce/zhengceku/2018-12/31/content_5443359.htm。

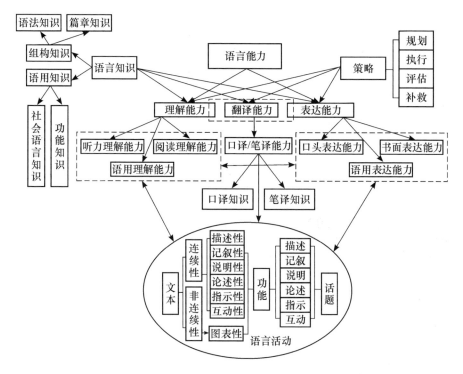

图 6.1　《量表》语言能力框架（改编自刘建达、韩宝成，2018：87）

研发团队对《量表》的研发和效度验证做过详细介绍，包括《量表》的理论模型（刘建达、韩宝成，2018）、听力量表（He & Chen，2017）、口语量表（金艳、揭薇，2017）、阅读量表（Zeng & Fan，2017）、写作量表（潘鸣威，2017）、笔译量表（白玲等，2018）、口译量表（Wang et al.，2020）、语用能力量表（韩宝成、黄永亮，2018）和组构能力量表（贾贻东、武尊民，2019）等，在此不再赘述。

《量表》描述语采用三成分框架，包括"行为""标准""条件"，前两个成分必不可少，第三个成分可有可无。具体解释如下：

　　·行为：语言活动本身，包括活动和认知行为，如"能听懂讲座""能写活动指南""理解主旨大意"。

　　·标准：输入或输出语言的质量或特征，如"语速较快""语言复杂""语言准确"。

　　·条件：任何外部的条件，如"在图片、图像、手势等的帮助下""面对面"。

表 6.1 呈现了四条《量表》描述语的成分分析,提供各成分示例。

表 6.1 《量表》描述语的三参数模型

描述语	行为	标准	条件
1. 在图片、图像、手势等的帮助下,能听懂关于人物、地点、事物等的简单描述,获取相关信息。(听力量表/理解口头描述/第 2 级)	听描述;获取相关信息	关于人物、地点、事物;简单	在图片、图像、手势等的帮助下
2. 在读语言复杂、描述社会文化的文章时,能理解其文化内涵。(阅读量表/理解书面描述/第 7 级)	理解文章中的文化内涵	语言复杂;描述社会文化	/
3. 能经过准备,详细地讲述有关名胜古迹的典故、传说。(口语量表/口头叙述/第 7 级)	讲述典故、传说	详细;有关名胜古迹	经过准备
4. 能评论与学习相关的文章或章节,观点明确,具有说服力。(写作量表/书面论述/第 5 级)	评论文章或章节	观点明确;具有说服力;与学习相关	/

(二)《量表》的创新性

《量表》的创新性体现在以下六个方面。

1. 理论框架

《量表》基于 Bachman(1990)的交际语言能力模型,结合 Anderson 和 Krathwohl(2001)对布鲁姆(Benjamin Bloom)的教育目标分类学(修订版)中的认知和知识框架的修订,采用不同的认知行为表示能力等级的高低或语言交际活动的完成难度。认知任务包括信息的识别与提取、概括与分析、批判与评价等。其中,识别与提取属于较低层次,如识别时间、地点等细节性信息;概括与分析属于高一层级的理解能力,如理解主旨大意;批判与评价则是更高层级的理解能力,如整合多方信息并进行批判性思考。尽管大部分级别都会涉及这三类认知动词,但相对而言,对于低级别学习者,尤其是儿童,考虑到其认知能力发展的实际情况,所涉及的批判与评价相对较少,甚至在个别低级别可能出现空缺的情况;在高级别,涉及的批判与评价相对较多。对认知能力的强调是《量表》相较于以往国际上各类语言能力标准的一大突破。

2.描述语成分

《量表》的描述语不仅体现"量"和"质"，还明确包括三个成分："行为""标准"和"条件"，有效解决了以往国际上各类语言能力标准很少涉及语言特征的弊端。"量"指的是语言使用者可以处理的场景、功能、场地、话题等的数量，"质"指的是语言使用的精确度及效率。级别越高，能完成的任务数量越多，质量也相应越高。国外语言标准，如《欧洲语言共同参考框架》描述语体现了语言发展的"量"和"质"两个维度，但对语言特征的描述仍显薄弱。《量表》描述语的三成分框架中，"行为"指能做什么，包括"认知动词"和"任务"两个部分，体现"量"；"标准"指能处理什么样的输入材料，包括"语域""话题""语体""语言特征"等，体现"质"；"条件"包括"限制条件"和"具体情境"，如是否有视觉帮助、干扰声音、是否为面对面等。《量表》描述语通过"标准"这个成分，即输入或输出语言的特征，如话题的熟悉度、语速、语音、语法复杂度、词汇密度等，体现交际任务中具体的语言特征。《量表》细化的、分层的描述语成分使描述语结构更为清晰。

3.描述语的典型性和系统性

《量表》以"典型特征方法"为主、"系统性方法"为辅对学习者语言能力进行"能做"描述。"典型特征方法"认为，上一个级别的人具备下一个级别所描述的语言行为表现；《量表》不在不同级别重复描述相同的语言行为，属于"累进量表"（朱正才，2015）。"系统性方法"常用于测试评分标准设计中，通过程度限定词的差异拉开级差。国外大部分语言标准，如《欧洲语言共同参考框架》采用"典型特征方法"，但是，该类标准描述的是人们能做什么，比较适合用于指导教学与学习，并未描述测试任务，各级别间缺乏系统性，因此不能很好地用于指导测试设计（Alderson et al.，2004；Weir，2005）。《量表》综合两种方法的优势，主要采用"典型特征方法"，在各级别间通过任务特征、文本类型等参数拉开级差。同时，在不同级别适当融入"系统性方法"的限定量词，如将语速分为语速缓慢、语速较慢、语速正常、语速较快等级别，以更好地体现级别设置的系统性与连续性，并在中国现有教学大纲以及调研数据的基础上，对系统性方法的限定量词，比如"语速缓慢""语速较慢"等表述，通过具体数字予以说明。此做法弥补了系统性方法不以标准为参照的缺陷，同时也在一定程度上解决了以往语言能力标准系统性不足的问题。

4. 描述语来源

中国的教育体制和英语教学环境与其他国家和地区（如欧盟）存在较大差异，《量表》坚持立足中国语言教学与测评实际，描述语收集途径兼顾文献法和采样法。文献法属于规定性方法，规定学习者应该达到什么样的能力标准。采样法指的是向学习者、教师或其他参与者收集描述语的方法，属于描述性方法，描述英语教学中所反映出来的学习者的实际能力。国外语言能力标准的描述语以文献法为主，即参考的文献主要来自其他语言能力量表、课程标准、教学大纲、教学要求、考试大纲等。中国的外语教育体制与其他国家存在差异，我们不能过于依赖其他国家和地区的语言能力量表，如《欧洲语言共同参考框架》等。Ashton(2010)发现《欧洲语言共同参考框架》中有关快速阅读中扫读(scanning)的描述语对母语为非字母形式的英语学习者来说，基本不可能做到。因此，《量表》研发团队在建立描述语库时，分赴全国多所小学、中学、大学等，并通过网络，面向英语教师、学生以及职场人士进行了描述语采集工作。经过改写、分类、分级等步骤，最终采用的很多描述语来源于采样法。

5. 典型任务确定

在中国的教育环境下，英语不是生活必需的语言，《量表》的典型任务需要符合中国的语境。因此，项目组进行了广泛调研，听取学校教师、学生和职场人士的意见，综合调查数据分析结果与专家判断，确立了各技能的典型任务，如听力的 5 个典型任务包括：听对话、听通知与指令、听课、听广播、看影视节目。针对典型任务，课题组请专家撰写了各级别对应的描述语。如听课是 5 个典型任务之一，是中国教育环境下不可缺少的一个任务。但其他语言标准如《欧洲语言共同参考框架》对大学课堂相关的英语能力描述很少(North, 2014)，CEFR 典型任务是在国外独立生活的人需要用语言完成的日常任务，取自欧洲研制的入门级标准。《量表》中"听课"这一典型任务的确定符合当前专门用途英语(English for specific purposes, ESP)在大学的盛行趋势，符合国内教育现状，同时也弥补了以往语言能力标准在这一方面的不足。

6. 描述语量表化

《量表》采用教师评价和学生自评相结合的方法，对描述语进行量表化处理，但以往国际上大部分语言能力标准主要基于教师评判。例如，CEFR 描述语主要基于教师对二语学习者语言水平的评价，即教师评价，并通过多层面 Rasch 模型分析得出各描述语的难度值(Hulstijn,2007)。虽然 North(2014)曾指出,教师评价和学生自我评价得出的描述语难度排序相关系数达到 0.99,但是这种高相关能否在不同外语环境下得以保持有待考证。《量表》采用教师评价和学生自评相结合的方法,对描述语进行量表化处理。"研制组通过采用平行锚题和垂直锚题相结合的方法,将 9 个级别的描述语链接在一起",组合成 80 套问卷,在全国范围内进行了大规模调研,其中教师约 3 万人、学生约 13 万人;"收集到大样本数据后,研制组采用多层面 Rasch 模型分析教师评价和学生自我评价数据,得出每条描述语的难度值和学习者的能力值,并按照描述语难度值、学习者能力值、专家判断等确定临界值,划分等级。"(闵尚超等,2018:74-75)

(三)《量表》的理论贡献

《量表》的理论贡献有四个方面。

第一,《量表》的研制标志着具有鲜明中国特色的量表理论框架的构建。该框架在交际语言能力框架的基础上,融入了功能语言学、认知语言学以及教育学等多个学科的理论精髓。具体而言,它通过深入剖析"理解意义"与"表达意义"两大核心活动背后所隐含的多样化"典型认知行为",不仅深化了对语言运用本质的理解,而且进一步凸显了语言学习过程中认知能力发展的重要性。这一创新性的理论视角,不仅丰富了语言教育研究的内涵,更为教学实践提供了有力的理论支撑,旨在引导教师在语言教学过程中,不仅关注学生语言知识的积累与运用,而且强调认知能力在语言学习过程中的核心作用,即不仅关注学生对语言符号的解码与编码能力的提升,而且注重学生对语言信息的深度加工、推理判断、批判性思维等高阶认知技能的培养。因此,《量表》构建的理论框架对促进外语教学实践的范式转型具有深远意义,有助于英语教学从单一的语言技能强化模式向兼顾思维能力全面发展的综合性教育模式转变,从而推动我国英语教学向更深层次、更广领域迈进。这一转变不仅为中国外语教育面临的应试教育挑战提出了创新性的解决方案,同时也为全球外语教育领域贡献了一种值得参考与借鉴的中国模式,展现了在全球化背景下,中国外语教育实践对国际教育改革与发展的积极贡献。

第二,《量表》的构建突出体现了应用导向性原则。通过采用"能做"描述语,聚焦语言作为交际工具的核心功能,旨在引导语言学习者超越单纯的知识积累,转向注重语言的实际运用与实践能力培养,实现"学"与"用"的紧密结合。《量表》不仅关注语言学习者对语言规则和结构的掌握,更强调他们在运用语言知识(如词汇、句法知识等)及非语言知识(如文化知识、背景知识等)、灵活采取多种策略(如认知策略、元认知策略等),在特定语境下就某一主题进行有效英语交流时所展现出的综合语言理解和表达能力。这一设计理念促进了学习者从被动接受向主动应用的角色转变,为测量与提升学习者在真实世界运用英语解决实际问题的能力提供了科学的标准。

第三,《量表》构建了语用能力量表、笔译和口译能力量表,有利于加强对学生的实际语言运用能力、文化意识以及跨文化交际能力的培养,填补了国际上语言能力量表中未涉及语用能力的空白。具体而言,语用能力量表的构建,旨在精准测量学生在不同社交场景下运用语言进行得体、有效交流的能力,强调了语言使用的社会规范和文化适应性。而笔译与口译能力量表的构建,则明确了翻译技能的国家标准,不仅关注学生对语言进行精确转换的能力,还考查其在跨文化背景下理解、分析及重构信息的复杂过程,这对于培养具有国际视野、能够胜任多语种交流任务的高素质人才具有重要意义。《量表》的这一系列创新性举措,不仅丰富了语言能力量表的内涵与外延,更为外语教育教学的改革与发展指明了方向,有助于推动外语教育向更加注重实践应用、文化理解、跨文化交际和国际传播能力的方向发展。

第四,《量表》研制过程中开展了大规模实证研究,在国内同类研究中尚属首例。从研究规模、数据体量看,均为国际同类研究之最。研发团队在研制过程中,充分借鉴国际先进的语言能力量表研制经验,同时结合我国外语教育的实际情况,确保了《量表》的适用性与前瞻性。调研范围覆盖了28个省、自治区、直辖市的98所院校,实现了从小学至大学各教育阶段的全覆盖。这一大规模、跨阶段的实证研究设计,为《量表》的精准性与普适性奠定了坚实的基础。在具体实施方面,研发团队通过精心设计的问卷调查工具,广泛收集了来自一线教师约3万人次及学生约13万人次的宝贵数据。大样本调研确保了研究结果的代表性与可靠性。《量表》研发过程中采用的严谨而系统的实证研究方法,不仅填补了国内相关领域的空白,更为国际语言能力标准构建研究贡献了中国智慧与中国方案。

(四)《量表》的实践意义

《量表》的实践意义主要体现在以下三个方面。

第一,《量表》作为我国首个贯通基础教育至高等教育各阶段,系统性地指导英语教学、学习与测评的英语能力国家标准,能起到"车同轨、量同衡"的关键作用。"车同轨"指《量表》有助于引导我国英语教育体系从基础教育到高等教育阶段,沿着一条清晰、连贯且循序渐进的发展路径前行,有助于实现外语教学在内容、方法及目标上的一致性与连续性,构建外语教学的"一条龙"模式。该模式的建立,不仅有助于促进教学资源的高效配置与共享,也为学生的英语学习提供了稳定且具有预测性的发展轨迹。"量同衡"指《量表》在统一英语考试标准方面的关键作用。它为各类英语考试提供了共同标准,不仅有助于提升考试结果的可比性与有效性,而且有助于促进教学与测评之间的紧密衔接与相互促进。因此,《量表》作为提升我国英语教育体系规范化与标准化的中国方案,能有效应对英语教育领域面临的不同教育阶段教学目标衔接不畅、考试标准多元化、教学与测评联动不足等中国问题。

第二,《量表》为我国英语教学、学习和测评提供了统一标准,对教、学、测相关活动的顺利开展及长远效果产生重要影响。《量表》作为统一标准,能直接助力英语教师、学习者及教育机构、考试机构等的教、学、测活动。对英语学习者而言,《量表》有助于学习者对自己的英语能力进行准确定位或诊断,并针对自己的实际情况制定明确的学习目标,对学习进步进行自我评估,选择合适的学习材料,参加相应级别的水平能力测试。对教师及教育机构而言,《量表》可作为重要的教学标尺与测量工具,对教学目标设定、教学计划制订、教材选择或编写、教学效果评价等起到基础性的指导作用。对考试机构来说,《量表》不仅有利于降低各类英语考试的开发成本,而且为考试提供了统一的评价标准,有助于保证测评结果的客观性与可比性,从而提高考试的公信力与认可度。

第三,《量表》不仅立足本土,考虑我国外语教育教学实际、国家未来发展对外语能力的要求,而且接轨国际,为国际语言教育领域贡献中国智慧。《量表》颁布以后,多项国际知名考试与《量表》的对接工作随即开始,目前已完成了雅思、普思、托福网考、小托福与《量表》的对接,对接结果均已公布。这一系列的成功对接,不仅标志着《量表》已经在国际语言教学、语言测评领域得到认可与应用,更标志着中国与英、美两国在教育合作领域,特别是在语言教育与测评方面,开启了合作的新篇章,促进了教育资源的互鉴与共享。对接实践不仅彰显了《量表》的广泛应用价值与实践意义,还构建了语言测试与《量表》对接的规范化研究框架,为学术界提供了宝贵的参考范式。更为重要的是,这一进程推动了"中国标准"走向国际语言教育舞台,并获得认可,为中国在全球语言教育治理中发挥更加积极的作用奠定了坚实基础,也为应对全球性语言教育挑战贡献了中国视角与中国方案。

三、未来发展

自《量表》发布以来,研发团队通过各种途径,从各个维度对《量表》进行了深入的阐释和解读,国内外众多英语教育工作者积极参与研究,深入探讨其在英语学习、教学和评估中的实际应用(如:O'Sullivan et al.,2020;Papageorgiou et al.,2019;何莲珍等,2021;金艳等,2022;刘建达,2017,2018,2019;曾用强,2022)。在"中国知网"平台上,以"中国英语能力等级量表"为关键词进行检索,截至 2024 年11 月,共检索到相关论文 279 篇,关于《量表》的研究呈持续增长趋势。这些研究工作的开展,不仅推动了我国英语教育的创新发展,也为提升我国英语教育在国际上的影响力做出了积极贡献。结合我国外语教育教学面临的新形势,下面聚焦标准研发与应用两个方面,对《量表》的进一步完善提出建议,以期《量表》能更好地满足外语教育教学的需求。

(一)标准研发

首先,建议以语言活动为基础,开发《量表》的补充版。尽管《量表》中的描述语源自具体的语言活动,但其分类标准侧重于功能,包括听、说、读、写、译五项语言技能,并从描述、叙述、说明、论述、指示、互动六个方面进行了详尽的描述和归类。这种分类方式基于语言交际能力模型,并结合了认知语言学、功能语言学、语用学等多个领域的理论,以及中国语境下使用英语的实际情况,有助于在我国英语学习、教学和测评之间建立一座沟通的桥梁。然而,就学习和教学的参考作用而言,以典型语言活动为单位的量表更具指导意义。特别是在教材选篇和典型活动设计时,这种量表能为教学和学习提供更为明确的指引。因此,围绕典型语言活动开发《量表》的扩展版将具有极高的实用价值(刘建达,2021)。目前,《量表》研制组已经初步完成此项工作,《中国英语能力等级量表——典型语言活动、能力特征及翻译知识量表研究》计划将于 2025 年出版。需要指出的是,《量表》的研发本质上是一个动态的系统工程,它要求研发团队基于实际应用中的反馈对《量表》进行持续的迭代与更新。具体而言,这一过程涉及数据的持续收集与分析,需要研发团队根据中国英语学习者学习情况的变化、学习路径的演进,以及广大一线教师基于教学实践所提出的具体反馈与需求,进行及时的评估与调整,确保《量表》能够紧跟二语习得理论与实践的最新发展,保持其时代性与前瞻性,服务于中国英语教育的发展需求。

其次,针对口语、写作、笔译和口译技能,建议参考典型特征开发《量表》样本库。虽然《量表》已经通过任务特征、文本类型等参数描述了各级别的典型特征,但在实际使用中,不同使用者对这些典型特征的理解可能存在较大差异。为了解决这个问题,开发统一的参照样本至关重要。通过提供清晰、一致的参照样本,可以确保使用者对《量表》中的典型特征有更加准确和统一的理解,从而推动《量表》在英语教学、评估和学习中的有效应用。这样的样本库不仅能为教师提供教学指导,帮助学生提升口语和写作能力,还能为评估者提供客观、公正的评价依据,促进英语教育的整体发展。

(二)标准应用

《量表》作为一个语言能力标准,其本质在于界定并描述英语能力水平的等级与特征,并非直接等同于具体的考试形式或结果。鉴于此,构建一个符合中国国情、具有中国特色,又与国际接轨的国家英语能力测评体系,是当前外语教育改革与发展的重要议题。这一议题不仅体现了新时代多元化、高质量人才选拔与培养的国家需求,也是外语教育领域实现健康、可持续发展的重要保障。

首先,构建科学、系统的国家英语能力测评体系需深入分析外语教育现状(教情)、学生学习状态(学情)及考试现状(考情)。其次,需要基于《量表》的能力框架,科学设计考试目标、考试内容与难度梯度,确保考试既能有效考查学生的英语能力,又能引导学生向更高层次的能力发展。再次,需要建立覆盖考试设计、实施、反馈全周期的质量管控体系,采用多元化、创新性的评价方式方法,以丰富评价维度,提高评价的准确性和有效性。

此项工作的顺利推进,需要教育行政主管部门发挥政策引领与资源调配作用,教育机构积极参与考试内容的研发与形式的创新,以及各利益群体(包括学生、家长、社会等)的广泛参与和协同努力。通过构建多方联动的合作机制,共同推动英语能力测评体系的构建与完善,为我国外语教育的现代化、国际化进程贡献力量。

四、结　语

本章首先分析了我国外语教育在不同阶段、不同类别教学与测评方面所面临的挑战,具体表现为纵向层面的不连贯与不衔接,以及横向层面的不可比与不互认。针对这些问题,本章提出,构建一套系统的英语能力标准,即《量表》,是解决问题、推动中国外语教、学、评一体化发展的有效路径。

随后,本章聚焦《量表》的理论框架与亮点特色,明确指出其作为我国首个全面系统的外语能力标准,不仅采纳了先进的语言能力理论框架,而且在多个维度上体现了独特的创新价值。相较于国际上其他语言能力标准,《量表》在理论框架的构建上更为系统全面,描述语成分兼顾典型性与系统性。同时,《量表》在描述语来源的广泛性、典型活动的精准性以及描述语量表化的科学性等方面,不仅体现中国特色,也与国际接轨,为国际外语教育领域提供了宝贵的中国方案与参考视角。

接着,本章阐述了《量表》的理论贡献与实际意义。在理论层面,《量表》的研发与颁布标志着我国在外语能力国家标准研究领域的一大突破,为构建科学合理的外语能力测评体系奠定了坚实基础。在实践层面,《量表》为解决我国外语教学与测评中的三大实际问题提供了有效方案,有助于推动外语教学与测评提质增效。

最后,本章展望了《量表》在我国外语教育领域的未来发展前景。作为中国外语教育领域具有中国自主知识体系的一项成果,《量表》不仅在国内具有深远影响,也有助于促进各国之间在外语教育领域的互学互鉴,共同推动全球外语教育事业的蓬勃发展与持续繁荣。

参考文献

白玲,冯莉,严明.2018. 中国英语笔译能力等级量表的构念与原则.外语界,(1):101-110.

韩宝成.2006. 国外语言能力量表述评.外语教学与研究,(6):443-450.

韩宝成,黄永亮.2018. 中国英语能力等级量表的研制:语用能力的界定与描述.现代外语,(1):91-100.

何莲珍,闵尚超,张洁.2020. 中国英语能力等级量表:听力能力量表研究.北京:高等教育出版社.

何莲珍,阮吉飞,闵尚超.2021. 基于文本特征的校本写作考试与《中国英语能力等级量表》对接效度研究.外语教学,(3):52-57.

贾贻东,武尊民.2019. 中国英语能力等级量表的组构学习策略量表框架研究.外语界,(4):32-40.

姜钢,何莲珍.2019.构建系统连贯的考试体系,促进英语教育教学和评价方式改革.中国外语,
　　(3):4-10.

金艳,揭薇.2017.中国英语能力等级量表的"口语量表"制定原则和方法.外语界,(2):10-19.

金艳,揭薇,王伟.2022.大学英语四、六级考试与语言能力标准的对接研究.外语界,(2):24-32.

刘建达.2015.我国英语能力等级量表研制的基本思路.中国考试,(1):7-11.

刘建达.2017.中国英语能力等级量表与英语学习.中国外语,(6):4-11.

刘建达.2018.中国英语能力等级量表与英语测评.中国考试,(11):1-6.

刘建达.2019.中国英语能力等级量表与英语教学.外语界,(3):7-14.

刘建达.2021.教育评价改革背景下完善《中国英语能力等级量表》的思考.中国考试,(9):8-12.

刘建达,韩宝成.2018.面向运用的中国英语能力等级量表建设的理论基础.现代外语,(1):
　　78-90.

闵尚超,何莲珍,罗蓝.2018.中国英语听力能力等级量表描述语效度验证:基于学生自我评价
　　的多级计分 IRT 模型分析.中国外语,(2):72-81.

潘鸣威.2017.中国英语写作能力等级量表的典型写作活动构建:系统功能语言学的文本类型
　　视角.外语界,(2):37-43.

杨惠中,桂诗春.2007.制定亚洲统一的英语语言能力等级量表.中国外语,(2):34-37.

曾用强.2022.基于《中国英语能力等级量表》的文本特征研究.语言测试与评价,(1):58-69.

朱正才.2015.关于我国英语能力等级量表描述语库建设的若干问题.中国考试,(4):11-17.

Alderson，C.，Figueras，N. & Kuijper，H. et al. 2004. *The development of specifications for item development and classification with the Common European Framework of Reference for Languages：Learning，Teaching，Assessment* (Final report of the Dutch CEF Construct Project). Retrieved from ResearchGate：https://www.researchgate.net/publication/242258036_The_Development_of_Specifications_for_Item_Development_and_Classification_within_The_Common_European_Framework_of_Reference_for_Languages_Learning_Teaching_Assessment ♯：~：text＝The％20Common％20European％20Framework％20(CEF)％20is％20intended％20as％20a％20reference.

Anderson，L. W. & Krathwohl，D. R. 2001. *A Taxonomy for Learning，Teaching，and Assessing：A Revision of Bloom's Taxonomy of Educational Objectives*. New York：Addison Wesley Longman.

Ashton，K. 2010. Comparing proficiency levels in a multi-lingual assessment context. *Research Notes*，42：14-15.

Bachman，L. 1990. *Fundamental Considerations in Language Testing*. Oxford：Oxford University Press.

He，L. & Chen，D. 2017. Developing common listening ability scales for Chinese learners of

English. *Language Testing in Asia*, 7(4). https://doi. org/10. 1186/s40468-017-0033-4.

Hulstijn, J. H. 2007. The shaky ground beneath the CEFR: Quantitative and qualitative dimensions of language proficiency. *Modern Language Journal*, 91(4): 663-666.

North, B. 2014. *The CEFR in Practice*. Cambridge: Cambridge University Press.

O' Sullivan, B. , Wu, S. & Liu, J. et al. 2020. Linking the Aptis test to China's standards of English language ability. In Damerow, R. & Bailey, K. M. (eds.). *Chinese-Speaking Learners of English : Research, Theory, and Practice*. New York: Routledge: 66-78.

Papageorgiou, S. , Wu, S. & Hsieh, C. -N. et al. 2019. *Mapping the TOEFL iBT® test scores to China's standards of English language ability: Implications for score interpretation and use* (ETS Research Report No. RR-19-44). Retrieved from WILEY Online Library: https://doi. org/10. 1002/ets2. 12281.

Wang, W. , Xu, Y. & Wang, B. et al. 2020. Developing interpreting competence scales in China. *Frontiers in Psychology*, 11. https://doi. org/10. 3389/fpsyg. 2020. 00481.

Weir, C. 2005. Limitations of the common European framework for developing comparable language examinations and tests. *Language Testing*, 22(3): 281-300.

Zeng, Y. & Fan, T. 2017. Developing reading proficiency scales for EFL learners in China. *Language Testing in Asia*, 7(8). https://doi. org/10. 1186/s40468-017-0039-y.

第七章　中国语境下的口译人才培养

董燕萍　詹　成

一、问题缘起

　　口译人才属于工作极具挑战性、占比极小的特殊外语人才；有必要深入探讨该类人才的培养机制，尤其是中国语境下口译人才的培养机制。一方面，口译人才的培养极具挑战性：口译人才不仅以高水平的双语能力为基础，且成才率极低，有明显的门槛；口译人才有对应的比较明确的职业和行业，受职业伦理和行业规范的制约。另一方面，中国的口译教育在过去 30 年，不论在规模上还是在质量上都得到了突飞猛进的发展。因此，我们认为，很有必要深入探讨中国语境下的口译人才培养并提炼其机制，这不仅有助于进一步提升中国口译人才培养的质量，也有助于进一步理解中国一般外语人才的培养机制。

　　作为一项语言技能，口译最复杂，也最具挑战性。在我们通常所列举的听、说、读、写、译五个技能中[①]，"译"包括笔译和口译，其中的"口译"不仅涉及听和说两个技能，还涉及一系列其他方面的能力，因为口译员需要面对巨大的时间压力、不熟悉的话题和各种口译现场的变数。同声传译（"同传"）和交替传译（"交传"）是两种常见的口译模式，其中最常见的又是以"听"（非"视"）和"说"（非"手势"）来接受源语（source language）信息和表达目标语（target language）信息。同传中，译员需要一边听辨源源不断的源语信息，一边将刚听到的源语信息"即时"用目标语表达出来。这意味着，同传译员不仅要听得懂源语信息，还要用目标语将这些信息准确表达出来，更要同时兼顾源语的"听"和目标语的"说"，并记住大量相关

---

　　① 在一些探讨语言技能的二语习得专著（如 Swain［1985］）中，"译"没有算在内，这也许说明"译"跟其他几个技能不在一个层面。

信息以协助这种复杂情况下的源语理解、目标语表达及口译策略的恰当有效使用等,这就涉及了至少四个方面的能力:源语"听"、目标语"说"、多任务协调和大量记忆(Gile,1997/2002)。交传中,说话人在表达了一段话之后,会停下来等待译员翻译,但这一段话可能会持续三到五分钟甚至更长,因此译员需要边听边记笔记,边说边读笔记(Gile,1997/2002),且由于用目标语所表达的内容不能有关键的错漏,因此译员需要准确理解这一大段的源语信息并想办法记住这些信息,毕竟边听边能够用笔记录下来的内容非常有限。

作为一项职业,口译学员的成才率很低,拿到执业资格很困难(Hlavac,2013)。根据国际会议口译员协会(International Association of Conference Interpreters)的标准,译员所能相互转换的两种语言(A 语和 B 语)都应该是其"主动语言"(active language),其中 A 语是母语,而 B 语的语言水平应该"接近或者达到"A 语;口译学员一般情况下得先有个本科学历,再经过 1—2 年全职口译培训,但即使完成培训,也不一定能够拿到执业资格。例如,2021 年下半年中国翻译专业资格(水平)考试中,英语三级口译、英语二级口译、英语二级口译(1 科)的合格率分别是 7.05%、8.39%、8.29%,同声传译、同声传译(1 科)的合格率分别是 1.33%、8.36%。[①]

口译人才培养在中国尤其不易,主要体现在四个方面。第一,中国的口译学生基本都是还没有很好掌握口译所需的第二种语言的"外语学习者",而外语学习和"二语习得"区别很大(Ellis,2008,2015)。外语学习者难以接触到外语的实际应用场景,不但难有真实语言使用的机会,也难以体验所学语言的社会文化,这会造成学习者语言敏感性不足、表达不地道、语言自动加工不够等问题,从而影响以语言能力为基础的口译能力的发展。第二,中国幅员辽阔,各地经济发展不平衡,导致外语教育资源分布不够均匀,造成各地学生之间的外语能力差异较大(张天伟,2021;张蔚磊、邹斌,2023),开展口译教育的高校也因此在学生外语能力上存在一定的地区性差异和高校层次的差异。第三,比较系统的口译教育在中国起步较晚,导致口译教育理念、口译师资、相关研究等都发展迟缓。例如,在理念上,中国外语教育界习惯把"译"当作外语五项技能之一,因此在很长一段时间内不太区分"教学口译"(语言能力导向)和"口译教学"(口译职业能力导向)(刘和平,2005;仲伟合、穆雷,2008;詹成,2010)。第四,改革开放后,国家对口译人才的需求急速

---

① 参见:https://mp.weixin.qq.com/s/aUBGAfTBR9x9SRe2w9vhow。

增长，口译教育资源（包括合格教师、教程、设备等）缺乏，如何快速高效解决这一供需矛盾成为相关教育管理部门、相关行业和口译人才培养单位的共同问题。

以口译人才培养为目标的口译教育是"翻译教育"的两个主要核心形式之一①，而翻译教育在中国的发展得益于国家对翻译教育的持续规划和管理。中国的专业化口译教学被认为始于 1979 年在北京外国语学院举办的联合国译训班，与改革开放同步；其作为独立的翻译学院建制则始于 1994 年，并于 21 世纪前十年获得高速发展，其中 2006 年设置（试办）本科翻译专业（Bachelor of Arts in Translation and Interpreting，BATI），2007 年设置翻译硕士专业学位（Master of Translation and Interpreting，MTI），之后口译教学进入规模化发展。根据中国翻译协会发布的《2022 中国翻译及语言服务行业发展报告》，截止到 2022 年，全国具备 BTI 和 MTI 办学资格的院校分别达到 301 所和 316 所。翻译于 2022 年取得了与"外国语言文学"一级学科同等学术地位的专业学位类别（中国翻译协会，2022）。

中国翻译教育的高速发展伴随诸多挑战，这些挑战自然也涉及中国口译教育，解决这些挑战并构建适合国情的翻译教育体系和翻译教学模式至关重要。早在十年前，仲伟合（2014）曾围绕 BTI 和 MTI 的建设，指出了中国翻译专业教育存在的七大问题，涉及翻译人才培养理念、培养方案、师资队伍建设、教学方法、教学实践基地等。十年过去了，这些问题得到了很大的改善，在有些学校，有些方面甚至出现了质的飞跃，这既得益于相关教育管理部门和相关行业出台的系列政策（详见第二节），也得益于一些学校积极研究并推出适合国情的口译人才培养模式（详见第三节），还得益于一系列原创性的研究（见第四节举例）。

综上，成为合格的口译员非常不易，这在中国尤其如此。从口译人才培养的角度看，我们所面临的根本问题是：如何更有效地将还没有很好掌握口译所需的第二种语言的外语学习者培养成为合格的口译员？中国学者和教育管理部门已做了大量的探讨，积累了丰富的经验和研究成果。本章从宏观、中观和微观三个层面对这些成果进行分析和总结，即宏观的政策规划（中国翻译教育政策和口译人才培养）、中观的教学实践（中国口译人才培养模式创新及其案例）、微观的科学研究（中国口译能力发展的创新研究案例），所选案例须有创新性和影响力。同时，本章希望通过口译人才培养这个切入点，说明以外语人才培养为基本任务的狭义的中国应用

---

① 另一核心形式是"笔译"。口译、笔译所涉及的语言技能很不相同，本章只集中论述口译教学。

语言学的发展如何得益于政策规划、教学实践和科学研究三者之间的协同和贯通。

二、中国翻译教育政策与口译人才培养

中国翻译教育政策极大促进了以培养口译人才为目的的中国口译教育。正如上节所述，口译人才培养本就极具挑战性和特殊性；而中国口译人才培养还存在"外语环境"下的"先天不足"问题、外语教育资源的地区性不平衡问题、以语言能力而非口译职业为导向的教学理念问题、改革开放之后口译人才需求猛增问题等。在这种情况下，口译教育政策（或者更多情况下是包括口译教育的翻译教育政策）的规划和管理作用至关重要。实际上，中国的翻译教育政策承担着发展翻译事业、建设国家翻译能力和培养后备翻译人才的历史任务和社会责任。

中国口译人才的培养得益于国家翻译教育政策和相关行业标准及规范的指引。具体而言，翻译教育政策起着引导、指导和监督翻译人才培养的作用，主要规制"培养什么样的口译人才"；而行业协会作为翻译教育的主要行动者之一，以国家战略发展需求为旨归，主动对接国家翻译教育政策，就"如何培养口译人才"制定相应的标准和规范。对于培养单位而言，国家政策和行业标准及规范都起着指导作用，因此都可归于翻译教育政策。下文主要介绍国家教育政策的翻译专业规范建设和翻译测评体系建设，以及行业协会所制定的完善口译服务标准的规范。

(一)翻译专业规范建设

中国大规模、系统化的翻译专业教育自 2006 年本科翻译专业（BATI）招生开始，发展到今天，已经形成了涵盖本科、硕士、博士三个培养层次，纳入学术学位、专业学位培养类别的完整的"两横三纵"良好发展局面（穆雷等，2023：147-148）。我们这里以翻译硕士专业学位（MTI）为例，就国家对翻译专业进行的专门规制进行详述，重点探讨其对口译人才培养的作用。

翻译专业学位研究生教育是持续为国家各开放领域和国际传播事业输送核心翻译人才资源的重要环节。首先，国家对翻译专业人才的培养目标进行了规划。根据国务院学位委员会编修的《研究生教育学科专业简介及其学位基本要求》(2024)[①]，翻译硕士专业学位的培养目标为"掌握扎实的翻译基础知识以及与

---

① 参见：https://yjsc. gdufe. edu. cn/_upload/article/files/31/89/9e7fb03a450fbc9b470 bf25cc77d/9905e218-7ddb-43ed-9279-3df468bea59e. pdf。

翻译相关的专业知识,具备语言能力、翻译能力、跨文化交际能力、翻译技术能力、百科知识获取能力、实践归纳总结能力、团队协作能力的较高水平、应用型翻译专业人才"。可以看出,除语言和相关转换能力之外,翻译技术和百科知识获取的能力对接人工智能时代发展的潮流,要求口译员提升信息技术素养;而实践归纳总结和团队协作能力对接行业要求,要求口译员提升职业素养与综合管理水平,满足语言服务业的需求。

其次,国家对口译人才培养的现实场域和定位进行了清晰的阐释。国务院学位委员会下达的《翻译硕士专业学位设置方案》(2007)①对口译的模态和场景进行了分类:"口译主要分为同声传译和交替传译,可细化分为会议口译、商务口译、法庭口译等。会议口译,广泛应用于国际会议、外交外事、会晤谈判、商务活动、新闻传媒、培训授课、电视广播等方面;法庭口译……在各种国际诉讼、仲裁事务中的作用日益突出。"该方案对各种口译服务场景的细分和对人才短缺的认识,为多元化、分众化的口译人才培养营造了有利的政策环境。《翻译硕士专业学位设置方案》同时指出,翻译专门人才的培养与传统外语教学在教学目标、教学内容、教学方法与手段等方面有根本不同:"翻译教学目标则是建立在学生双语交际能力基础之上的职业翻译技能训练……训练学生借助语言知识、主题知识和百科知识对原语信息进行逻辑分析,并用另一种语言将理解的信息表达出来……翻译教学需要的是双语交际环境、特定的交际人、交际主题……需要大量的翻译实践才能够实现。"②上述诠释对口译教学目标、内容和手段均进行了指引,为高校等培养单位阐明了人才培养的逻辑。

最后,国家对口译人才培养方式进行了具体规定。国务院学位委员会办公室关于转发《翻译硕士专业学位研究生指导性培养方案》(2007)的通知中,规定了交传与同传方向的学分分配、课程设置,包括商务口译、法庭口译、外交口译等专题口译教学;建议口译课程应采用研讨式、口译现场模拟式教学,同时要运用现代化的电子信息技术如卫星电视、同声传译实验室和多媒体教室等设备开展,并聘请有实践经验的高级译员为学生上课或开设讲座;强调翻译实践能力的培养和翻译案例的分析,学生应有不少于 100 小时的口译实践。这些政策凸显了口译教育的

①　参见:http://www. moe. gov. cn/srcsite/A22/moe_833/200703/t20070330_82704. html。

②　参见:http://www. moe. gov. cn/srcsite/A22/moe_833/200703/t20070330_82704. html。

实践取向,规范了口译人才培养的切实方法和条件,体现出国家对于口译专业教育的管理和实施进行了科学和系统的宏观规划。

总之,翻译专业的功能和地位经历了从语言学习到语言服务、从附属依托到独立自主的发展历程(仲伟合、赵田园,2020)。在此过程中,国家教育政策确立了翻译的学科和专业教育地位,使口译专业教育进入规模化和规范化发展,并明确了各层次口译人才培养的目标和路径,既为国家翻译教育能力建设夯实了基础,又为政策的执行提供了空间。

(二)翻译测评体系建设

翻译测评对于翻译教育具有重要的应用价值和反拨作用,是衡量翻译专业学生翻译能力的一种方式。目前中国出台的翻译测评政策主要包括翻译资格考试制度以及系列翻译能力测评标准。翻译能力测评可完善翻译人才的培养与评价,是翻译教育体系的重要组成部分,也是翻译教育质量分析的一个重要因素(张威、吕煜,2023)。

全国翻译专业资格(水平)考试(China Accreditation Test for Translators and Interpreters,CATTI)是一项国家级权威翻译职业资格考试。该考试自 2003 年开始实施,已纳入国家职业资格证书制度。CATTI 对考生的双语口笔译能力和水平进行评价与认定,是连接翻译行业和专业翻译人才培养的桥梁(杨英姿,2011)。2008 年,国务院学位委员会、教育部、人力资源和社会保障部联合下发了文件《关于翻译硕士专业学位教育与翻译专业资格(水平)证书衔接有关事项的通知》,规定在读翻译硕士必须参加二级 CATTI,并指出:"翻译硕士专业学位研究生,在校学习期间参加二级口译或笔译翻译专业资格(水平)考试,可免试《综合能力》科目,只参加《口译实务》或《笔译实务》科目考试;考试成绩合格,颁发人力资源和社会保障部统一印制的二级口译或笔译《中华人民共和国翻译专业资格(水平)证书》。"[1]该政策的出台使 MTI 学位教育与 CATTI 实现了有机结合,促进了翻译人才的培养和选拔。因此,全国翻译硕士专业学位教育指导委员会将 CATTI 纳入了翻译硕士专业高校教学管理质量监控体系,学生二级 CATTI 的成绩也成为评估高校翻译专业办学成果的重要指标之一。[2]

自 2012 年下半年开始,中国外文局翻译院每年都会邀请 MTI 培养单位教师参与 CATTI 的阅卷工作,并定期赴全国各 MTI 培养单位举办讲座和培训,以充

---

① 参见:https://www.bengbu.gov.cn/bsfw/zcfg/gjjzcwj/51010892.html。
② 参见:http://www.aticicg.org.cn/2023-12/19/content_42612741.html。

分发挥翻译资格考试在翻译教育中的指导作用。中国部分 MTI 培养单位已将 CATTI 的内容纳入教学体系中,注重与其在教学内容设置、教学管理和学生评优等方面的衔接(杨冬敏,2023)。

除翻译资格考试外,翻译专业测评还体现在由国家相关部门出台的翻译能力测评标准。以 2022 年中国外文局制定的《中国翻译能力测评等级标准》(以下简称"《标准》")为例,该标准界定了翻译学习者的翻译能力等级,并对各能力等级的特征和要点进行了描述,可作为翻译教学与学习的参考。《标准》将口译能力界定为"语言学习者和实践者以口语或手语形式,运用掌握的语言能力和翻译技巧,准确传达源语言中以文本、口语、手语表达的内容所包含的信息的能力"[①],包括交替传译能力和同声传译能力,从特级到九级。能力等级的指标涉及口译策略的熟练运用程度、准确完整传递源语信息的程度、语音语调与目标语母语的接近程度、心理素质和应变能力等。此外,《标准》纳入了翻译技术应用能力和国际传播能力。在口译实践中,电话口译、远程视频口译、在线口译等丰富形态,口译术语管理软件、口译自动转写、便携翻译机、智能口译笔等现代化技术和工具,改变着口译教育生态环境(李智、李德凤,2019),因此对翻译技术能力的考查十分必要;口译人才所需具备的国际传播能力指以向世界展示真实、立体、全面的中国为目的而进行的跨文化信息交流与沟通的能力。相应地,在口译教育中,应注重培育学生如何把握对外话语叙事风格、准确实现对外话语功能的实践能力。因此,翻译专业测评标准为口译教育内容提供了参考依据,强调了以能力培育为主线的口译人才培养理念和服务国家战略的培养目标,更有利于口译人才队伍的梯度建设。

另外,"口译能力等级量表"作为《中国英语能力等级量表》的一部分,已由教育部和国家语言文字工作委员会颁布了两个版本,分别于 2018 年 6 月 1 日、2025 年 3 月 1 日开始实施。由于该量表不同于传统的语言能力测试,有其独特的体系和创新,因此本章将其归于第四节的创新案例。

总之,翻译资格考试制度和翻译能力测评标准等政策,为翻译专业学位教育提供了学生职业翻译能力测评的统一标准,也从一定程度上对口译教学起到了促进作用。这些相关政策明晰了口译人才培养的侧重点,加强了口译人才培养的深度,保障了口译人才培养的效度。

---

① 参见:http://www.catticenter.com/uploadfiles/files/2022-04-08/edo202204081458280706615.pdf。

（三）口译服务标准完善

中国翻译协会作为行业协会的代表，是翻译领域唯一的全国性社会团体，协助政府有关部门加强对翻译行业的指导与管理。目前，中国翻译协会陆续参与出台了九部口译标准与规范（见表 7.1）。这些国家标准与团体标准和规范的起草成员不乏翻译专业教师、资深职业译员和语言服务企业等利益攸关方，反映了翻译教育的关注重点和发展需求。

表 7.1　中国翻译协会参与编写的口译标准与规范

年份	名称	属性
2006	翻译服务规范　第 2 部分：口译（GB/T 19363.2—2006）	国家标准
2014	口译服务报价规范（ZYF 003—2014）	团体标准和规范
2017	口笔译人员基本能力要求（T/TAC 2—2017）	团体标准和规范
2018	翻译服务 口译服务要求（T/TAC 3—2018）	团体标准和规范
2019	翻译培训服务要求（T/TAC 4—2019）	团体标准和规范
2019	翻译服务采购指南　第 2 部分（ZYF 011—2019）	团体标准和规范
2019	译员职业道德准则与行为规范（ZYF 012—2019）	团体标准和规范
2020	口笔译服务计价指南（T/TAC 5—2020）	团体标准和规范
2020	司法翻译服务规范（ZYF 013—2020）	团体标准和规范

其中几部标准的文本可在中国翻译协会的网站下载。《口译服务报价规范》（2014）细化了口译服务的模态，将远程口译考虑进来；着重明晰了口译服务的工作内容和报价方式，并首次出现"跟会人员"的定义，显示出口译服务项目化的运作特征。《口笔译人员基本能力要求》（2017）[①]对于口译能力和评估做出了更加清晰的界定。"在语言内容理解和口语表达过程中恰当处理相关问题，按照客户与翻译服务提供方所签协议与其他项目规范进行口译，准确地将源语言译成目标语言，做到表达清楚、尊重习俗、遵守职业道德"，除此之外，还提到了"研究、信息获取和处理的能力"及"技术能力"。口译能力评估方面，将口译资格证作为翻译（口译）系列职称的直接指标，体现了国家翻译教育政策，如关于口译资格考试及口译专业学位的政策的效用。

---

① 　参见：https://roll.sohu.com/a/549693340_121292768。

《中国职业译员道德规范(草案)》(2019)从译员与客户、委托方、同行以及行业的关系上明确规定了译员的行为规范和道德准则,规范了各方行动者之间的关系,对翻译过程中的技术伦理问题提出初步要求,进一步指导着口译活动复杂化、技术化的趋势。[①]《口笔译服务参考性计价指南》(2020)明晰了口译服务的核心流程(译前准备安排、译中执行、译后总结),以及口译服务的计价模型(口译工作量、基准单价、难度系数、人员资质系数等),其中口译服务人员的资质与计价直接挂钩,再次与国家翻译教育政策呼应。[②] 随着口译学位教育全面发展,非学历层面的口译培训也愈加重要,《翻译培训服务要求》(2019)中对此有所规定。其中,口译课程培训的分级与目标对标国家翻译资格考试证书或相应翻译职称,显示了社会化口译培训政策受到国家政策影响。

中国口译行业政策从聚焦宏观口译服务过程延伸至全过程的各个环节,融入了项目管理的理念,按照译前、译中、译后阶段明确服务要求,适用对象范围逐渐扩大,涉及采购商、口译员、翻译培训机构,标准的国际化程度也不断加深(邢杰、何映桦,2021)。其中,对于口译教育、口译资质的规约是国家翻译教育政策在行业领域的映射。

总之,在响应国家翻译教育政策与规划的过程中,行业协会通过制定行业标准强化翻译专业教育的特殊性和重要性,以口译能力、口译教育、口译规范和口译职业资格的规制,维护翻译教育政策的正当性和自主性。国家翻译教育政策为行业口译教育政策提供法定范围,而行业协会在翻译教育方面的相关政策措施则是国家翻译教育政策的具象化发展与延续,为口译职业化和行业的健康有序发展提供了支撑,反哺口译教育事业。

三、中国口译人才培养模式创新及其案例

在国家翻译教育政策和相关行业规范的指导下,中国高校根据各自具体情况,设置相应的口译人才培养层次,进行翻译专业规范建设和翻译测评体系建设;各口译人才培养单位坚持“为口译能力的口译教学”的理念(詹成,2022a:106)和“专业学位＋能力拓展”的育人机制,充分发挥主体作用和主观能动性,创新口译

---

① 参见:http://www.tac-online.org.cn/uploadfile/2019/0929/20190929041750755.pdf。
② 参见:http://www.tac-online.org.cn/uploadfile/2020/1105/20201105034212170.pdf。

人才培养模式。

"口译教学"是"口译人才培养"的核心,厘清"口译教学"的概念对于"中国语境"下的口译人才培养至关重要。长期以来,口译课在中国常被定位成外语专业高年级学生的"外语基本技能课程",是以加强或者考核学生外语学习成果为目的的"代码转换"式的一种"教学口译",而非真正意义上以"出翻译自身成果"为目的的"口译教学"。随着中国口译人才培养的发展,在刘和平(2005)、仲伟合和穆雷(2008)、詹成(2010)等学者的呼吁下,中国口译教学领域不断对"口译教学"和"教学口译"的概念进行厘清,促成了口译教学总体理念的转变,明确"口译教学"是利用学生已经获得的语言交际能力帮助他们掌握双语思维的转换和交流技能。詹成在区分和界定口译教学和语言教学这两种不同教育取向之后,认为目前中国广泛接受的"口译教学","是将口译视为一种专业化甚或职业化教育的活动,是以培养具备必要双语或多语水平的学员从事口译工作的职业化能力为目的的教育行为和过程,而并非传统外语教学中以口译手段提高外语水平的行为"(2022b:6)。

基于以上对中国语境下口译人才培养背景的认识,本节首先简要介绍中国高校在与国家政策和行业规范协同过程中所探索出的有关口译人才培养模式的创新举措,然后重点介绍了其中的一个案例,即口译教学本土化的理念和实践案例"广外模式"。"广外模式"一般被称为"口译教学模式"(仲伟合等,2020),也属于一种"口译人才培养模式"。相比于前者"口译教学模式",后者是个更加宽泛的概念,包括口译教学之外的一些环节,例如口译学生的筛选和管理等。

(一)口译人才培养模式创新

中国口译人才培养模式创新的主体单位是开设翻译专业的院校,创新的主要内容来源于中国语境下口译人才培养所遇到的典型问题,即为了解决这些典型问题所采取的积极有效并可普及推广的改革性措施。

第一,针对中国"外语学习"环境下口译学生常常达不到双语能力的基本要求这个普遍存在的情况,各相关高校根据各自师生资源等特点逐步探索出了颇有成效的方案。例如,深圳大学外国语学院近年来的本科"会议口译"教学实践,采用了一种有别于中国主流本科翻译专业以联络/社区口译训练为主的口译教学模式。该校通过精心设计入学考试,招收少量双语能力突出、知识面广、拥有口译学习天赋、对口译员工作有浓厚兴趣的各专业本科三、四年级学生,组建两年制小型口译特色人才培养班级,通过开设系列化口译课程,采用精心挑选的训练材料,对学生进行高强度、"大运动量"课内外系统训练,培养本科口译拔尖人才(张吉良、柴明颎,2022)。

第二,针对"教学口译"和"口译教学"的差异,各高校先后通过各种方式增强口译教学的职业能力和职业素养导向。例如,广东外语外贸大学利用"会议口译职业与规范"课程,进行口译伦理教学,设置两阶教学目标,先着眼于概念理解,"使学生了解口译职业伦理的相关观念、关系与规则,帮助学生从观念层面进行职业伦理概念建构";后着眼于合理决策,"即引导学生在更深层次上对不同职业伦理问题,特别是执业后可能遭遇的伦理困境展开讨论与思考,并且做出合理选择与决策,提升伦理决策能力"(钱芳、仲伟合,2022:78)。

第三,针对数智化和远程教学需求等不断出现的新形势,各相关高校因时因势在课程设计方面采取了相应的改革措施。例如,上海外国语大学根据远程口译教学的新环境(如不同的线上教学平台)、新变化(如师生分处不同时区)、新挑战(如一些教师信息化技术能力偏弱)等因素,采取相应的改革措施,克服新形势所带来的问题,传承延续传统线下教学中的核心教学理念,即以译员能力的培养为核心,教学内容充分符合口译工作的实际需求,内容安排充分尊重口译技能发展的客观规律(张爱玲、丁宁,2021)。又如,北京外国语大学在口译教学的数智赋能方面做了一系列的理论和实践方面的探索(王华树、谢斐,2024)。

总之,中国高校通过各种方式创新口译人才培养模式,解决口译人才培养的一些独特问题及新形势所带来的新问题,落实翻译教育政策和行业规范,培养符合国家社会需求的口译人才。

(二)口译教学本土化的理念和实践模式案例:广外模式①

"中国语境"下的口译人才培养伴随着改革开放而不断发展,逐渐形成了本土化的理念和实践模式(詹成,2022b)。首先,自 1979 年联合国译训班开启以来,中国专业化口译人才培养逐步展开,经过 40 余年时间,口译已经从一种外语教学的手段,发展成为以培养口译专业人才、产出口译产品为目标的专业方向。其次,伴随着口译教学理念、口译课程设置、口译教学方法等的探讨和实践,国内的口译人才培养也形成了代表性的教学模式,如"广外模式""厦大模式"。布鲁斯·乔伊斯(Bruce Joyce)等(2002)指出,教学模式是构成课程和作业、选择教材、提示教师活动的一种范式或计划;一种教学模式,应该能够说明在一定的教学思想或教学理

---

① 本节主要参照仲伟合等(2020)的专著,部分段落是在该专著某些段落的基础上修订而成的。

论指导下建立起来的各种类型的教学活动的基本结构或框架,并能够表现教学过程的程序性策略体系。

1."广外模式"口译教学理念

早在 20 世纪 90 年代初,广东外语外贸大学的前身广州外国语学院(以下简称"广外")就开始在英语本科专业学生中选拔优秀人才,进行职业化口笔译技能培训。经过多年的努力,广外口译团队在口译教学与实践中凝练出了口译的教学理念与原则、教学体系与结构、教学模式与方法,并逐一细化为课程设置、教学大纲、授课内容、授课方式、评估方法等,形成了口译教学的"广外模式"(仲伟合等,2020:Ⅶ-Ⅷ)。2012 年,在北京语言大学举办的第九届全国口译大会暨国际研讨会上,广外英语口译系列课程团队成员进行了集体发言,提出了口译教学的"广外模式"。2016 年 1 月 9 日,在广外举办的首届全国英语口译教学研讨会上,广外口译教学团队通过系列展示,正式将"广外模式"分享推广给口译教学界。

广外模式的理论基础是仲伟合(2003:63-65)提出的"译员知识结构":语言板块、百科知识板块、技能板块。译员知识结构的最大贡献是提供了口译课程设置和教学环节的一个指导性框架。按照这个方向,可以将学员的口译能力分解为双语能力、言外知识和口译技能三个部分,从而形成可以用于口译教学实际操作的基本模型。以仲伟合教授为首的广外口译教学团队此后又提出了口译教学的四原则(仲伟合,2007)和口译教学的"八化"方针(仲伟合,2007:7),进一步奠定了口译教学"广外模式"的基础。

"广外模式"完整的口译教学体系包括学员的技能分解、技能强化和技能整合三大部分(见图 7.1)。首先,教师通过一定的课程教学内容,将口译的整套技能

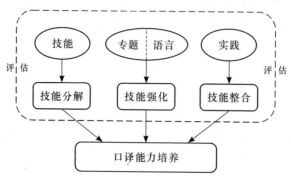

图 7.1 "广外模式"的口译教学体系(仲伟合,2020:17)

组合按照工作原理细分为诸如源语听辨、信息加工、逻辑重组等具体环节,一一予以说明并开展练习,这体现了以口译技能训练为主的总体原则和思路。其次,教师根据具体的语言组合所涉及的语言特定性问题和口译活动所涉及的内容主题,从语言和专题两个方面入手,通过大量有的放矢的练习来强化学员的技能运用。最后,技能的运用最终需要回归实践并在实践中得以检验,因此教师通过口译观摩、模拟会议、口译实训等活动,对学员在前一阶段所习得掌握的分项技能进行整合。贯穿于技能分解、技能强化和技能整合全过程的,则是教师对课程内容和学员学习情况的科学评估。

由此可见,"广外模式"的最大特色是教学理论和教学实践的相互促进和融合。具体而言,"广外模式"的特色可归纳为:以理论研究成果为支撑、以系统的教学理念为指导、以成套教材为辅助、以系列教学方案为体现,设计出完整的口译教学体系(仲伟合、詹成,2016)。

2."广外模式"口译课程体系

在上述口译教学设计思路的指引下,广外口译教学团队在长期教学实践中总结出了"广外模式"的完整课程体系(仲伟合、詹成,2016),图7.2是"广外模式"课程体系设置的概况。

图7.2左侧说明了口译教学中的主要内容:1)理论板块——学员总体口译能力的理论基础;2)实践板块——学员在口译训练过程中的实践活动;3)技能主

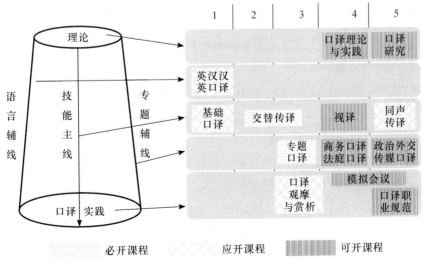

图7.2 "广外模式"的课程体系设置(仲伟合等,2020:19)

线——学员学习掌握的各项口译技能;4)语言辅线——学员口译学习所涉及的母语和外语转换知识;5)专题辅线——学员口译学习所涉及的背景领域知识。也就是说,口译的教与学,首先是在相关理论的指导下进行的,这种理论观照为学员的口译能力培养和提升确定了根本原则和方向。与此同时,口译是一项实践活动,口译教学最终需要回归实践,因此口译教学应依托于口译实践。而在口译理论与口译教学之间,达成口译技能培养目标的,则是居于中心位置的技能主线和居于辅助位置的语言辅线和专题辅线。

图 7.2 右侧是广外国家级教学团队所开设的全部口译课程。横向的五行课程依次对应理论板块、语言辅线、技能主线、专题辅线和实践板块;纵向的 1 至 5 列则表现出每门课程的开课阶段,既可以是"学期",也可以是"学段",取决于课程性质和长度。这也符合刘和平(2008:38)对翻译教学层次划分的观点,即教学层次的基础是技能训练的内容、强度和学员掌握技能的水平。

同时,"广外模式"课程体系中的课程以不同底纹标示,分别是:浮点纹——必开课程;斜线纹——应开课程;竖线纹——可开课程。相关院校可以根据自身情况,在最短的时间内保证开设必开课程,在时间和资源(如师资、教学设备、实践机会等)允许时尽量开全应开课程,甚至开设可开课程。因此,口译教学"广外模式"能够充分适应不同院校的需求,各院校可以从这个"菜单"中进行选择和搭配,实现专业化口译人才培养的目标。

由此可见,"广外模式"所代表的口译教学实践的最大贡献是确定并提出了"中国语境"下口译人才培养的完整课程体系,既体现了中国翻译教育政策的落地和推进,又为类似情况下口译人才培养的课程设置提供了参考。除"广外模式"之外,也有一些口译教学团队在不同时期针对当时的主要问题提出了各自的口译或者翻译训练模式。例如,厦门大学口译教学团队于 1999 年首次推出"厦大口译训练模式",通过不断吸收新的理论和实践经验,于 2008 年推出更加系统和科学的拓展版本,并以此编写系列口译教程(如陈菁、肖晓燕,2016)。北京外国语大学则在人工智能新时期侧重跨学科翻译人才的培养,提出了文化和合、知识统合、技能融合、资源整合的跨学科翻译教育"四合"模式(任文,2024)。

四、口译能力发展的中国创新研究案例

从个体角度看,口译人才培养本质上是培养口译学生的口译能力,而不同的

研究者对口译能力及其各子能力有不同的归纳和表述,大致可分两大类(董燕萍、陈小聪,2020)。第一大类占绝大多数,以口译教学和测试为主要目的,口译能力的各主要子成分均为教学或测试的模块;第二大类占少数,把口译能力当作一个复杂的、动态的认知系统,重点考察系统中各成分之间的关系及其变化。与第一类具有重要教学实用价值的研究相比,第二类侧重探讨口译进行过程中的影响口译质量的底层运作机制,属于认知加工类的研究,与口译教学或者测试可能没有直接的对应关系。

中国学者在这两类研究中均取得了独创性成果。这里介绍两个具体案例:代表第一类研究的"口译能力等级量表"(如 Wang et al. ,2020);代表第二类研究的"口译注意力控制模型"(Dong & Li,2020)。这两个例子均具有一定的创新性和影响力。

(一)口译能力发展的教学测评视角:"口译能力等级量表"

"口译能力等级量表"是《中国英语能力等级量表》①的子量表,旨在对各阶段口译学生的口译能力进行全面评估。全面评估便于找到不足之处,从而便于进行更有针对性的教学训练,以促进口译能力的发展。

1."口译能力等级量表"简介

作为"口译能力等级量表"的主要研发者,Wang 等(2020)对量表所依据的"口译能力"进行了定义,即通过口头表达形式,调用语言知识和策略将一次性的源语听力文本转换为目标语文本的跨文化语际中介能力。研发者认为,口译能力的前提是双语能力,核心是认知能力(包括识别逻辑、提取记忆、概括凝练、话语重构、话语产出等),支撑是口译特殊知识和技能;而口译特殊知识和技能包括口译策略(计划、执行、评估、补偿)、口译知识(口译基本概念和理论、口译基本要求和方法、百科知识)和口译职业能力(语言服务行业的基本规则、心理能力、职业道德)。

基于以上对口译能力的理解,研发者(Wang et al. ,2020)设计了"口译能力等级量表"的操作性描述语框架,详见图 7.3(图中中文为本章作者翻译)。量表开发者认为,认知过程不可见,所以量表的描述语(descriptors)集中在典型口译活动(口译模式、话题和情景)和口译产品(或者产出)上。根据研发者对口译能力的

---

① 详见本书第六章。

定义,口译能力中的"双语能力"没有在图 7.3 中得到体现,这是因为双语能力是前提,不是口译能力的核心或者特色;而且,"双语能力"中最关键的"二语能力",其听、说、读和写等各项能力均在《中国英语能力等级量表》中有独立的子量表。

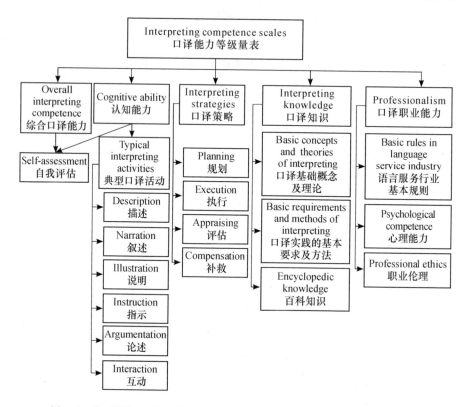

图 7.3 "口译能力等级量表"的操作性描述语框架(Wang et al.,2020:6)

描述语一般包括三个成分,即"活动""标准""条件",前两个成分必不可少。典型描述语例子如:"能借助笔记做交替传译,译出信息密度适中、语速正常、语段较短的讲话,如商务洽谈、培训沙龙等。"其中,1)"活动"即口译任务,如例子中的"做交替传译";2)"标准",即活动的内在特征,包括口译认知负荷或者口译技能,如"借助笔记";3)"条件",即活动的外在制约,如"信息密度适中、语速正常、语段较短"。

经过多轮的描述语的收集和分析、量表论证和修正,2018 版的"口译能力等级量表"包含一个总量表(从五级到九级)、六个依据交际功能设计的分量表(从五级或者六级到九级)、四个依据口译策略而设计的分量表(即策略总量表和"规划"

"执行""评估和补救"三个策略分量表,均从五级到九级)。2024 版的"口译能力等级量表"新增三个口译知识量表(即"理论知识""实践知识""行业知识",从五级或者六级到八级),八个口译典型活动量表(即生活服务、商务贸易、文体艺术、教育教学、外事外交、法律法务、卫生健康和新闻媒体,从五级或者七级到九级)和六个口译能力特征量表(即准确性、完整性、连贯性、流畅性、得体性及沟通有效性,从五级或者六级到九级)。图 7.3 中最后一列的"口译职业能力"没有对应的独立量表,而是将"语言服务行业基本规则"和"职业伦理"列入了 2024 版口译知识量表的"行业知识"部分,"心理能力"等"口译职业能力"则融入到了具体口译活动中。例如,"描述"性口译活动的八级描述语之一是"在赛事直播的同声传译中,能持续听懂解说员的观点并实时提取重要信息";而"互动"性口译活动的九级描述语之一是"在外交磋商的同声传译中,能在整理讲话人逻辑的同时,产出贴切、纯正的译语"。在这两个例子中,译员均需要具备完成这项口译任务必需的"口译职业能力"。

　　研发者对"口译能力等级量表"的等级进行了解读。图 7.4 显示,该量表共含五个级别(第五到第九),代表了三个典型的口译能力发展阶段(初级、中级、高级)。第五、六级代表初级阶段,该阶段能够完成的口译任务相对比较简单、非正式,语速相对较慢,话语片段较短,典型活动包括旅游导览、商务陪同、商务接待、非正式参观等。第七、八级代表中级阶段,该阶段的学生可以完成话语片段更长、场景更加正式的口译任务。比较特别的是第八级,包括了交传的高级阶段和同传的中级阶段。第九级代表高级阶段,该阶段能够完成最难的口译任务,且口译表现几乎"完美"。

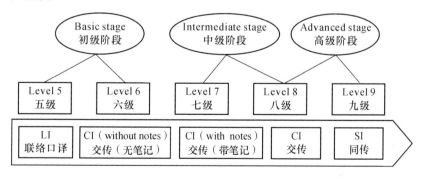

图 7.4　"口译能力等级量表"的口译等级(5—9 级)及其对应的口译模式(联络口译、交传、同传)和口译发展阶段(基础、中级、高级)(改编自 Wang et al.,2020:13)

2."口译能力等级量表"的贡献

很显然,"口译能力等级量表"对于中国口译人才的培养有重要意义。该量表对口译模式(联络口译、交传、同传)、口译典型活动和典型场景(如赛事直播、外交磋商)、口译策略均有全面的覆盖,并将"口译知识"和"口译职业能力"融入相关描述语中,这种覆盖面和效率是传统口译测试难以企及的。而且,量表描述语所对应的内容也可直接对应口译教学内容,教师和学生可根据量表测试结果,进行更有针对性的训练,量表因此有利于加强个性化学习,进而提高学习效率。

"口译能力等级量表"是中国口译人才培养历程中的一个重要研究成果。虽然该量表采取了 CEFR 的"基于行动的方法"和"能做"原则,但 CEFR 主要涉及听、说、读、写四大技能,对翻译的"能做"描述较少且不够具体,更没有建立相应的量表(North,2014:91),而量表的建立需要经过一系列的信效度检验,这包括很多轮来自各相关人群的论证、大量数据收集和各种科学的数据分析等。同时,该量表既不同于传统的口译水平测试,也不同于多数心理测量意义上的量表,因此该量表为口译能力及其评测提供了新的研究视角和路径。

综上,"口译能力等级量表"没有像以往众多的概念模型(如 Gile,1997/2002)那样停留在口译能力的概念层面,而是进一步研发了一套经过信效度检验的全覆盖的口译能力自测量表,从而为口译教学提供了一定的理论指导,同时为口译能力及其评测的研究提供了新视角和路径。

(二)口译能力发展的认知加工视角:口译注意力控制模型

根据"口译注意力控制模型"(attentional control model in interpreting)(Dong & Li,2020)(见图 7.5),影响口译表现的两个最具有口译特色的根本问题是语言控制和加工控制。因此,这两个问题得到改善或者得到解决的过程同时也是口译能力发展的过程。

1. 口译注意力控制模型简介

关于口译中的"语言控制"(图 7.5 左侧),最核心的问题是:译员在口译过程中如何避免源语对目标语产出过程的干扰?口译注意力控制模型认为,口译中的语言控制通过一个双重加工机制实现:语言-通道联结的结构框架(在口译训练中建立并存储为任务图式[task schema])和聚焦性注意(通过监控、任务抽离、转换、增强目标和工作记忆等执行功能来运作)。

首先,该模型第一次明确提出并阐述了"口译任务图式"的概念,该图式的基础和核心是两种语言和输入/输出通道之间的联结。具体来说(见图 7.5 左下)，对于某项具体的口译任务而言，源语输入—目标语产出的模式是固定的，这个模式所涉及的"动作序列"(Green，1998：68)经过反复练习得以固定下来，这些固定下来的动作序列就构成了口译任务图式。该图式包括至少两项具体内容：1)哪种语言是听觉或者视觉输入语言？哪种是声音或者手势输出语言？为回答这个问题，口译注意力模型假设了语言和通道的联结，该联结构成口译任务图式的基本结构；2)经过口译练习，输入语言会启动输出语言，并促进输出语言的输出组件的激活，这是任务图式的运作方向。任务图式的任何改变，如语言和通道联结的改变，都可能会在一定程度上影响两种语言在口译过程中的关系，从而影响口译表现。

其次，口译注意力控制模型认为，聚焦性注意机制帮助建立、加强和调节口译任务图式的语言-通道联结，而口译中的聚焦性注意主要通过一系列的执行功能(executive functions)来实现(见图 7.5 左上)。第一，以前的相关理论(如 Christoffels & de Groot，2005；Green，1998；Grosjean，1997)均用"抑制"这个执行功能来解释口译中的干扰控制问题(如对源语进行抑制，以防止其对目标语产生干扰)，而注意力控制模型通过一系列的论证，认为该解释不合理，而更加适合口译情景的抗干扰执行功能应该是"增强目标"和"任务抽离"。第二，"转换"功能调节着源语理解和目标语产出的转换过程。最后，"工作记忆"对于源语听辨、目标语产出及其之间的转换等问题都至关重要。而所有的这些过程都离不开"监控"这个基本的执行功能。

以上两者(语言-通道联结、聚集性注意)相互作用。一方面，聚焦性注意帮助建立、加强和调节语言-通道联结；另一方面，语言-通道联结一旦被储存为任务图式，也有助于聚焦性注意的运行，因为任务图式中已有的联结有助于将注意力引向目标任务并减少潜在的干扰。

至于口译中的"加工控制"(图 7.5 右侧)，这主要是针对口译的多任务(multi-tasking)特性，旨在确保译员在时间压力下协调有序地完成口译过程中的各项子任务(如同传中的听和说)。注意力控制模型认为，口译的加工控制主要通过两部分来实现：分配性注意和语言加工效率。前者(分配性注意)是运作机制，主要通过协调和工作记忆两个执行功能来运作；后者(语言加工效率)是前者的基础，主要通过两条途径实现——熟练掌握两种语言、合理使用口译策略。

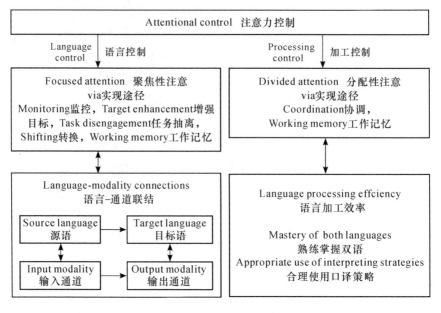

图 7.5　口译注意力控制模型(Dong & Li,2020：725)

2. 口译注意力控制模型的贡献

与注意力控制模型完全不同的是,现有文献中另外三个解释口译"语言控制"的理论均是在一般双语"语言控制"的抑制控制模型(inhibitory control model)(Green,1998)基础上改编而成①。第一个被称为"差异激活观"(differential activation view,Paradis,1994),即源语的激活阈值(threshold)高于目标语的激活阈值,这样目标语的产出就不受激活门槛高的源语的影响。第二个是改进版本(Grosjean,1997),区分输出和输入,即对于输出,目标语高度激活,源语被抑制;而对于输入,两种语言均高度激活,但源语的激活程度高于目标语。第三个是进一步细化的改进版本(Christoffels & de Groot,2005),假设激活程度从高到低依次是:目标语输出词库、源语输入词库、目标语输入词库、源语输出词库。这些理论都以差异激活为基础,难以阐释口译中的语言控制,因为差异激活意味着译员需要不断调整源语输入和译语产出的激活程度,且这种调整受译员对具体输入语块和产出语块的熟练程度的影响,这显然会在 Gile(1997/2002)所认定的口译认

---

①　至于口译中的"加工控制",虽然其得到了极少数研究者(Christoffels & de Groot,2005)的关注,但在注意力控制模型之前并没有出现相关理论解释。

知负荷之外再添加新的负荷,因此不可取也不可行。

口译注意力控制模型得到了学界的认可。例如,Amos(2020)认为,该模型明确了口译加工过程中各认知控制功能和语言加工成分之间的关系及其测量方法,弥补了以往理论的不确定性和无法测量的缺陷;Zheng 和 Kuang(2022)认为,该模型不仅可以用于解释口译的加工过程,还可以用于解释口译训练如何促进口译能力的发展。

总之,口译注意力控制模型首次摆脱了一般双语加工的抑制控制(Green,1998)的理念,在注意力控制的理论框架下,同时解释口译加工的两个根本问题(语言控制和加工控制),并假设了分别解释语言控制和加工控制的聚焦性注意和分配性注意在口译过程中的运作机制;首次充分考虑了口译自身的特征,提出口译任务图式,阐述其运作机制及其在口译语言控制中的作用,明确双语能力和口译策略在口译加工控制中的位置。该模型有助于促进口译能力发展的研究,为口译教学提供了一定的启示。

五、现有口译人才培养机制及未来发展

中国口译人才培养的未来发展需要在厘清现有人才培养机制的基础之上重点考虑人工智能这个因素。本节首先根据以上各节内容提炼现有中国口译人才培养机制,指出其中的中国特色及针对的中国问题;然后简要分析未来发展,重点关注因人工智能技术而可能出现的变化。

(一)现有口译人才培养机制

中国现有口译人才培养机制主要是上文所述三方的协同和贯通,图 7.6 简要总结并展示了三方之间的关系:1)根据国家和社会需求,以国务院学位委员会为主的政府教育部门制定相关翻译(口译)教育政策,促进翻译专业规范建设和翻译测评体系建设;以中国翻译协会等为主的行业协会主动对接国家翻译教育政策,制定行业标准和规范,提升口译服务水平,并为教育政策的制定或者修正提供行业反馈。2)以高校为主的人才培养单位接受上述教育政策的指导和规制,落实翻译专业规范建设和翻译测评体系建设,设置适合各自教学资源和学生需求的口译人才培养层次(本科、专业硕士和博士、学科硕士和博士),设计适合中国语境(不利的外语学习环境、地区性甚至高校间的不平衡等)的口译人才培养模式,并将相

关口译教育理念(如"口译教学")落实到完整系统的教学模式中,同时为教育政策和行业标准及规范提供高校的反馈。3)相关科研人员对口译人才培养进行研究,包括对相关政策的研究、对口译教学的研究、对口译能力的研究等,论证口译教育政策、口译人才培养模式及其实施的合理性,并提出批判性和建设性意见。

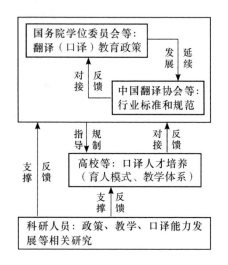

图 7.6　中国语境下口译人才培养机制

　　相对于起步较早的西方发达国家的口译教育而言,该机制存在如下中国特色,每个特色均对应于中国语境下口译人才培养的特有问题:1)中国翻译(口译)教育政策所起的引导、指导和监督作用相对更大,这既有利于避免中国因教学资源和学生外语能力存在较大地区性差异而可能引起的口译教学的混乱和口译教育质量的参差不齐,也有利于充分利用有限资源并快速高效地进行翻译专业建设和翻译测评体系建设,以解决中国改革开放之后急速增长的口译人才需求。2)中国高校在对接教育政策上更加主动,口译人才培养的规模化发展更加高速,以应对快速增长的口译人才需求;同时,口译人才培养模式上更加关注学生的外语能力,以便应对口译学生外语能力不足的问题。3)科研人员更加关注中国口译人才培养特有的本土问题,例如,研制"口译能力等级量表"有助于全面并相对快速地评估学生在各口译模式、口译典型活动和场景、口译策略等方面的口译能力,有助于高效解决因中国口译学习者人数众多而引发的教师工作量过多的问题,便于教师和学生进行更有针对性的训练,提升学生的主观能动性,加强学生的个性化学习。

简而言之,中国语境下的口译人才培养机制是旨在解决中国口译人才培养所遇困难的三个方面的努力以及这三个方面的贯通和协调,即国家翻译教育政策和行业标准与规范、口译人才培养模式和教学体系、相关科研工作,这三个方面共同促进了中国口译教育事业的高效发展。

(二)人工智能时代的口译人才培养

我们需要首先明确的是,即使是基于生成式大数据模型的人工智能也很难改变国家和社会对高水平口译员的需求。的确,人工智能会在口译活动中发挥非常重要的作用,但在关系人民生命财产安全的重要会议和谈判中(比如司法、医疗场景),机器仍难以取代译员,因为即使是目前最先进的机器翻译,在传达源语的比喻义或者复杂情感、根据听众需求合理且及时地简化或解释源语等方面,仍比不上译员(Olsen,2023;Setton,2023;Tougas et al.,2022)。我们需要高水平口译人才的另一个原因是,未来"人机协作口译"将成为主流(Setton,2023;刘和平、雷中华,2017),这时译员的重要工作之一是在口译过程中高效地鉴别机器提供的信息是否准确、是否关键,并做出快捷合理的反应,没有过硬的口译能力难以做到这些。因此,只有高水平口译员才能有效利用人工智能,提升口译服务效率和质量,人工智能难以改变社会对高水平口译员的需求。

中国口译人才培养的未来发展应充分考虑人工智能因素,中国学者已经在这方面做了一些很有价值的重要探讨。例如,王华树和谢斐(2024)结合大语言模型技术的特点,探索了其在赋能翻译教学中的应用策略,包括教学设计、教学实施、教学评估等;卢信朝(2022)则对比了职业译员与机器同声传译的质量(忠实性、地道性、可用性)和过程(工作方式、认知限制、问题机制),发现译员口译过程中的困难和问题源于认知精力不足和/或认知能力不足,机器口译的问题则主要源于认知能力不足,因此认为人机协同(机助人译、人助机译)未来可期;苏雯超和李德凤(2024)发现,在语音识别技术和机器翻译技术辅助下的新型同声传译能显著降低学生译员的认知负荷,并提高译文质量,而相比学生译员,技术辅助同传的优势对职业译员而言不够显著。

我们认为,以现有口译人才培养机制为框架,有助于系统地考虑人工智能因素在口译人才培养中的影响和应用。由于篇幅的原因,我们下面仅提出关键问题,并给出一些简单的推测,不做系统、深入的分析或者论证。

第一,对于相关教育管理部门而言,翻译教育政策是否或者如何随着人工智能技术的不断发展而调整？例如:1)是否需要调整口译教育各层次办学的相对规模？最新的人工智能技术的确可以在一定程度上取代一般要求的口译工作,但难以取代要求很高的口译工作,因此也许可以考虑在现有规模基础上缩小口译在本科阶段的教育规模,同时加强口译博士教育。2)如何调整口译人才培养方式？虽然第二节介绍的《翻译硕士专业学位研究生指导性培养方案》(2007)已经提到现代技术的重要性,但这与生成式大数据模型的人工智能技术还是存在质的区别;未来的指导性意见也许可以更多考虑人工智能技术在口译训练和口译实践中的作用,促进人机互动口译的发展。3)如何调整口译测评体系？在口译的各项子能力中,未来的测评体系应该更多考察那些人工智能难以取代的部分(如显化等口译策略),淡化那些人工智能已经可以取代的技能(如对数字、专有名词的快速反应和笔记),增强人工智能技术的应用能力和口译中的人机协调能力等。

第二,对于翻译行业而言,除了对接相关教育管理部门的教育政策之外,以往制定的行业标准和规范是否或者如何随着人工智能技术的不断发展而调整？人机互动口译是未来发展的大趋势。也就是说,未来的口译服务增加了提供人工智能技术的一方,这就涉及:1)责任分配问题,包括对各方的基本能力要求和服务要求;2)计价分配问题,包括如何根据人机双方所承担的工作量和责任大小而进行分配;3)道德准则和行为规范问题,包括口译员对机器翻译的监控职责规定等。

第三,对于以高校为主的培养单位而言,如何对接、落实人工智能时代的教育政策并根据自身资源创新口译人才培养模式是主要任务,主要包括:1)明确哪些是人工智能可以逐步胜任的口译任务或者口译子任务(如口译过程中数字、专有名词等的直译),确定这些任务如何通过人工智能实现、人工智能实现的失误率以及人工译员如何弥补等。2)明确哪些任务是人工智能难以实现的口译子任务(如显化等口译策略),确定这些任务的高效训练方式,并提供适合在人工智能环境中使用的教材、课程设计、评估方法、线上训练平台等。3)对于其他一些很难在人、机之间进行明确分工的内容(如不完整的句子输入、复杂句、隐喻等),则需要重点研究人、机协调,尤其是研究译员如何在时间压力下及时发现问题、及时纠正问题,且在这个过程中,不出现过多停顿等影响口译质量的表现。简而言之,对于口译人才培养单位而言,主要的问题是:口译员如何利用人工智能技术并在口译过程中与之协同？

第四,对于口译研究者而言,上述这些问题都值得进行系统深入的研究,且应该得到系统深入的研究,包括政策研究、行业标准和规范研究、教学研究等,也包括口译人才的成长研究。例如,在利用了人工智能技术之后,尤其是在人机互动的口译中,上文介绍的"口译能力等级量表"(Wang et al.,2020)应如何调整? 口译注意力控制(Dong & Li,2020)是否不同?

总之,口译人才培养的未来发展需要充分考虑人工智能这个因素,翻译(口译)教育政策和行业标准与规范、高校的人才培养模式和教学体系可能都需要做出比较大的改革,而具体如何改革(包括改革方向、内容、力度)则需要大量科研的论证。

六、结　语

口译人才的培养非常不易,而中国语境下的口译人才培养更是需要克服外语环境下口译所需第二语言的能力不足问题、外语教育资源的地区性不平衡问题、以语言能力而非口译职业为导向的教学理念问题、改革开放之后口译人才需求猛增的问题等。这些问题的解决和中国口译教育事业的高效发展得益于三个方面的努力以及它们之间的协同和贯通:1)以国务院学位委员会为主的政府教育部门制定相关翻译教育政策,促进翻译专业规范建设和翻译测评体系建设;以中国翻译协会等为主的行业协会主动对接国家翻译教育政策,制定行业标准和规范,促进口译服务水平提升;2)以高校为主的人才培养单位接受上述教育政策及行业标准和规范的指导和规制,设计适合中国语境的口译人才培养模式;3)科研人员对口译人才培养进行研究,提出批判性和建设性意见。口译教育未来的发展主要需要考虑人工智能技术的应用和发展,考虑人工智能对口译人才培养的政策规划、教学实践和科学研究的影响。

参考文献

陈菁,肖晓燕.2016.英语口译(第二版).上海:上海外语教育出版社.

董燕萍,陈小聪.2020.口译加工研究.北京:外语教学与研究出版社.

李智,李德凤.2019.人工智能时代口译员信息技术素养研究.中国翻译,(6):80-87.

刘和平.2005.口译理论与教学.北京:中国对外翻译出版公司.

刘和平.2008. 再谈翻译教学体系的构建.中国翻译,(3):35-39.

刘和平,雷中华.2017. 对口译职业化+专业化趋势的思考:挑战与对策.中国翻译,(4):77-83.

卢信朝.2022. 译员与机器汉英同声传译质量和过程对比研究.外语教学与研究,(4):600-610.

穆雷,梁伟玲,刘馨媛.2023. 国家翻译教育能力//任文,等.国家翻译能力研究.北京:商务印书馆:143-160.

钱芳,仲伟合.2022. 口译职业伦理教学初探.中国翻译,(1):73-79.

乔伊斯,等.2009. 教学模式.7版.荆建华,译.北京:中国轻工业出版社,2009.

任文.2024. 跨学科翻译教育的模式创新:背景、理念与实施.外国语,5:75-83.

苏雯超,李德凤.2024. 技术辅助下新型同声传译的认知负荷与译文质量研究.外语教学与研究,(1):125-135.

王华树,谢斐.2024. 大语言模型技术驱动下翻译教育实践模式创新研究.中国翻译,(2):70-78.

邢杰,何映桦.2021. 中国口译服务标准探索与展望.上海翻译,(5):72-78.

杨冬敏.2023. MTI教育与翻译资格考试的衔接:现状与建议.北京第二外国语学院学报,(2):48-59.

杨英姿.2011. 谈翻译专业资格(水平)考试的三个衔接.中国翻译,(3):81-83.

詹成.2010. 中国口译教学三十年:发展及现状.广东外语外贸大学学报,(6):89-92.

詹成.2022a. 口译教学理念、模式与课程设计的再探讨.语文学刊,(4):100-106.

詹成.2022b. 口译教学理念与实践.北京:外语教学与研究出版社.

张爱玲,丁宁.2021. 抗疫背景下的远程专业口译教学.中国翻译,(1):81-88.

张吉良,柴明颎.2022. 特色班:本科口译人才培养模式新探.中国翻译,(2):67-74.

张天伟.2021. 我国外语教育政策的主要问题和思考.外语与外语教学,(1):13-20.

张威,吕煜.2023. 翻译教育的概念界定与框架关系.上海翻译,(2):42-48.

张蔚磊,邹斌.2023. 我国英语教育政策实施中的关键问题.当代外语研究,(3):122-130.

中国翻译协会.2022. 中国翻译及语言服务行业发展报告.北京:中国翻译协会.

仲伟合.2003. 译员的知识结构与口译课程设置.中国翻译,(4):63-65.

仲伟合.2007. 专业口译教学的原则与方法.广东外语外贸大学学报,(3):5-7.

仲伟合.2014. 我国翻译专业教育的问题与对策.中国翻译,(4):40-44.

仲伟合,等.2020. 口译教学:广外模式的探索与实践.北京:外语教学与研究出版社.

仲伟合,穆雷.2008. 翻译专业人才培养模式探索与实践.中国外语,(6):4-8.

仲伟合,詹成.2016. 口译专业教学体系的构建:广外口译专业教学体系理论与实践(之一).中国翻译,(6):39-42.

仲伟合,赵田园.2020. 中国翻译学科与翻译专业发展研究(1949—2019).中国翻译,(1):79-86.

Amos, R. M. 2020. *Prediction in Interpreting*. Geneva: University of Geneva (Doctoral Dissertation).

Christoffels, I. K. & de Groot, A. M. B. 2005. Simultaneous interpreting: A cognitive perspective. In Kroll, J. F. & de Groot, A. M. B. (eds.). *Handbook of Bilingualism: Psycholinguistic Approaches*. New York: Oxford University Press: 454-479.

Dong, Y. & Li, P. 2020. Attentional control in interpreting: A model of language control and processing control. *Bilingualism: Language and Cognition*, 23(4): 716-728.

Ellis, R. 2008. *The Study of Second Language Acquisition*. 2nd ed. Oxford: Oxford University Press.

Ellis, R. 2015. *Understanding Second Language Acquisition*. 2nd ed. Oxford: Oxford University Press.

Gile, D. 1997/2002. Conference interpreting as a cognitive management problem. In Pöchhacker, F. & Shlesinger, M. (eds.). *The Interpreting Studies Reader*. London: Routledge: 162-176.

Green, D. W. 1998. Mental control of the bilingual lexico-semantic system. *Bilingualism: Language and Cognition*, 1(2): 67-81.

Grosjean, F. 1997. The bilingual individual. *Interpreting*, 2(1/2): 163-187.

Hlavac, J. 2013. A cross-national overview of translator and interpreter certification procedures. *Translation & Interpreting: The International Journal of Translation and Interpreting Research*, 5(1): 32-65.

North, B. 2014. *The CEFR in Practice*. Cambridge: Cambridge University Press.

Oslen, B. S. 2023. Pro interpreters vs. AI challenge: Who translates faster and better?. Retrieved January 31, 2021, from https://www.whataboutlanguage.com/.

Paradis, M. 1994. Toward a neurolinguistic theory of simultaneous translation: The framework. *International Journal of Psycholinguistics*, 10(3): 319-335.

Setton, R. 2023. Artificial communication: AI and interpreting. Retrieved January 31, 2024, from https://www.youtube.com/watch?v=pzs15Ykou9k.

Swain, M. 1985. Communicative competence: Some roles of comprehensible input and comprehensible output in its development. In Gass, S. & Madden, C. (eds.). *Input in Second Language Acquisition*. Rowley, MA: Newbury House: 235-253.

Tougas, H., Chan, S. & Shahrvini, T. et al. 2022. The use of automated machine translation to translate figurative language in a clinical setting: Analysis of a convenience sample of patients drawn from a randomized controlled trial. *JMIR Mental Health*, 9. https://doi.org/10.2196/39556.

Wang, W., Xu, Y. & Wang, B. et al. 2020. Developing interpreting competence scales in China. *Frontiers in Psychology*, 11: 481.

Zheng，B. & Kuang，H. 2022. Working memory and interpreting studies. In Schwieter，J. W. & Wen，Z. （eds.）. *The Cambridge Handbook of Working Memory and Language*. Cambridge：Cambridge University Press：698-721.

第八章　核心素养导向的中国外语教育

——以德语为例

李　媛　练　斐

一、问题缘起

21 世纪以来,全球步入数字化时代,信息更新展现出前所未有的速度,以知识为导向的传统教育方式已无法适应社会发展。与此同时,中国主动参与全球治理,在国际舞台上扮演越来越重要的角色,因而也愈发需要有家国情怀、全球视野和专业本领的国际化人才。

在此背景下,中国外语教育首先要解决以下两个问题:1)在培养个体综合能力、促进可持续发展的过程中,外语学科的育人价值尚未得到充分挖掘,应充分发挥学科优势,促进学生形成正确价值观、必备品格和关键能力;2)我国的外语教育长期以目标语国家为中心,中国特色不明显,中国国情、中华文化融入课堂的育人实践不足,因此学生在理解中国方面尚有欠缺,并且在用外语讲好中国故事方面存在能力短板。

为解决上述问题,中国实施了以核心素养为导向的外语教育改革方案。2014年,中华人民共和国教育部颁布《关于全面深化课程改革落实立德树人根本任务的意见》,要求研究提出各学段的学生发展核心素养体系,并以此作为课程标准修订、课程建设、学习评价等环节的重要依据。新一轮的普通高中课程标准修订工作就此拉开帷幕。此次修订调整了外语规划语种数量,在原有英语、日语和俄语的基础上,增加了德语、法语和西班牙语。2018 年 1 月,六门外语学科颁布了各自的普通高中课程标准(2017 年版)(以下简称《课标》),一致将"语言能力""文化意识""思维品质""学习能力"作为学科核心素养。此举明确外语学科应超越语言技能教学,培养综合能力,体现了外语学科的育人价值。这四个学科核心素养也出现在义务教育外语学科课程标准(2022年版)中①。在高等教育层面,各外语专业基于《普通高等学校本科专业类教学质量国家标准(外国语言文学类)》研制了《普通高等学校本科外国语言文学类专业教学指南》,于2020年正式颁布。《指南》从素质、知识、能力三个方面对外语专业人才培养提出要求,并与基础学段的外语课程育人要求形成衔接。

在基础学段新增外语语种课程,旨在适应全球的多语化进程。在三个新增语种中,德语教学历史悠久,可追溯到1872年成立的京师同文馆布(普鲁士)文馆(后称德文馆)(魏育青,2011:1)。进入21世纪后,我国德语教育蓬勃发展,学习者人数增速位列全球前茅(Auswärtiges Amt,2020;StADaF,2003)②。纵观中国德语教育发展史③,不同历史时期的社会背景有别,对语言学习的期待和要求也各不相同④。新时期,德语学科积极参与研究外语学科核心素养,探索了一条以核心素养为导向的外语教育新路子,积累了丰富的经验和成果,为国际学界和同行提供了有参考价值的中国方案。

作为中国外语教育的重要组成部分,德语教育的发展历程折射出我国外语教学方法"从引进与模仿到探索与创新"(文秋芳,2019:740)的转变。本章将以德语学科为例,剖析中国核心素养的内涵与特点,并论述核心素养在外语教育中的实践机制与未来发展前景。

---

① 英语、日语、俄语的义务教育课程标准与普通高中课程标准为两个独立文件,分开研制并颁布。德语、法语、西班牙语的义务教育课程标准属于普通高中课程标准的一部分,下文提及时统称为"基础学段《课标》"。

② 20世纪50年代,全中国仅有4所高校开设德语专业,截至2025年已增至119所。更多中国德语专业发展史信息可参阅魏育青(2011)。

③ 中国德语教育发展史可分为五个时期:萌芽时期(1872—1948年)、发展时期(1949—1965年)、滞缓时期(1966—1976年)、复苏时期(1977—2000年)、繁荣时期(2001年至今)(Li & Lian,2017:115-121)。

④ 同文馆时期,学习外语的首要任务是通文字,德语课堂主要采用语法翻译法(Zhao,2019:21)。中华人民共和国成立后,外交事业急需外语人才,同时也需要学习国外的现代科学和先进技术。这一时期的德语教学与研究均受到民主德国影响,听说法、视听法成为主流教学法(Li & Lian,2017:117-118)。"文化大革命"期间,常规的外语教育陷入停滞,只有少量德语相关的翻译、教材编写、词典编纂工作仍在继续(魏育青,2011:5-6)。直到十一届三中全会,国内现代化建设与对外开放的政策才为中国外语教育的发展按下了重启键。自2001年中国加入世界贸易组织之后,对外语经贸人才的需求激增,外语课堂也愈发重视对口语能力的培养。除听说法、视听法外,交际教学法开始流行。

二、核心素养与学科核心素养①

2014 年教育部颁布《关于全面深化课程改革落实立德树人根本任务的意见》，中国核心素养相关研究由此拉开序幕。全国多所高校近百名研究人员先后开展基础理论研究、国际比较研究、教育政策研究、传统文化分析、现行课程标准分析、实证调查研究，并征求各方意见建议，历时三年攻关，经教育部基础教育课程教材专家工作委员会审议后，核心素养研究课题组（2016）正式发布中国学生发展核心素养总体框架及基本内涵。

"中国学生发展核心素养是党的教育方针的具体化、细化。"（中华人民共和国教育部，2018：4）中国学生发展核心素养既是我国教育改革的基石，也是各学科发掘育人价值的重要抓手。本节首先辨析核心素养的内涵，通过回答"培养什么人、怎样培养人、为谁培养人"系列根本问题论述核心素养与中外相关概念之间的异同，并从育人理念、认识论、方法论三个方面探析核心素养蕴含的中华文化渊源；其次，基于跨国别、跨学科和跨学段对比，阐述外语学科核心素养的独特性。

（一）核心素养的内涵与特点

为更加全面地落实立德树人根本任务，核心素养概念应运而生，从名称、内涵两个方面区别于传统的能力、素质。核心素养是学生学习学科课程后"应达成的正确价值观念、必备品格和关键能力"（中华人民共和国教育部，2018：4），是"个体在面对复杂的、不确定的现实生活情境时，能够综合运用（跨）学科观念、思维模式和探究技能，结构化的（跨）学科知识和技能，由世界观、人生观和价值观组成的动力系统，分析情境、提出问题、解决问题及交流结果过程中表现出来的综合性品质"（杨向东，2016：7）。

1. 核心素养与中外相关概念的异同

核心素养的核心之处在于以未来为导向的能力发展、全面综合的社会胜任力和社会主义核心价值观。它既包含传统教育领域的基础知识与基本能力，也囊括了情感、态度、价值观等诸多因素，是能够在特定情境中灵活处理问题的软性实力。相比于传统的"能力"概念，"素养"具有更强的综合性和跨学科性，指个体积

---

① 本节（一）（二）小节的部分内容基于李媛等（2022）的论文。

极主动、使用一定的方法去获得新知识、新技能，具有可持续发展导向。"能力"培养受到先天遗传与后天努力共同作用，而"素养"是后天习得、可教可学的（辛涛等，2016）。此外，"素养"可视为对相对抽象的"素质教育"理论的丰富与完善，有很强的实践指导意义（柳夕浪，2014）。

与中国一样，世界多国与国际组织也愈发注重个体综合能力的发展，均加大了对人才培养标准的研究力度。世界范围内影响较大的能力框架包括经济合作与发展组织（经合组织，OECD）的关键能力框架、欧盟的终身学习关键能力参考框架，以及美国"21世纪技能"框架等。各框架对于"能力"的定义也是其研制主体在新的时代背景下对"培养什么人"这一问题的回答。根据经合组织的定义，"能力"超越"知识"与"技能"，囊括了在特定情境中通过利用和调动心理社会资源（包括技能与态度）以满足复杂需要的能力（OECD，2005）。《终身学习关键能力：欧洲参考框架》将"能力"界定为适应于特定情境的知识、技能和态度的集合体，关键能力是所有人成就自我、自我发展、积极参与公民事务、融入社会及胜任工作所必需的能力，能帮助个体适应快速变革、高度交融的世界环境（European Commission，2007）。美国"21世纪学习联盟"（Partnership for 21st Century Learning，P21）描述了学生工作、生活成功所需的技能、知识和专业技能知识，整合了内容知识、具体技能、专业技能知识以及素养（P21，2019）。各能力框架均描述了新的时代背景下个人发展所需的必备品格和关键能力，育人目标均超越单纯的知识与技能，其中"沟通与合作、信息素养、创造性与问题解决、自我认识与自我调控、批判性思维、学会学习与终身学习、公民责任与社会参与"（师曼等，2016：33）等七类素养是国际普遍关注的育人目标。不过，较之西方语境下有社会化倾向的"能力"概念，中国核心素养还对正确价值观念提出要求，有更明显的道德化和具身性倾向，其中道德既指私德也指公德（杨澄宇，2018）。

在处理"怎样培养人"的问题上，各能力框架的做法不一。多数框架未对培育路径做出具体要求，如经合组织的关键能力框架、欧盟的终身学习关键能力参考框架，而中国核心素养体系和美国"21世纪技能"框架则在定义育人目标的同时提供了教学实践支持。"21世纪技能"框架在界定技能要求的基础上，制定了与之相关的四个支持系统（标准和评估、课程和教学、专业发展、学习环境）。中国核心素养体系提出学科核心素养概念，要求各学科基于学科本质凝练本学科的核心素养，并"本着为编写教材服务、为教学服务、为考试评价服务的原则"（中华人民共和国教育部，2018：5）研制学业质量标准、提供教学内容建议和评价案例，兼顾指导性和可操作性,确保了顶层设计与一线教学之间的衔接。

由于中外各能力框架的制定者不同,故对"为谁培养人"的回答也不尽相同。经合组织受其经济组织性质的影响,将个体视为推动经济发展的人力资本。欧盟同样践行以教育促经济的理念,尝试通过统一人才培养与评估系统推动欧洲一体化进程。美国"21世纪技能"框架则贯彻职业导向,旨在培养能够适应21世纪社会、经济和技术快速变化的公民,技能化、工具化倾向明显。中国核心素养体系研制属于国家层面的工作,由教育部牵头,与基础学段《课标》的修订工作同步,因此体现了国家的育人意志,为培养德智体美劳全面发展的社会主义建设者和接班人服务。相较于国际上各类能力框架,中国核心素养体系有更为显性的道德要求以及对文化传承、民族认同和社会责任方面的期许。外语学科一方面坚持立德树人教育根本任务,同时服务国家战略,培养"有家国情怀,有全球视野,有专业本领的复合型人才"①。

综合来看,中国核心素养体系内涵丰富,包括知识、技能、态度和价值观等维度,与我国传统的能力、素质等概念以及国际各类能力框架的育人目标既有相似之处,也有其独特性。我国实施以核心素养为导向的教育,既反映了对时代脉搏的精准把握,也体现出教育方针对德智体美劳全面发展的总体要求,极具中国特色。

2. 核心素养的中华文化渊源

由于在我国正式提出核心素养概念之前,一些国家和国际组织的能力框架业已问世,因此核心素养常被视为舶来之品。事实上,核心素养与中华传统文化一脉相承,在育人理念、认识论、方法论等方面我们均能在中华优秀传统文化中寻见核心素养概念的源头。

(1) 育人理念:全面发展的人

中国核心素养体系以培养"全面发展的人"为核心,这一教育观在我国古已有之。儒家育人讲究"六艺"(礼、乐、御、射、书、数)的全面发展。近代,蔡元培提出公民道德教育、军国民教育、实利主义教育、美感教育、世界观教育"五育并举",梅贻琦亦有"德智体美劳群诸育并举"之思想。陶行知(2021)在其生活教育学说中提及生活力、自动力和创造力三种必备能力和"育才二十三常能",同样体现了对

---

① 习近平总书记在2021年给北京外国语大学老教授的回信中提出。

"实现教育现代化、民主化"、培养社会"健全分子"的"核心素养观"(周洪宇,2017:2)。尽管上述提法与核心素养概念不尽相同,但它们蕴含的时代性、民族性原则却是不变的。

在中国的"全人教育"中,"德育"历来是核心环节。孔子强调教育之于个人与社会发展的重要作用,认为教育的目的在于培养士与君子,二者应德才兼备,其中道德修养是首要评判标准。在由"文、行、忠、信"组成的儒家教育体系中,道德教育占比最重,且是智育的基础。近代,蔡元培提出的"五育并举"以公民道德教育为核心,"若无德,则虽体魄智力发达,适足助其为恶,无益也"(蔡元培,1980:15)。德行修养应贯穿于智育、体育过程之中,美育可陶冶性情,亦有助于培养高尚品格。新时期,我国仍将立德树人看作教育的根本任务,强调以德树人,培养有德行的高素质人才。

核心素养的培育以"人的全面发展"为导向,以社会主义核心价值观为牵引,构建了当代中国"全人教育"的实践框架,是对学生全面发展总体要求的具体化、详细化。

(2)认识论:知行合一

"知"与"行"是中华先哲探讨的常见主题。"知"是知识之知,也是道德之知,既是通过学习、经验相传等方式而得的一般性知识,同时也包含了对事物本质、道德观念与是非准则的把握。虽然有关"知""行"关系、先后顺序的观点不一,但将知识与实践相结合的求实求是之法却深入人心。浙江大学竺可桢老校长曾告诫学生,求知治学的最佳之道如《中庸》所记:博学之,审问之,慎思之,明辨之,笃行之。这不仅体现了知、行并进的要求,也反映出当代教育所强调的独立思考、勤于反思、理性判断等处事原则。

受应试教育主导的教育模式强调"知识之知",未给予实践以足够重视。以培养核心素养为导向的教学旨在改变以知识/教师为中心的现状,引导学生参加情境化、项目式、问题导向的教学活动与道德实践,并由此将碎片化的知识点与浅层思维活动深化为分析、评价、批判与创新活动,帮助学生在活动中获取知识,将新知用于实践,并在实践中检验知识、探求新知。综合化的核心素养培育活动有助于促进深度学习,推动学生构建自主知识网络,逐步形成在复杂而不确定的现实情境中用以解决问题的能力和思维。核心素养体系下的"知行合一"同样要求将道德知识、道德准则转化为道德实践,内化于心,外化于行。

中国核心素养体系蕴含着中华传统文化中知行合一的理念。核心素养不是直接由教师教出来的,而是在问题情境中依托实践发展起来的,最终也将应用于社会与道德实践。具有整体观的教与学有助于避免教育重知识、轻实践的倾向。"知"与"行"相辅相依,二者结合才能不断互动更新,推动个体的可持续发展。

(3)方法论:学会学习

学会学习是知行合一在方法论层面的一种具体表现,为个体赋能以适应不断变化的外部环境。学会学习是国际各大能力框架关注的焦点之一,尽管我国不是最早在育人体系中采用这一表述的国家,但"授人以鱼,不如授人以渔"等中华传统育人理念早已体现出学会学习的思想内核。

孔子善用"不愤不启,不悱不发,举一隅不以三隅反则不复也"的启发式教学法;叶圣陶认为教是为了不教;陶行知的生活教育也是终身教育——生活即教育,社会即学校,教育贯终生。教育的最终目的在于培养学生自主学习的本领,使学生自学自励,无论身在学校、社会,无论年龄长幼都能自主学习、主动有为。教育质量的优劣不在于教会学生几千个单词、几百个语法点、几十种解题策略,而在于明理启智,令其掌握学习方法,激发学习兴趣。

学会学习指向未来与不确定性,强调教育的可持续性。在信息化、数智化时代,单纯传授知识远远不够,还要培养学习者独立探究知识、建构知识体系的能力。2000年以来,各个国家和地区纷纷关注并将学会学习的理念纳入能力框架。这一思想其实早已蕴藏于我国的教育思想体系之中。

(二)学科核心素养

核心素养是教育部牵头提出并研究的宏观指导思想,为将其切实落实到各学科的教学过程中,我国创新性地提出了"学科核心素养"概念,每个学科均拥有自己的学科核心素养,各个学科合力培育核心素养。学科核心素养作为连通顶层设计与教学实践的中介,是中国核心素养体系与国际能力框架的又一个不同之处。

1.学科核心素养的内涵与特点

2018年年初,教育部印发《普通高中课程方案(2017年版)》及20门学科(含英语、德语等六门外语学科)的新版课程标准(后于2020年修订),学科核心素养作为新内容首次出现。"为建立核心素养与课程教学的内在联系,充分挖掘各学科课程教学对全面贯彻党的教育方针、落实立德树人根本任务、发展素质教育的独特育人价值,各学科基于学科本质凝练了本学科的核心素养,明确了学生学习该学科课程后应达成的正确价值观、必备品格和关键能力,对知识与技能、过程与

方法、情感态度价值观三维目标进行了整合。"(中华人民共和国教育部，2018：4)

　　学科核心素养是各学科育人价值的集中体现。基础学段《课标》共包括六门外语学科，即英语、日语、俄语、德语、法语和西班牙语。六门学科以核心素养的整体思想为指导，摒弃了单向度的育人目标和语言工具论，提出四个共享的学科核心素养，即"语言能力""文化意识""思维品质""学习能力"。基础知识与基本技能在外语学科核心素养中起基础性作用，但语言教学不是一个孤立的语言模仿及语法灌输过程，而与文化历史、国情知识等紧密相关。学习语言也是了解异国思维特点、理解他者行为动因、形成跨文化能力的过程。换言之，四个外语学科核心素养相互依存：语言能力是培养文化意识、思维品质及学习能力的基本前提与连接纽带，但后三者又能独立于语言能力而存在，服务于生活的各个方面，引领个人终身发展。

　　学科核心素养除了具备学科性外，也是各学科协同育人的重要依托。以"文化"这一育人目标为例，语文和外语学科分别提出"文化传承与理解"和"文化意识"两个学科核心素养。二者虽然都将"文化"视为本学科重要的育人维度，但是侧重点有所不同。语文强调发展社会主义先进文化，弘扬革命文化，传承中华优秀传统文化，而外语学科则要求在认同中华文化的基础上理解、掌握其他国家和地区的文化及交际特点。换言之，学生通过语文学习获得的学科核心素养——"文化传承与理解"——是其开展跨文化交流的重要保障之一。语文学习帮助学生拥有基本的社会认知、文化意识，在深入了解中华优秀文化的过程中形成热爱祖国、热爱中华文化的情感态度。因为只有具备本文化认同与文化自信，在接触异国文化时才不至于产生历史虚无主义、民族虚无主义。在理解与传承本国优秀文化的基础上，外语学习引领学生发现不同国家的文化之美，使其以包容、开放的态度平等地珍视和尊重全球各类文化，同时在跨文化实践中对比中外文化异同，在用外语讲好中国故事的同时更深入地理解我国的国情、社会与文化。与文化培养类似，思维培养也需要多门学科合力协作。例如，数学能促进提升严谨性和逻辑推理能力；外语学习能培养多语思维能力和换位思考能力。前者是理性思维的重要基石，后者是在国际交往中理解他者并做出适当回应的保证。

　　此外，基础学段《课标》中的学科核心素养与高等学段《国标》形成衔接。虽然《国标》并未直接采用学科核心素养的表述，但与基础学段《课标》一致，重视正确的价值观、综合素质、必备品格和关键能力，倡导以情感、态度、价值观统领知识、技能、方法。高等学段《国标》从素质、知识、能力三个方面描述了人才培养要求，其中"知识要求"是对基础学段"语言能力"核心素养的延伸与拓展,对外语专业学习者的专业性、研究能力、信息技术应用能力等提出要求(教育部高等学校教学指导委员会,2018:92)。"外语专业类学生研究能力主要体现在问题意识、分析推理、专业思维和研究方法等方面"(孙有中等,2023:89),这又是对基础学段"思维品质"学科核心素养的深化与提升。

学科核心素养是中国核心素养体系的创新之处,是核心素养在各学科领域的具体表现,也是核心素养在课程教学实践中落地的抓手。学科核心素养在突出学科特色的同时,也促进学科依据其自身特色协同育人。增强跨学科互动有利于拓宽学生的视野与思维,促进全方位发展。多学科联动共同培育核心素养已成为一种更加活跃、更为普遍的育人方式。

2.六门外语学科核心素养的共性与差异

学科核心素养是贯穿学科教学实践的育人主线,其统领性作用在基础学段外语学科《课标》中尤为显著。外语学科核心素养关涉六门外语学科,由各科专家共同研制,是指导基础学段外语教学的共同准则。基础学段六门外语学科《课标》结构相似、学科核心素养的一级指标相同,凸显大外语学科的整体性与共通性,但在具体撰写《课标》、阐述学科核心素养内涵时,各学科享有自主性,可以依据目标语特点、学科发展情况等要素进行调整。例如,德语《课标》在"语言能力""文化意识""思维品质""学习能力"四个学科核心素养下分别设立三个二级素养指标(见图8.1)。

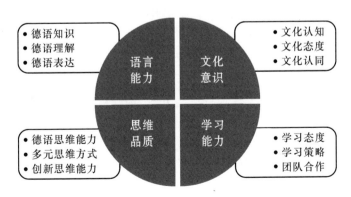

图 8.1　中国基础学段德语《课标》核心素养模型(钱敏汝、李媛,2018:36)

对比六门外语学科对共享学科核心素养的定义,各学科特征明显。以"思维品质"为例(见表 8.1),英语将"跨文化视角"作为育人目标之一,而日语、俄语、德语、法语使用的则是"多元视角"或"多元思维方式"等概念;相比于英语学科,非英语学科更强调在母语思维的基础上培养思维品质,并通过联系、比较、分析、推理等方式学习。英语与其他外语学科对于"思维品质"定义的差异在很大程度上归因于我国的外语教育现状。英语是我国的第一大外语,大部分学生在学习非英语语种之前已具备英语基础,多语交流能力在俄语和德语《课标》的"思维品质"定义中被显性提出。鉴于语言与思维的互促关系,培养学生的多元视角和多元思维方式是非英语学科一项重要的育人任务。此外,由于语言之间的亲缘关系和语言接触,不同语言存在语音、词汇、语法等层面的共性和差异,因此非英语语种尤为鼓励开展语言比较和分析,以此提升学生的外语能力和审辨思维能力,拓展其认知体系。

表 8.1 普通高中六门外语课程标准(2017 年版 2020 年修订)对"思维品质"的定义

学科	"思维品质"的定义
英语	思维品质指思维在逻辑性、批判性、创新性等方面所表现的能力和水平。思维品质体现英语学科核心素养的心智特征。思维品质的发展有助于提升学生分析和解决问题的能力,使他们能够从跨文化视角观察和认识世界,对事物作出正确的价值判断。(中华人民共和国教育部,2020a:5)
日语	思维品质是具有逻辑性、思辨性和创新性等思维特质的品格。学生通过日语课程学习能运用分析、推理等方式有逻辑性地梳理、概括、论证自己的观点,具备运用日语分析问题和解决问题的能力。思维品质的形成可以帮助学生提高多视角地质疑、辨析和判断等思维能力。思维品质主要包括分析与判断、概括与论证、批判与创新三个维度。(中华人民共和国教育部,2020b:5)
俄语	思维品质是指能在母语思维的基础上,运用外语思维,获取多元视角,丰富认知体系,形成分析与综合、归纳与演绎、批判与创新的思维习惯,具体指俄语思维能力、多元思维方式和创新思维能力。培养学生思维品质能使学生在与母语进行比较和分析的基础上形成俄语思维能力,丰富思维体系,加深对世界的认知,提高用多语进行交流和解决问题的能力。(中华人民共和国教育部,2020c:5)
德语	能在母语思维的基础上,运用外语思维,获取多元视角,丰富认知体系,进行联系、比较、批判、反思,形成创新的思维品质,具体指德语思维能力、多元思维方式和创新思维能力。通过德语课程的学习,学生能在对母语和德语及其他外语进行翻译、比较、分析的基础上,丰富思维体系,从而运用多元视角进行质疑、分析和判断,加深对世界的认识,提高用双语或多语进行交流和解决问题的能力。(中华人民共和国教育部,2020d:5)

续表

学科	"思维品质"的定义
法语	思维品质是指在母语思维的基础上,通过外语学习,丰富认知体系,形成批判性思维能力、多元思维方式和创新思维能力。法语课程使学生通过翻译、编译、释义等活动,运用多元视角进行质疑、分析和判断,加深对世界的认识,提高用双语进行交流和解决问题的能力。(中华人民共和国教育部,2020e:4-5)
西班牙语	思维品质是指个体在多语思维中智力水平的体现。思维与语言有着密切的关系,思维的发展促进语言的发展,语言的发展也对思维的发展产生重要影响。两者相互依存,相互促进。培养和发展学生的思维品质,就是让学生通过学习西班牙语,形成分析与综合、归纳与演绎、批判与创新的思维品质,并最终具备初步的西班牙语思维能力和价值判断能力。(中华人民共和国教育部,2020f:5)

综上,外语学科核心素养兼顾大外语学科的共性与各语种的个性。在基础学段《课标》研制和修订工作中,六门外语学科在学科核心素养定义、学业质量水平描述、词汇要求等方面互相沟通、互相借鉴,工作方式体现外语学科的整体性。这一研制原则有利于外语学科的均衡发展。

3.外语学科核心素养的中国特色

前文对比了中国核心素养概念与中外相关概念的异同,在外语学科核心素养方面,我国的育人要求亦与国际上其他外语课标模型存在差异。本节选取德国基础学段外语课程标准作为参照,以分析我国外语学科核心素养的中国特色。

德国课标分为全国课标和联邦州课标。全国课标由德国各州文教部长联席会(Kultusministerkonferenz,KMK)制定,各联邦州根据全国课标,结合当地实际情况制定本州的课标。德国基础学段外语课程标准也对学生学习课程后应具备的能力提出了要求,具体为功能交际能力、跨文化能力、语言学习能力、篇章与媒介能力、外语专项数字化能力、语言意识等方面(见图8.2)。其中,功能交际能力位于能力模型中心,包括掌握听、说、读、写、译等语言技能与交际策略;其他能力位于能力模型外圈。

从内容上看,中德两国外语课标在语言、文化和学习能力三个维度上的要求整体相近,但重心有所不同。例如,跨文化能力、篇章与媒介能力、外语专项数字化能力在中国课标中是"文化意识""学习能力"两个学科核心素养的子要求,而德国课标将其设置为一级能力指标。聚焦到跨文化能力上,德国强调的是"跨",是

图 8.2　德国中小学外语课程标准能力模型（汉译自 KMK，2023：9）

学习者在不同文化间的行动力，要求学习者既要能够使用外语，也要能用适应于目标语文化的交际方式行事。中国课标虽然也有此类要求，但主张将中国国情、中华文化作为外语教育的基石。在中国基础学段德语《课标》中，"中华文化"是学科核心素养"文化意识"的关键词，即希望学生有中国情怀、中国立场，而后在学习德语语言知识、了解德语国家的国情和文化的过程中形成多元文化意识、跨文化沟通能力，最终具备中华文化主体意识和文化自信，并能在跨文化交际活动中阐述、弘扬、传播中华文化。

为切实改变中国外语教育长期以目标语国家为中心、中华文化融入不足的现象，并弥补学习者在用外语讲好中国故事方面的能力短板，以核心素养立意的基础学段德语《课标》在实施建议部分以不同形式提供了有关"文化意识"的教学案例与评价样题，内容涉及地方方言保护、少数民族传统节日、中华文化与民俗等，并对教学建议、评分标准和评价案例予以说明；还在附录部分提供"中华文化词汇德汉对照表"，包括四大名著、二十四节气、国内知名景点、传统艺术形式和文化符号等内容。此举有效增强了《课标》的指导性与可操作性，有助于将中华文化有机融入外语课堂，促进外语学习者更好理解中国、讲好中国故事。

语言学习与文化互动紧密相关。在与多元文化互动的过程中，中德两国课标都对个体发展思维能力提出了要求，不过双方的侧重点存在差异。德方将"语言意识"(Sprachbewusstheit)作为一级能力指标,我国则将更为宏观的"思维品质"作为四个外语学科核心素养之一。德国的"语言意识"是指基于语言结构和使用的认知(KMK,2023:23),以个体的多语能力为基础,聚焦语言本身,强调语言的使用、互动和反思。中国课标则明确提出"思维品质",除了要求学生认识到语言多样性外,还很重视语言与思维的互动作用,凸显语言学习对个体形成多元思维方式、创新思维能力的影响。

中国外语学科核心素养对"思维品质"的强调实则是在处理三对关系,即语言与思维的关系、外语思维与母语思维的关系、不同语言的思维方式之间的关系。

首先,基础学段《课标》明确指出语言与思维的互动关系,多语能力有助于学生获得多元视角,进而形成多元思维方式。同时,联系、比较、反思等能力与学习能力紧密相关,能帮助个体进一步提高多语能力。

其次,中国外语学科核心素养强调民族性。"思维品质"的定义强调,多元思维建立于母语思维之上。换言之,外语思维的养成不是与母语思维的割裂,而是基于母语认知的拓展(杨枫,2023:1)。相较于德国,中国外语教育更加重视母语思维和母语文化,突出以母语为支点,比较、分析不同语言的异同,融入他者视角,丰富思维体系。

最后,中国外语学科核心素养对多语能力的理解超越语言本体层面,拓展至思维层面,增加了认知维度。如前所述,大部分中国德语学习者具有多语能力,从表8.1中各个外语学科对于"思维品质"的定义可以看出,中国外语教育不仅希望提高学生用双语或多语进行交流和解决问题的能力,更期待其通过外语学习加深对世界的认识。

中德两国外语课程能力培养目标的比较结果显示,我国外语学科核心素养有着鲜明的中国特色,尤其是在促进文化理解与传承、培养多元思维方面特点突出。

三、核心素养在外语教学中的实践机制

自核心素养于2014年提出以来,在我国外语界,无论是基础学段《课标》、高等学段《国标》还是《指南》均融入这一概念,调整课程目标、结构、内容等,为教学实践提供指导。上述文件是教育部颁布的外语教育纲领性文件,具有统一性、权威性、规范性、专业性特点,指导教材编写、课程设置、教学与评价、测试与命题等

工作,为核心素养切实落地提供了机制保障。

在国家标准的指导下,各省各部联动,我国外语界正在有组织地推进核心素养实践。现阶段,核心素养主要通过四个途径实现落地,即课程设置、教材编写、教师发展、评价改革。此外,通过国际交流与合作,中国核心素养的国际影响力也在不断提升。

(一)课程设置

核心素养导向的课程设置的目的是"在保证共同基础的前提下,为不同发展方向的学生提供有选择的课程"(中华人民共和国教育部,2020d:3)。基础学段课程建议分为必修课程、选择性必修课程和选修课程三类,以便学生根据自身兴趣、能力和需求自主选择课程类型(中华人民共和国教育部,2018:4)。为促进高等学段德语专业内涵式发展,《指南》提出语言学、文学、国别和区域研究、翻译学、跨文化研究五个专业方向,并将德语专业课程体系分为五个部分,即公共基础类课程、专业核心课程、专业方向课程、实践教学环节、毕业论文。其中,前三类课程是校内第一课堂,实践教学环节涵盖校内课外活动、校外实践、国际交流,分别属于第二、三、四课堂的范畴。

高等学段的实践教学环节主要包括专业实习、创新创业实践、社会实践、国际交流,意在培养学生运用专业知识和技能解决实际问题的能力,同时了解民情、国情、世情,增强社会责任感,扩展国际视野和提升跨文化能力(教育部高等学校教学指导委员会,2018:93)。基础学段《课标》同样建议教师在第一课堂的基础上,根据学生特点、当地社会经济发展实际,"有组织、有计划、创造性地开展内容丰富、形式多样、因地制宜的课外活动",如朗诵、唱歌、讲故事、演短剧、演讲、辩论以及开展德语角、德语文化节,制作德语墙报,创办校园德语刊物,开设德语网站等,并鼓励有条件的学校开展国际学生交流活动(中华人民共和国教育部,2020d:72)。

除了校内活动外,各大出版社与社会机构也积极为全国学习者组织交流活动与学科竞赛。以德语学科为例,有以"理解中国 沟通世界"为目标的"外研社·国才杯""理解当代中国"大学生外语能力大赛,也有旨在提升德语专业本科生科研素养的全国德语专业本科生学术创新大赛,以及面向全年龄段、重视可持续发展与全球合作的全国青年德语风采大赛等。学科竞赛具有以赛促学、以赛促教的作用,丰富多样的课外活动亦有助于激发学生的学习兴趣、想象力与创造力,并在实践过程中积累学习方法、提升团队协作能力。此外,基础学段《课标》和高等学段《指南》还建议为德语教学配备多媒体、新媒体等设备，为个性化及自主学习创造条件。未来，数字化、数智化技术将进一步构建外语教育教学新形态（武世兴，2024：5）。

校内课堂（第一课堂）、校内活动（第二课堂）、校外实践（第三课堂）、国际交流（第四课堂）从不同维度参与了核心素养体系的课程建设，共促学生发展学科核心素养。"四课堂"融通的教学理念为中国外语教育发展提供了新思路。

（二）教材编写

教育改革实践需要与之相匹配的载体和方法。为实现核心素养立意的育人目标，配套教材与教学法革新必须同步跟进。

教材本土化是我国外语教育改革面临的关键任务。以德语为例，我国基础学段的德语教学长期依赖国外教材，比如常用教材《快乐德语》（*Prima*）、《新标准德语强化教程（青少版）》（*Planet*）等。尽管这些教材都注重情境和交际，但由于编写主体、受众群体、教学目标等因素的影响，其并不能满足我国中学德语教学的需求。2020年，教育部发布《关于普通中学德语、法语和西班牙语教材编写和送审工作的公告》，基础学段德语教材编写工作进入新的阶段。国家教材委员会先后召开编写指导会议、意见征集会。全国各大出版社都积极整合全国高校和中学德语力量，依据基础学段《课标》精神组织编写和出版核心素养导向的本土德语教材。

在高等学段，自《国标》和《指南》颁布以来，相关教材编写和修订工作也在同步展开。其中，高等学校外国语言文学类专业"理解当代中国"德语系列教材、《新经典德语》系列教材、"新世纪高等学校德语专业本科生系列教材德语金课子系列"使用范围广、影响力大，是当前高校德语教材建设的重点项目。新编教材多以我国学者提出的外语教学创新理论（如产出导向法、"续论"）为指导，借鉴中国外语教学的实践创新经验，努力构建中国外语教材自主知识体系。

我国学者研制的德语教材不仅重视德语学科核心素养的培养与整合，也融入了最新的大情境、大任务、大单元理念，以增强教学内容的情境性、结构性、整体性。教材内容符合青少年认知特点，编排设计注重创设真实情境，以问题为导向，通过启发式、讨论式、项目式等多种教学形式，引导学生参与话语实践活动，鼓励其在解决实际问题的过程中发展德语学科核心素养。更为重要的是，以核心素养为导向的德语教材系统融入社会主义核心价值观、中华优秀传统文化、德语国家文化及世界多元文化等要素,帮助学生了解"本我"与"他者",锻炼其思辨能力,并培养讲好中国故事的能力。

(三)教师发展

如何开展以核心素养为导向的外语教育?如何由话题引领,开展任务型教学活动?如何将社会主义核心价值观、中华传统文化和跨学科板块等内容融入新颖灵活的教学活动?如何激发学生兴趣并鼓励其积极参与课堂活动?这都对外语教师的教学能力提出了更高的要求。因此,教师发展与交流平台的意义凸显。基础学段德语《课标》明确指出,要"把德语教师的专业素养和教师实施课程的能力培训作为'国培计划'等各级教师培训的重点"(中华人民共和国教育部,2020d:70)。这也体现出课标引领的教师队伍建设趋势。

20 世纪 90 年代之前,我国的德语教师培训主要由德方主导,如德国歌德学院、赫尔德学院等。2005 年起,中国学者开始把握住人才培养的主动权,教师发展成为教育部高等学校外国语言文学类专业教学指导委员会德语专业教学指导分委员会的核心任务之一(Huang,2019:107)。2019 年,"全国德语青年教师培训中心"更名为"全国德语教师发展中心",落户浙江大学,每年为全国德语教师提供专题培训。同年,"中学德语教学联盟"在上海成立,是我国首个非官方的中学德语教育教学交流平台,至今已开展多次核心素养主题的相关活动,以专家讲座、工作坊、观课、评课、同课异构等形式进行理论学习、教学研讨。

多主体联动成为教师发展的新特点。课程标准制定者、教材编写者、教学研究者共同推动教师发展,为一线教师提供理论及实践支持。例如,介绍课标研制背景,阐述学科因时代发展而显现的育人价值,详细解读德语学科核心素养,探讨课程结构、教学内容、实施建议、评价方式等内容。各机构定期组织全国或地区性的多语种学科研讨会。非英语语种在学科发展背景、师资队伍培养、本土教材建设、核心育人目标等方面具有诸多共性,多语种学科研讨会一方面可以充分利用专家资源,另一方面也能为跨语种学科交流搭建平台。此类活动常由多语种集体培训、各语种分论坛两部分构成。出版社作为支持外语教育的重要社会力量也积极参与各类活动,宣传教学资源,并与一线教师就本土教材的试用、使用情况进行交流。

(四)评价改革

在测试评价方面,基础学段《课标》和高等学段《指南》均明确指出,不应该只关注学生学习结果的质量,也应该将过程质量纳入评价体系,建议建立多元化学业质量评价体系。基础学段《课标》专列"学业质量"部分,对学科核心素养在不同水平等级的表现进行了刻画,并鼓励关注学生在学习过程中表现出的情感、态度、价值观等要素,为阶段性评价、学业水平考试和升学考试命题提供依据。

根据新的命题原则和高校人才选拔要求,教育部教育考试院在全国范围内逐步启动外语学科高考改革。德语高考新课标卷的适应性演练于 2024 年年初完成,新课标卷正式推出。与原试卷结构相比,新课标卷有以下变化:第一,调整了试题考查顺序,将阅读部分前置,新结构顺序为听力、阅读、语言运用、写作;第二,不再使用单项填空的形式碎片化地考查单个词汇、语法等语言知识点,而改为基于语篇的语法填空题;第三,将写作任务由一篇改为两篇,其中包括新增的应用文写作任务。以上调整符合基础学段《课标》精神,综合考查德语学科核心素养,设置贴近学生生活、情境真实的试题任务,并增强试题的开放性,"通过设置推理性、诠释性问题考查学生创新性、思辨性及批判性思维能力"①。此外,德语高考新课标卷中也增加了中华文化相关内容,以引导学生了解中华民族的历史文化,增强跨文化交流意识。

高考在我国的教育体系中具有指挥棒的作用。在评价环节落实基础学段《课标》要求、综合考查学科核心素养,将有助于引导日常教学改变应试机制、转向实现能力导向的育人模式。现阶段,在中小学和大学的外语课堂上,形成性评价、终结性评价相结合的评价方式已较为普及。部分教师还在此基础上尝试开展增值性评价,追踪学生在一段时间内学业成就的变化,更全面、客观地记录学生的发展过程,这既能更好地起到对学生的激励作用,也能更有针对性地发现问题。核心素养引领的多元化学业质量评价体系将有助于改变过去"唯分数论""一考定终身"的学业评价方式,对个体养成正确的"学考观"具有积极作用。

(五)国际对话

在国际舞台上,核心素养导向的外语教学正在为中国外语教育打造一张新的金名片。2017 版基础学段《课标》已全套翻译成英文,由人民教育出版社和圣智学习出版公司共同出版。基础学段德语《课标》颁布后也得到了德国歌德学院、德国学术交流中心等德语国家教育机构的关注和重视。歌德学院第一时间将其翻

---

① 参见:https://mp.weixin.qq.com/s/jhUMLf7PfCux-E48KFSKMQ。

译为德文。不过,由于发展核心素养是全新的中国方案,德方译者的理解受到固有认知与思维影响,没有完整、准确地翻译出中国核心素养的具体内涵。因此,中国学者必须主动走向世界,把握向世界阐释中国方案的主动权。

2015年至今,有关核心素养内涵、学科核心素养落地、课程体系改革、教学方法革新等方面的中文研究成果已相当丰富(详见李媛等,2022),但是国际发文却十分有限。针对"核心素养"的德文译法,我国学者指出,无论借用何种现有概念翻译中国核心素养都存在窄化概念的风险,故建议基于拼音构词,使用"Hexin-Suyang"(Li & Li,2019)。这一主张体现出中国学者对中国方案的文化自信,以及在国际学术对话中的自主性。此外,中国学者还多次在国际日耳曼学会世界大会(Internationale Vereinigung für Germanistik,IVG)、全球德语教师大会(Internationale Tagung der Deutschlehrerinnen und Deutschlehrer,IDT)等国际会议上围绕"核心素养"做学术报告,与国际同行交流,展示中国外语教育的最新理念与实践,引发广泛关注与讨论。

此外,中国核心素养的价值内涵还为他国框架提供了拓展育人维度的可能。例如,2017年北京师范大学与美国"21世纪学习联盟"(P21)开展核心素养模型研究,将美国"21世纪技能"框架中的4C模型拓展为5C模型(魏锐等,2020:20),即在审辨思维(critical thinking)、创新(creativity)、沟通(communication)、合作(collaboration)的基础上加入文化理解与传承素养(cultural understanding and inheritance competence),由此丰富了美国框架在文化维度的内容。从4C到5C的拓展,显示出了中国育人思想之于他国教育革新的贡献。

四、未来发展

在国家政策与顶层设计的引导下,我国的外语教育事业正在蓬勃发展。核心素养导向的外语教育充分发掘外语学科的育人价值,促进学生终身学习和可持续发展,并将中国元素融入外语课堂,厚植家国情怀,是我国教育改革的一次重要探索。不过,核心素养内涵价值与落地机制仍存在进一步完善的空间。

(一)融合核心素养与可持续发展教育理念

2015年9月联合国大会通过《2030年可持续发展议程》,明确了17项全球可持续发展目标(sustainable development goals,SDGs)。在此背景下,一些国家尝试在课堂内外融入可持续发展目标相关内容,倡导以学习者为中心,以发展学习者的终身学习能力为目标,"确保所有进行学习的人都掌握可持续发展所需的知识和技能"①,从而推动社会可持续发展,实现全球可持续发展目标。因此,可持续发展教育具有促进社会可持续发展和个体可持续发展的双重功能。

外语能力在实现全球可持续发展目标的过程中发挥重要作用(Riemer,2021;Zygmunt,2016)。可持续发展如何与外语教育融合,如何培养学生用外语参与可持续发展的国际行动,如何解决社会文化冲突以及增进国际理解等问题日渐受到关注(Bechtel,2021)。

信息技术的发展和全球交流合作的深入要求学习者具备综合能力和可持续发展能力。在中国参与全球治理和全球历史性变局背景下,培养具有中国情怀与国际视野,拥有文化意识、思维品质、人文素养及跨文化能力的多语人才是我国外语教育的重要目标(梅德明,2021:61)。为实现此目标,建议加强可持续发展外语教育的区域国别研究,例如开展有关德国外语教育可持续发展转向的研究,并结合中国以核心素养为导向的外语教育的特点,发掘中国外语教育发展潜力。可能的方向与举措包括,构建可持续发展能力框架、整合全球议题拓展外语教学内容、推进外语跨学科深度融合、建立外语与其他学科的双向供给机制、促进教师培训全周期覆盖,以及构建外语学科可持续发展生态等。

(二)加强核心素养的国际对话与本土拓深

随着全球化发展,教育体系必须提升国际化水平,以适应不断变化的全球环境。首先,应继续深入研究国外教育方案和理念,并与国际机构开展交流合作。深入了解国外先进的教育模式,借鉴其成功经验,为中国教育改革提供有益参考。潜在的研究主题包括教育制度、教学方法、评价体系等。其次,针对非语言和文化维度上的质量评价标准的研究也至关重要。思维品质、学习能力等非语言方面的素养价值与培养路径,以及文化因素对于教育质量的影响等议题,也有待深入挖掘。

在国际化的过程中,恰当的翻译和充分的讨论显得尤为关键。核心素养议题的国际化问题主要体现在翻译不充分、讨论不充分两方面,对一些关键术语存在理解误差和概念混淆。因此,需加强教育专业术语翻译研究,确保教育理念和方

---

① 参见:https://china.un.org/zh/sdgs/4。

案在跨文化交流中得以准确传递。同时,加强国际学术交流,促进国际同行对该议题的深入讨论,提升我国自主知识体系和自主人才培养体系的声誉和国际竞争力,以使更多国际教育专家参与到中国外语教育的研究和改革中来。

此外,中国学者也需要更加积极主动地与亚洲(尤其是日本和韩国)以及其他非目标语国家进行交流。通过开展国际合作和联合研究,促进跨文化教育交流,共同推动全球教育领域的发展。

但是,国际化并不代表忽视本土化的重要性。应在深入研究中国国情和学生学情的基础上,更好地发挥数智化技术的潜力,以便满足不同地区、不同学生的个性化需求,切实提升教育的普及性和适应性。在吸收国外先进经验的同时,保持对本土文化和教育传统的尊重,国际化与本土化的平衡将提升中国自主知识体系在全球舞台上的显示度,为培养具有国际竞争力的人才、推动全球教育事业的可持续发展贡献中国智慧与中国方案。

(三)加强核心素养在基础学段与高等学段的衔接

实现基础学段和高等学段教育教学的一体化发展,仍然是当前一个亟待解决的问题。在课程设置、教材编写、教师培训等方面,各学段应该密切衔接。基础学段应为学生提供更多实际运用外语的情境,培养语言运用能力,为高等教育阶段进一步发展综合素养打下坚实基础。高等学段则应继续挖掘外语专业的深度,引导学生深入思考和实践研究,培养专业素养。

基础学段和高等学段的有效衔接有助于培养更具综合素质和专业能力的外语人才,为我国外语教育的长远发展提供坚实支撑。在课程设置方面,应更科学地设计中小学、本科专业及公共外语课程,使其在体现学段特色的同时实现有机衔接。在教材编写方面,需要紧密结合基础学段外语核心素养目标和高等学段的专业要求,确保学科知识和实际运用有机结合,助力学生更好地实现学段过渡,并为未来走向社会、应对不确定挑战做好准备。

(四)发挥自主教材对核心素养的支撑作用

教材在特定社会文化、政治和历史背景下编写,既融合了价值观和意识形态,也承担着立德树人的根本任务,具有培根铸魂的功能。不同于其他国家,中国的教育体系赋予了教材更为重要的育人作用。教材不仅仅是传递知识的载体,更是塑造学科体系、培养学生价值观和思维方式的关键因素。在中国构建自主知识体系及人才培养方面,教材的支撑显得尤为关键。特别是在非英语语种基础教育领域,过去常用的教材往往从目标语国家引进,无法充分考虑中国学生的文化背景及语言习得特点,难以适应中国外语学科新时代的育人要求,故体现出针对性不足、教学效果不够理想等问题。因此,立足本国文化和国情,借鉴国际成功经验,由本国学者自主编写教材,是核心素养落地的关键一步。

此外,教材的更新和完善也是不可或缺的环节。随着时代发展和学科育人价值的演变,教材必须不断更新,以适应新的需求和挑战。应进一步加强教材审定和更新机制,数字化教材、知识图谱等数智赋能的新形态资源为教材建设提供了新动能。

(五)构建核心素养导向的全周期教师发展模式

目前,我国外语教师培训与发展仍存在不足,如学科融合能力有限、信息化教学手段单一等(王安琪、汤金树,2022)。这些问题在一定程度上制约了以核心素养为导向的外语教育发展。为此,我们应加强对外语教师在各个教育阶段的发展支撑,确保覆盖其整个职业生涯。培训内容应广泛涵盖教师行动能力、跨学科融合、可持续发展能力与数字素养等,并从知识、能力、素质、技术等维度提升其综合能力,以适应新时代的需求。

对于教师发展而言,以下三项做法至关重要。第一,将行动能力作为关键议题,即要求教师能够根据实际情况灵活调整教学方法和策略。可以通过实际教学案例和情景模拟等方式,发展教师解决问题的能力,提高应对复杂教学环境的应变能力。第二,应重视跨学科融合能力的培养。在新时代,知识的交叉和整合变得愈发重要。教师的跨学科思维使其能够将不同学科的知识融合应用于教学实践,有助于全方位提升学生认知与创新能力。第三,可持续发展能力是现代教育中不可忽视的一环。应该注重培养教师对于教育理念、教学方法、信息技术的学习和反思能力,使其能够在不断变化的教育环境中持续成长。具体包括鼓励教师参与学术研究、教育项目以及与同行交流合作。

为了更好地实现教师发展目标,教师培训需转变为融合输入和输出的模式。传统培训模式以培训者到教师的单向输入为主要方式,而融合模式则强调双向交流,使教师通过互动与合作,提高教学水平。这有助于教师从不同层面认识自我和课堂教学,实现个人与团队的共同成长。

五、结　语

本章从社会发展与外语教育之间的互动关系出发,提出了我国外语教育在数字化、全球化时代面临的两大问题,并以德语学科为例,深入探析核心素养导向的外语教育对育人模式转型的重要意义。从"语言技能—知识本位"迈向"核心素养—价值引领"的范式转型,不仅契合我国新时代教育改革方向,也为全球外语学科改革提供了参考。

中国核心素养体系明确学生适应终身发展和社会发展需要的正确价值观念、必备品格和关键能力,在育人理念、认识论、方法论等层面均体现中华优秀传统文化精髓,与国际各类能力框架存在如下差异:第一,中国核心素养体系更注重培养学生的品德修养、文化传承与家国情怀;第二,提出"学科核心素养"概念,作为连通顶层设计与教学实践的中介,促进各学科协同育人。

基础学段六门外语学科的学科核心素养包括"语言能力""文化意识""思维品质""学习能力",摒弃了单向度的育人目标和语言工具论,转向实践融合式的育人观念,并与高等学段的育人要求形成衔接,具备跨学段性。与德国的外语学科课程标准相比,我国外语学科核心素养中体现的文化理解与传承、多元思维特点尤为鲜明,要求学生深入理解当代中国,主动践行"讲好中国故事"的专业新使命,充分发挥多语的优势,利用语言与思维的互促关系,推动个人全方位发展。

提出核心素养是我国教育改革历程中的一次重要探索。将核心素养融入国家课程标准,为理念实施提供了机制保障。通过课程设置、教材编写、教师培训、评价改革及国际对话等路径,核心素养导向的外语教育得以在教学实践中切实落地,并作为教育新理念走上国际舞台。

中国核心素养体系的发展既需要向外汲取养分,也需要向内不断深耕。未来,建议加强核心素养议题的国际交流与本土研究,如将可持续发展等教育理念融入体系。在育人机制方面,应进一步完善基础学段与高等学段之间核心素养育人目标的衔接,自主建设符合我国国情、学情的外语教材,发挥其对核心素养的支撑作用。此外,培养核心素养需多主体协同联动,其中教师的作用不言而喻,因此建议在关注学生发展的同时,构建核心素养导向的全周期教师发展模式,以实现教与学的可持续发展。

参考文献

蔡元培.1980.蔡元培教育文选.北京:人民教育出版社.

核心素养研究课题组.2016.中国学生发展核心素养.中国教育学刊,(10):1-3.

教育部高等学校教学指导委员会.2018.普通高等学校本科专业类教学质量国家标准.北京:高
　　等教育出版社.

李媛,练斐,董艳.2022.我国核心素养研究的回顾、思考与展望.沈阳师范大学学报(教育科学
　　版),(4):80-88.

柳夕浪.2014.从"素质"到"核心素养":关于"培养什么样的人"的进一步追问.教育科学研究,
　　(3):5-11.

梅德明.2021.致力于培养具有中国情怀、国际视野和跨文化沟通能力的时代新人.英语学习,
　　(3):60-65.

钱敏汝,李媛.2018.普通高中德语课程标准(2017年版)解读.北京:高等教育出版社.

师曼,刘晟,刘霞,等.2016.21世纪核心素养的框架及要素研究.华东师范大学学报(教育科学
　　版),(3):29-37.

孙有中,等.2023.《高等学校外国语言文学类专业本科教学质量国家标准》阐释与应用研究.北
　　京:外语教学与研究出版社.

陶行知.2021.生活即教育.武汉:长江文艺出版社.

王安琪,汤金树.2022.数字化转型背景下高校外语教师信息素养迭代提升的困局及破解.教育
　　理论与实践,(36):48-51.

魏锐,刘坚,白新文,等.2020."21世纪核心素养5C模型"研究设计.华东师范大学学报(教育科
　　学版),(2):20-28.

魏育青.2011.中国德语专业教育史要//贾文键,魏育青.中国德语本科专业调研报告.北京:外
　　语教学与研究出版社:1-23.

文秋芳.2019.新中国外语教育70年:成就与挑战.外语教学与研究,(5):735-745.

武世兴.2024.深入推进外语教育改革,加快建设高等教育强国.外语教育研究前沿,(2):3-5.

辛涛,姜宇,林崇德,等.2016.论学生发展核心素养的内涵特征及框架定位.中国教育学刊,
　　(6):3-7,28.

杨澄宇.2018.论核心素养的语境背景与基本特征.教育发展研究,(增2):50-56.

杨枫.2023.外语教育学的名与实.当代外语研究,(6):1-2.

杨向东.2016.核心素养与我国基础教育课程改革的深化.上海课程教学研究,(2):3-7.

中华人民共和国教育部.2018.普通高中课程方案(2017年版).北京:人民教育出版社.

中华人民共和国教育部. 2020a. 普通高中英语课程标准(2017 年版 2020 年修订). 北京:人民教育出版社.

中华人民共和国教育部. 2020b. 普通高中日语课程标准(2017 年版 2020 年修订). 北京:人民教育出版社.

中华人民共和国教育部. 2020c. 普通高中俄语课程标准(2017 年版 2020 年修订). 北京:人民教育出版社.

中华人民共和国教育部. 2020d. 普通高中德语课程标准(2017 年版 2020 年修订). 北京:人民教育出版社.

中华人民共和国教育部. 2020e. 普通高中法语课程标准(2017 年版 2020 年修订). 北京:人民教育出版社.

中华人民共和国教育部. 2020f. 普通高中西班牙语课程标准(2017 年版 2020 年修订). 北京:人民教育出版社.

周洪宇. 2017. 核心素养的中国表述:陶行知的"三力论"和"常能论". 华东师范大学学报(教育科学版),(1):1-10.

Auswärtiges Amt. 2020. Deutsch als Fremdsprache weltweit. Datenerhebung 2020. Retrieved February 20, 2024, from https://www. auswaertiges-amt. de/resource/blob/2344738/b2a4e47fdb9e8e2739bab2565f8fe7c2/deutsch-als-fremdsprache-data. pdf.

Bechtel, M. 2021. Nachhaltigkeit im Fremdsprachenunterricht. In Burwitz-Melzer, E. , Riemer, C. & Schmelter, L. (eds.). *Entwicklung von Nachhaltigkeit beim Lehren und Lernen von Fremd- und Zweitsprachen*. Tübingen: Narr Francke Attempto Verlag: 9-20.

Huang, K. 2019. Die Hochschullehrerfortbildung für junge chinesische Deutschlehrkräfte: Rückblick und Evaluation. In Li, Y. & Roelcke, T. (eds.). *Deutsch als Fremdsprache in China*. Berlin: De Gruyter: 103-121.

European Commission. 2007. Key competences for lifelong learning: European Reference Framework. Retrieved February 20, 2024, from https://www. britishcouncil. org/sites/default/files/youth-in-action-keycomp-en. pdf.

KMK (Kultusministerkonferenz). 2023. Bildungsstandards für die erste Fremdsprache (Englisch/Französisch) für den Ersten Schulabschluss und den Mittleren Schulabschluss. Retrieved February 20, 2024, from https://www. kmk. org/fileadmin/veroeffentlichungen_beschluesse/2023/2023_06_22-Bista-ESA-MSA-ErsteFremdsprache. pdf.

Li, Y. & Li, X. 2019. Der *Hexin-Suyang*-orientierte Bildungsstandard des Faches Deutsch an chinesischen Schulen. *Jahrbuch für Internationale Germanistik*, 51(2): 65-80.

Li, Y. & Lian, F. 2017. Die deutsche Sprache in China: eine aktuelle Bestandsaufnahme. *Jahrbuch für Internationale Germanistik*, 49(2): 115-143.

OECD. 2005. The definition and selection of key competencies: Executive summary. Retrieved February 20, 2024, from https://www. deseco. ch/bfs/deseco/en/index/02. parsys. 43469. downloadList. 2296. DownloadFile. tmp/2005. dskcexecutivesummary. en. pdf.

P21. 2019. Framework for 21st century learning definitions. Retrieved February 20, 2024, from http://static. battelleforkids. org/documents/p21/P21_Framework_DefinitionsBFK. pdf.

Riemer, C. 2021. Entwicklung von Nachhaltigkeit im und durch L2-Unterricht (DaF/DaZ). In Burwitz-Melzer, E. , Riemer, C. & Schmelter, L. (eds.). *Entwicklung von Nachhaltigkeit beim Lehren und Lernen von Fremd- und Zweitsprachen*. Tübingen: Narr Francke Attempto Verlag: 140-151.

StADaF (Ständige Arbeitsgruppe Deutsch als Fremdsprache). 2003. Deutsch als Fremdsprache. Erhebung 2000. Retrieved February 20, 2024, from https://www. goethe. de/resources/ files/pdf19/60112-STANDARD1. pdf.

Zhao, Z. 2019. Deutschdidaktik und -methodik in China—Entwicklungen und Erfahrungen. In Li, Y. & Roelcke, T. (eds.). *Deutsch als Fremdsprache in China*. Berlin: De Gruyter: 19-39.

Zygmunt, T. 2016. Language education for sustainable development. *Discourse and Communication for Sustainable Education*, 7(1): 112-124.

第九章　契合新文科建设的中国外语跨界教育

——以俄语为例

刘　宏　彭文钊　袁淼叙

一、问题缘起

中国自 20 世纪 70 年代末开始实行对外开放政策,及至 20 世纪末的短短二十多年间,国内经济高速发展,与全球各国家和地区的往来日益密切,对外语人才的需求也日益增加。高校外语专业毕业生恰逢其时,凭借外语技能在对外交往的各个领域大显身手。但随着中国与世界沟通对话的深度和广度不断拓展,仅掌握一门外语技能的毕业生不足以应对复杂多样的岗位职责,他们在个人职业发展中后劲不足的态势渐渐显露。那么,外语专业学生如何去适应社会发展更高层次的需求,如何让外语人才具备跨专业、跨学科的多元素质,将他们培养成跨界人才?这成为中国外语教育界亟待探索并解决的问题。

事实上,从世界范围看,跨学科教育走在前列的当数英、美等国。如英国在19 世纪末开始设立联合荣誉学位制度,允许学生在本科阶段自主选择学习两到三个学科知识,其中包括一到两门语言(王文礼,2024);美国在二战后设立了多个跨学科研究机构,着力在研究生教育阶段开展多学科合作的学位项目(姬紫婷、崔迎春,2021)。但照搬他国的经验,势必会造成水土不服。中国高校普通本科教育阶段在校生人数多,外语所属的文学学科门类在校生数量增幅大[①],若给予这个群体灵活选择修读第二门学科知识的机会,不仅会加大高校在教学管理上的难度,也会令学生在一定程度上陷入无所适从的境地。因此,有选择地借鉴他国成

---

① 根据中华人民共和国教育部历年教育统计数据显示,全国普通本科文学学科门类在校生数从 1999 年的 30.71 万,增长至 2022 年的 192.57 万。

熟经验,结合中国国情做合理设计,才能创造出外语专业跨学科教育的中国方案,才能培养出适应中国式现代化的外语人才。

1998 年,教育部高等学校外语专业教学指导委员会颁发了《关于外语专业面向 21 世纪本科教育改革的若干意见》(以下简称"《意见》"),指出:"由于社会对外语人才的需求已呈多元化的趋势,过去那种单一外语专业和基础技能型的人才已不能适应市场经济的需要,市场对单纯语言文学专业毕业生的需求量正逐渐减少。因此,外语专业必须从单科的'经院式'人才培养转向宽口径、应用型、复合型人才的培养模式。"①根据社会需求和《意见》精神,中国外语教育领域开始探索复合型专业人才培养之路,小到课程设置、授课方法,大到人才定位、专业发展和学科规划,都在一定范围内得到了不同程度的深化和规范,为以后全面推进各个语种的教改创新打下了良好的基础,积累了宝贵的经验。

21 世纪以来的二十多年,全球科技革命为人们的生活带来天翻地覆的变化,"埋首故纸堆"式传统文科的教与学模式渐渐淡出人们的视线。外语作为文科门类中接触新事物、接受新观念最为活跃的学科之一,正在遭遇一次从深层内涵结构到表层实施路径的全面蜕变,这场蜕变具有里程碑意义。

2018 年 10 月,教育部印发《关于加快建设高水平本科教育全面提高人才培养能力的意见》等文件,决定实施"六卓越一拔尖"计划 2.0,将心理学、哲学、中国语言文学、历史学等人文学科纳入该拔尖计划。2019 年 4 月,教育部等 13 个部门联合在天津召开"六卓越一拔尖"计划 2.0 启动大会,标志着新文科建设正式进入全面实施阶段。2019 年 10 月,教育部发布《关于深化本科教育教学改革全面提高人才培养质量的意见》,提出要以新工科、新医科、新农科、新文科建设为引领,带动高校专业结构调整优化和内涵提升,做强主干专业,打造特色优势专业,升级改造传统专业,淘汰不适应社会需求变化的专业等新目标,并明确了下一步教育教学制度改革重点是完善学分制、深化高校专业供给侧改革、推进辅修专业制度改革、开展双学士学位人才培养、推进跨校联合人才培养和全面推进质量文化建设等六个方面的任务。

在全球科技革命、经济发展、习近平新时代中国特色社会主义思想建设的大背景下,新文科要服务国家应对当今错综复杂国际国内形势,增强我国在国际社会的话语表达能力,助力我国经济社会领域的全面深化改革。相对于传统文科而

---

① 　参见:https://www.gmw.cn/01gmrb/2009-09/25/content_987347.htm。

言,新文科需要以继承与创新、交叉与融合、协同与共享为主要途径,促进多学科交叉与深度融合,推动传统文科的更新升级,从学科导向转向以需求为导向,从专业分割转向交叉融合,从适应服务转向支撑引领(王铭玉、张涛,2019)。在新文科的建设中,既可以涵盖人文社会科学领域内多个学科间的交叉、融合、渗透或拓展,也可以包括人文社会科学与自然科学交叉融合形成的文理交叉、文工交叉、文医交叉等新兴领域。可见,在对传统文科进行升级改造、寻求新的学科增长点时,跨界探索是较为可行的途径之一,也是新文科尤为显著的学科特征。由此,新文科建设为外语教育发展指明了前进方向,外语专业人才培养又迎来了一次教学改革的重大机遇和挑战。

中国与俄罗斯及其他俄语国家在长期的交往中建立了内涵丰富、符合中国国情的多边关系。俄语关乎中国地缘政治安全,且俄语国家与中国在经济结构上的互补优势显著,因此中国的俄语教育历来与国家政治、经济、外交等各领域政策紧密相连,是国家顶层战略决策的积极响应者和体现者,而在跨界交叉人才培养方面,俄语教育更是走在全国外语教育界的前列。本章将以俄语为例,聚焦新文科理念引领下的跨语言交叉、跨学科交叉、跨国家联合三种外语教育的跨界模式,分析三种模式的特点和有效性。

二、跨界模式的内容及实施路径

(一)俄语专业跨界交叉培养概况

新中国成立以来,中国俄语教育经历了高峰、低谷、重振、发展等跌宕起伏的历程,与国家命运紧密相连,与中苏、中俄关系休戚与共。到20世纪八九十年代,中国经济发展模式发生了根本性转变,中苏关系开始趋向缓和,结束对峙状态,逐渐走向正常化。苏联解体后,中俄关系的长足发展更为俄语教育提供了新的发展机遇,教学规范标准得以建立健全,办学规模层次得以扩大提升,培养模式类型开始向多元转变,专业招生人数虽没有明显增多,但一直保持着平稳发展。目前,全国有160多所高校开设俄语专业,在国际交流日益增速的背景下,俄语教育逐渐走向国际化,为中俄两国在各领域的合作提供了人才支持。

20世纪末,《意见》下发后,全国高校俄语专业教师即启动了对俄语专业复合型人才培养的探索。其中,俄语学科建设方向成为广大俄语教师讨论和关注的焦点，各高等院校加大对俄语专业的改革力度，出台了一系列强化复合型俄语人才培养的举措。

进入 21 世纪后，中国对外开放进一步扩大，全球化和国际化的趋势为外语教育带来了前所未有的发展机遇，英语在中国外语教学中占据主导地位，俄语则需要找到适合自身且具有长效潜力的发展路径。随着中俄新时代全面战略协作伙伴关系内涵的不断丰富，加之两国间历史关系以及当下国际形势的独特性，俄语教学与中国的外交战略、政治经济发展状况的伴生关系愈发紧密，俄语教学发展路径需要与之相契合的内在意识愈发清晰，俄语教学在中国的重要性也愈发凸显。中俄两国在文化和教育领域的交流频率明显增加，双方高校互派留学生和教师进修的机会增多，合作项目的落实也取得了显著进展。俄语跨文化交际功能不断拓展，使俄语成为跨学科领域的重要交流工具和研究工具，为中俄人文交流机制框架下的多领域合作提供了重要支持，发挥了纽带作用。

新文科建设的号召，在俄语教育界掀起一场"质量革命"。新文科建设，要扎根中国大地，突出中国特色，形成中国方案，注重多学科交叉与深度融合，打破学科专业壁垒与传统思维模式，培养出新时代价值正向、知识融通、一专多能的复合型文科人才。对标建设要求，俄语专业既坚守人文学科本位，也重视与其他学科的相互渗透与交叉融合，不断创新人才培养模式，致力于培养更多符合时代需求和国家期待、能够主动适应并积极践行国家意志的俄语人才。

俄语学科由传统的单纯语文学性质转向集文理工等为一体的"大俄语学科"，是关涉俄语学科内部建构的问题，不仅是"量"的扩充，更是"质"的提升。若"文理交叉"，即俄语＋数学/物理/化学等；若"文工交叉"，即俄语＋计算机/人工智能等；若"文文交叉"，则俄语＋其他外语/汉语/法律/哲学/经济学/外交学/区域国别学等。这不仅将成为新俄语学科的主流模式，也将是未来发展的必然方向（赵爱国，2020）。

2022 年，俄语专业教学指导分委会面向全国高校俄语专业特色鲜明、工作成绩显著的十所高校开展人才培养调研工作。调研结果显示，各高校面向国家战略和地方经济社会发展需求，纷纷实施了"俄语＋专业"人才培养模式，形成了共同的趋势。黑龙江大学以教育部高等教育教学评估中心中俄联合国际专业认证为契机，实行"俄语＋专业"培养模式并开设"通识＋专业＋方向"实验班，建立了教科融合、学科融合、国际融合的俄语创新人才"三融合"培养模式。南京大学开展"俄语＋俄罗斯学"专业建设，将"俄罗斯学"的学科理念和研究成果融入教学实践。北京外国语大学"俄语＋非通用语"复语型人才培养模式服务国家"一带一路"建设，形成以俄语教育为主，多语种教育和区域研究为特色的人才培养新格局。大连外国语大学开展"俄语＋区域学"国际化联合培养，构建了"俄语＋区域学"本硕博一体的国际化培养体系与课程体系。首都师范大学开办"俄语＋世界史"双学位专业，广东外语外贸大学开设"小语种＋会计""小语种＋新闻"高端人才培养创新班，厦门大学开展"俄语＋会计学/财务管理"专业项目班，山东大学着力打造"俄语翻译＋新闻传播""俄语翻译＋国学""俄语翻译＋国际中文教育"等复合型人才培养专业方向。其中，大连外国语大学"俄语＋区域学"高素质人才培养模式、北京外国语大学"俄语＋"高端国际化人才培养模式、首都师范大学以文化为导向的高素质俄语人才培养、新疆大学"俄语＋"产教融合人才培养创新模式均作为典型案例获批教育部新文科研究与改革实践项目，为高素质涉外人才培养创新与实践提供示范参考。

可见，对中国外语专业人才如何进行跨界培养的问题，俄语学科给出了自己的方案，中国的"俄语＋专业"人才培养模式的建设已经颇具成效，叠加的新专业具备丰富多样的可能性。各个高校在培养方案、课程融合、师资配置、教材编写等众多方面因地制宜，立足俄语专业本身，发挥固有优势，催生俄语教育发展的新增长点。下文将从跨语言交叉、跨学科交叉、跨国家联合三个层面，结合具体案例论述中国外语教育跨界模式，同时需要说明的是，上述三个层面的跨界交叉并不具有排他性，在具体实施过程中，往往是多个层面互相配合，共同作用于人才培养。

（二）跨语言交叉：北京外国语大学"俄语＋非通用语"复语型人才培养①

突破单一语言技能限制，向外跨出的第一次探索，也是步伐相对不大的试水，是在北京外国语大学（以下简称"北外"）俄语学院完成的——俄语与非通用语的交叉培养。2004 年北外俄语学院尝试双语人才培养，开设的"俄语＋乌克兰语"双语班为国家输送了一批俄乌复语型人才。虽然当时国家对非通用语人才的需求量较小，双语班未能持续招生，但留下了宝贵的经验。

2013 年 9 月，习近平主席访问哈萨克斯坦时提出了"丝绸之路经济带"的倡议。2015 年 3 月，国家发改委、外交部、商务部联合发布《推动共建丝绸之路经济带和 21 世纪海上丝绸之路的愿景与行动》，为我国未来若干年内的经济发展指明

---

① 此部分内容主要参考北京外国语大学黄玫（2022）、孙芳（2020）的研究报告。

了方向。2015 年 9 月，教育部发布《关于加强外语非通用语种人才培养工作的实施意见》，指出高校要"加快培养和储备一批具有国际视野、通晓国际规则、能够参与国际事务和国际竞争的应用型、复合型非通用语种人才，为更好服务国家外交战略和走出去战略提供强有力的人才智力支撑"。

作为国家外语非通用语种人才培养重要基地，北外积极响应国家号召，在国家语言政策与规划的引领下，将实现共建"一带一路"国家语言全覆盖作为学校的"十三五"工作目标，推进非通用语种教学改革，探索"通用语＋非通用语"的复语型人才培养模式。教育部原副部长刘利民提出，"在丝路经济带沿线国家中，俄罗斯是最大的战略合作伙伴，特别是中亚地区也有广泛的俄语基础，上合组织的工作语言之一是俄语。显然，俄语在丝路经济带发展中的作用是不可替代的。重要的是，我们的俄语教育一定要面向未来，找准方向，培养出适用于丝绸之路经济带的复合型俄语人才"（刘利民，2015：4）。

欧亚地区国家是我国的近邻，独联体地区更逐渐成为我国战略伙伴关系全覆盖的区域，是我国共建"一带一路"国家的先行试验区和示范区。自苏联解体后，该地区各国的民族独立意识日渐增强，"去俄罗斯化"的趋势也明显增加，特别是在语言立法、语言规划及语言教育方面，通过确立本国官方语言来体现民族精神和文化自信。如永久中立国土库曼斯坦在对外交往中不再使用俄语，乌兹别克斯坦和塔吉克斯坦取消了俄语作为官方语言的地位，哈萨克斯坦也在进行哈语字母改革。因此，乌克兰语、白俄罗斯语以及中亚各国语言成为非通用语种建设的重要组成部分，而语言是共建"一带一路"国家的前置要素，需要先行（王铭玉，2017：4），我国要与独联体国家和民族持续顺利开展交流合作，就必须培养和储备该地区非通用语人才，新开设非通用语种教学势在必行。

北外俄语学院依据国家需求的急迫性和重要性，制定了立足俄语、"一俄带多语"的语种建设战略，逐步建立"俄语＋非通用语"复语专业，以促进多语种教育和区域研究为重心的整个学科建设。2015 年，俄语学院确定了未来四年内分期、分批开齐俄语复合东斯拉夫和中亚七种语言的复语人才培养战略。

2016 年 9 月，作为北外"通用语＋非通用语"新型复语模式示范专业的"俄语＋哈萨克语"方向首次招生，此后每年开设两个新语种，至 2019 年 9 月，全部完成预设任务，乌克兰语、哈萨克语、乌兹别克语、塔吉克语、吉尔吉斯语、土库曼语、白俄罗斯语已全部开齐，并进入下一轮循环招生。"俄语＋非通用语"复语专业学制均为四年，招生对象为俄语高起点学生。学生入校后，第一、二、四学年在国内学习,第三学年在国家留学基金委"国际区域问题研究及外语高层次人才培养项目"专项支持下,整班派出赴语言对象国进修。俄语学院针对复语专业学生制定了专门的培养方案和教学大纲,在学时和课型安排上兼顾俄语及相应的复合非通用语言。以"俄语＋中亚语"为例,具体教学安排如表9.1。

表 9.1　北外俄语学院"俄语＋中亚语"专业培养方案(2 年＋1 年＋1 年)

开课学年	在北外修读的课程		在中亚某一国高校修读的课程
第一学年 第二学年 第四学年	俄语课程占比 70% (基础课、语法、口语、听力、阅读、翻译、文学史、文化史等)	中亚语课程占比 30% (语言类、国情类等) (俄语授课)	
第三学年			语音、语法、文学、历史、阅读等 (中亚语及俄语授课)

目前,非通用语教学的探索已经初见成效。在师资建设方面,相关语种师资主体为外籍教师,但同时,俄语学院高度重视本校师资的培养,从在读硕士、博士及青年教师中物色俄语水平高、科研能力强的潜力人才派往中亚国家学校,以加强本国教师从事中亚语教学和科研的实力。在教材建设方面,针对国内相关非通用语种教材市场空白的状况,俄语学院自 2016 年起启动乌克兰语、白俄罗斯语及中亚语种教材建设工作,以外教为主力编写相应语种的教材和词典,以提升复语专业建设成效。目前,《新经典乌克兰语入门》《新经典乌兹别克语入门》已经出版,《乌克兰语汉语——汉语乌克兰语小词典》《新经典哈萨克语入门》《新经典白俄罗斯语入门》《新经典塔吉克语入门》《新经典吉尔吉斯语入门》等均已纳入俄语学院"十四五"教材规划中。

"俄语＋非通用语"复语模式培养的毕业生通常具有明显的俄语语言优势,同时在所选的非通用语方面也有专长,因此就业时具备较为独特的竞争优势,得到了外交部等多家用人单位的高度肯定。一部分复语模式培养出的本科毕业生继续深造,有望成为既可承担俄语教学,也能承担非通用语教学的双料教师,他们也是为国家储备的相关语种高级翻译人才。

"俄语＋非通用语"复语专业的开设,推动了区域国别研究及学科的发展。2015 年 12 月,北外哈萨克斯坦中心成立。2016 年 6 月,北外乌克兰中心成立。2017 年 5 月,北外斯拉夫国别与区域研究中心成立;7 月,北外俄罗斯研究中心、哈萨克斯坦研究中心和乌克兰研究中心在教育部备案。2019 年 1 月,北外白俄罗斯研究中心成立。这些中心的成立，又反向为"俄语＋非通用语"复语人才培养的后续发展提供了坚实的平台支撑。

(三)跨学科交叉：大连外国语大学"俄语＋区域学"联合培养[①]

一种语言与另一种语言的交叉，尚停留在语言技能的培养层面，而如何有效地让俄语专业学生跨界学习非俄语学科，是中国俄语教育界长期思考的问题。这次相对略大的跨步发生在大连外国语大学(以下简称"大外")，实现了在大文科门类下，俄语与另一学科的交叉培养。

2007 年，俄罗斯总统普京在上海合作组织(以下简称"上合组织")比什凯克元首峰会上提出倡议，成立上海合作组织大学(以下简称"上合大学")。上合大学是上合组织成员国高校间的非实体合作平台，旨在培养精通合作方语言，了解合作方文化，能够服务于上合组织成员国间多领域全方位合作的高水平人才。目前，上合大学项目院校由来自上合组织成员国的 74 所院校组成，设立 7 个专业方向，其中中国院校有 20 所，以区域学为主要合作方向的是北外和大外。"区域学课程进入我国高校俄语专业课堂的直接引领者是上合组织大学区域学方向的设立与普及。"(戴桂菊，2013：63)

2012 年，大外成为上合大学区域学项目院校，正式启动实施了"俄语＋区域学"国际化联合培养模式。学校依托上合大学中方校长办公室、俄罗斯世界基金会大连外国语大学俄语中心、教育部中俄大学生交流基地等高层次国际交流平台，推出了多个创新性联合培养项目。随着"一带一路"倡议的推进，国家对区域国别人才的培养提出了全新的要求，俄语作为该倡议沿线多个国家的通用语言或主要交际语言，在落实该倡议过程中扮演着重要角色，俄语学科亦需强化对所涉国家和区域内政治、经济、地理、民族、文化等多领域的研究，从而在区域国别研究与人才培养方面发挥更大作用。这不仅为我国俄语学科建设提供了新的使命和发展方向，也为国家在国际舞台上赢得更多支持与认可提供了战略支撑(马亮，2019)。

2013 年，大外俄语专业在全国率先招收 20 名区域学方向本科生，学生按照"2＋2"或"2＋1＋1"模式进行培养，其中"2＋2"模式的学生在毕业时获得中俄两所高校的学位证书和上合大学学习证书。硕士研究生层面的联合培养也同步进

---

① 　此部分内容主要参考大连外国语大学王钢(2020)、石雅楠和王钢(2018)的研究报告。

行。在上合大学框架下,大外与乌拉尔联邦大学、莫斯科国立语言大学、阿尔泰国立大学、别尔哥罗德国立研究大学等俄罗斯高校开展了区域学方向的硕士研究生联合培养,俄语语言文学硕士研究生在第二学年赴俄罗斯合作院校进行区域学方向的学习。2014 年,首批"1+1+1"项目硕士研究生被顺利派往上述高校,一年后圆满完成国外学习任务,获得上合大学学习证书。以乌拉尔联邦大学为例,该校为国外区域学留学生单独开设了班级和课程(见表 9.2)。

表 9.2　大外与乌拉尔联邦大学硕士研究生区域学联培项目

开课学期	课程内容
第三学期	周边区域外语(俄语)、俄罗斯周边地区对外政治、国家和地区安全问题、地区国家的社会发展
第四学期	周边区域外语(俄语)、周边区域国家的政治体系和进程、谈判过程的战略战术、多元文化:理论与实践、国际经济法

为满足学生的多样需求,该校同时设置了涉及政治、经济、社会、法律、外交与文化领域的多门选修课程,如欧洲区域组织、20 世纪中后期国际关系史、经济与金融视角下的全球安全、全球金融体系、国际一体化与国际组织等。该项目的落地实施,反哺了大外本校的硕士培养。2017 年,大外将其俄语语言文学硕士培养方案作了较大调整,明确将俄语国家区域学设立为独立研究方向,新开了区域学导论、区域学理论与方法、俄罗斯东欧中亚研究(历史与现实)、俄罗斯问题研究、区域学现实问题研究、区域民族心理与语言个性、上海合作组织区域合作研究等课程。此外,充分发挥大外与俄罗斯合作院校的科研优势,以导师科研项目合作带动俄语人才培养,设立中俄双导师制帮助学生进行区域学方向的学习,共同指导区域学方向的毕业论文撰写。由此推动了大外"俄语+区域学"师资力量的健康成长,为国内同类复合型培养模式提供了示范。

大外还积极推动"俄语+区域学"相关系列教材的编写和出版。自 2016 年起,"俄语专业社会与文化系列教材"由北京大学出版社陆续出版。2018 年起,专为共建"一带一路"国家俄语人才培养而设计的教材列入北京大学出版社"新丝路·语言"系列,目前已经出版了《俄罗斯区域概况》《哈萨克斯坦区域概况》《乌克兰区域概况》《吉尔吉斯斯坦区域概况》四种分册。

此外,大外有四个与俄语相关的国别和区域研究中心获得教育部备案,分别是俄罗斯研究中心、乌克兰研究中心、亚美尼亚研究中心和哈萨克斯坦研究中心。

这些研究中心不仅是学科发展、参与国际交流合作的重要平台,也是了解俄语国家和地区当下社会经济状况的一手渠道。不仅如此,大外还拥有共建"一带一路"国家人文交流机制协同创新中心和国家社会科学基金特别委托项目大连工作站等高层次科研基地,为"俄语＋区域学"国际化联合培养提供了强有力的支撑。

(四)跨国家联合:哈尔滨工业大学"俄语＋工科"中外三学位培养[①]

走出俄语,走出大文科,迎向理工类学科的阔步交叉培养,是对学生和教师更高层次的挑战,也是从本质上最契合国家新文科建设要求的方案。它的顺利实施,既离不开国家重大战略的部署,也需扎根于所在高校的办学传统和积淀。哈尔滨工业大学(以下简称"哈工大")的俄语专业在这方面具有突出优势。

哈工大的前身是创办于 1920 年的哈尔滨中俄工业学校,它是为当时东北地区铺设铁路而专门设立的机构,由俄国人出任校长,学校采用苏联的教学模式及方案,并以俄语作为教学语言。可以说,从它诞生之日起就携带着"俄语＋工科"和中俄合作办学的双重基因。新中国成立后,哈工大成为国内重点向苏联学习的两所样板院校之一(另一所是中国人民大学),实行五年学制、按专业教学计划培养人才的模式,并于 1952 年成立俄语教研室,以在哈尔滨居住的俄侨为主要师资力量。该教研室成为中国理工类高校中最早设立的俄语教研室之一。1986 年获批教育部"外国语言学及应用语言学"硕士学位点,1989 年俄语教研室开始招收"科技俄语"专业本科生,2005 年增设"俄语语言文学"硕士学位点,2006 年俄语教研室更名为俄语系。

科技俄语作为专门用途外语的典型代表,一直是哈工大俄语学科的培养特色。从 20 世纪 80 年代初起,俄语教研室就在机器翻译研究领域取得一系列学术成果,主持编写了《新俄汉综合科技词汇》《科技俄语语法新编》《科技俄语阅读手册》等工具书和著作,满足了当时中俄科技交流的需求。科技俄语的相关研究自然也反哺教学,成为哈工大学生培养的优势所在,哈工大也因此成为全国唯一一所系统开设"科技俄语阅读"课程的高校。该课程用俄语讲授科技知识,从第二学期开到第八学期,后由于学校整体压缩学时以及招收零起点学生等因素,课程改为四个学期,从第四学期到第七学期,每学期 30 学时,具体教学内容如表 9.3。

---

① 此部分内容主要参考哈尔滨工业大学刘颖和王利众(2015)的研究报告。

表 9.3 哈工大"科技俄语阅读"课程设置

开课学期	教学内容
第四学期	简单数词、复合数词、合成数词； 数及小数：加、减、乘、除运算； 数量关系（等于、大于、小于）； 化学元素及分子式，化学反应
第五学期	力、声、热、光知识
第六学期	电学知识
第七学期	计算机发展历史、计算机组成、计算机使用、因特网知识

长期专攻科技俄语方向的教学与研究，为哈工大的俄语专业学生培养积累了丰富的经验和资源，也为下一阶段实施跨学科双学位的培养方案奠定了坚实基础。经教育部批准，哈工大俄语专业于 2008 年、2009 年作为小语种提前批次单独考试招生，从 2010 年开始在高考提前批次招生。哈工大俄语专业文理兼招，学生入学后，按文理考生分别组班，文科班学制四年，按原俄语专业培养方案执行；理科班学制五年，实行"俄语-飞行器设计与工程"主辅修双学位培养方案。

哈工大实行的"俄语-飞行器设计与工程"复合型外语人才培养模式的重大改革与尝试，打响了全国高校"外语＋工科"双学位培养的第一枪。俄罗斯历来在该学科领域保持世界领先水平，哈工大也以该学科为自身办学优势，再加上俄语在整个东北地区深厚的教育基础，促成了这一次名副其实的强强联合，其目的就是培养精通俄语的航空航天专门人才，或具有航空航天知识背景的科技俄语专门人才。

"俄语-飞行器设计与工程"专业的学生前两年在哈工大学习俄语及飞行器设计与工程两个专业的基础课程，之后部分优秀学生通过国家留学基金委"赴俄专业人才培养计划"选派赴俄罗斯高校修读飞行器设计与工程专业课程。目前，与哈工大联合实施此培养计划的俄罗斯高校主要有两所，一是莫斯科国立鲍曼技术大学（以下简称"鲍曼大学"），二是萨马拉国立科罗廖夫航空航天大学（以下简称"萨马拉大学"）。根据哈工大与两所学校达成的合作办学协议，在规定年限内修读满需要的学分且成绩合格者可获得对方学校工学学士学位。如此，学生在五年学制修读完成后，可获得哈工大文学学士学位、工学学士辅修学位，以及俄罗斯对应高校工学学士学位。因俄罗斯两所合作高校的培养方案略有不同，哈工大与其联合培养方案分开呈现（见表 9.4 和表 9.5）。

表 9.4　哈工大与鲍曼大学联合培养方案(2 年＋3 年)

学年	在哈工大修读的课程		在鲍曼大学修读的课程
第一学年 第二学年	俄语专业课程(俄语实践、口语、听说、语法、科技俄语阅读等)(俄语讲授)	高等数学、代数与几何、计算机科学与技术、C 语言、物理、化学、工程制图、材料力学、理论力学(汉语讲授)	
第三学年 第四学年 第五学年			科技俄语、火箭发动机专业课程(俄语讲授)
学位授予	完成学士学位论文,获哈工大文学、工学双学士学位		获鲍曼大学工学学士学位

表 9.5　哈工大与萨马拉大学联合培养方案(2 年＋2 年＋1 年)

学年	在哈工大修读的课程		在萨马拉大学修读的课程
第一学年 第二学年	俄语专业课程(俄语实践、口语、听说、语法、科技俄语阅读等)(俄语讲授)	高等数学、代数与几何、计算机科学与技术、C 语言、物理、化学、工程制图、材料力学、理论力学(汉语讲授)	
第三学年 第四学年			科技俄语、火箭发动机专业课程(俄语讲授)
第五学年	俄语专业课程(俄罗斯文学、俄语写作、俄汉翻译)	自动控制理论等课程(汉语讲授)	
学位授予	完成学士学位论文,获哈工大文学、工学双学士学位		获萨马拉大学工学学士学位

由上可见,哈工大的"俄语-飞行器设计与工程"复合型外语人才培养方案是国内为数不多的"外语＋工科"交叉三学位项目,且兼具了中外联合培养的性质。学生在哈工大学习的前两年,接受了良好的基础教育,尤其是俄语语言的强化习得为其之后赴俄学习奠定了坚实可靠的基础。项目实施多年已颇见成效,为中国航空航天领域各级各类单位输送了优质人才,为国之重器的研发贡献了力量。事实充分证明,哈工大俄语专业在全国首创的跨国家联合培养模式具有先进性、可行性和示范性。以我为主,联合对象国强势学科,可以有效并在短时间内解决外

语跨理工科的交叉培养问题,这既是一条外语大跨步交叉之路,也是中外联合培养之路,它可以被续写,更可以被创新。

上述三个案例,以"俄语＋非通用语""俄语＋区域学""俄语＋工科"为代表,从外语复合外语交叉、外语与人文大类其他学科交叉、外语跨理工类交叉三个不同维度,论述了当下中国外语教育在跨界交叉、中外联合培养方面的经验和做法。当下,不同语种都在有条不紊地探索并实施着各具特色的跨学科、跨国家的交叉联合培养模式,并制定相应的教学发展规划,这是为了在全球一体化和科技革命飞速发展的今天,让外语人才更有效地参与中国式现代化建设,更有力地代表中国参与世界文明交流互鉴。

三、跨界模式的创新性及未来发展

(一)创新性

面对日益复杂的全球局势,维护地区稳定发展,捍卫本国利益,参与公平的文明对话是建设习近平新时代中国特色社会主义思想的重要组成部分,也是国家培养外语专业人才以服务国家战略需求的根本要务,而对外语专业学生进行跨学科交叉联合培养,是中国外语教育界早就达成的一致共识,是符合中国国情并经过多年实践摸索证明行之有效的方案。其主要创新性在于:

其一,全国一盘棋。充分考虑中国国内不同区域与语言对象国家或地区在经济、社会生活、民间交往传统等方面的亲疏差异,结合具体区域的外语办学传统和优势,以我为主,稳固自身教学定位,设置相应的教学规模,合理配备教学资源,凸显教学特色。这样,在国家统一的顶层设计之下,全国一盘棋,长远目标一致,具体落实时分期、分地域、分学科先行,各司其职,各展所长。

其二,一语带多面。清楚意识到单一外语人才在如今国际国内社会发展中的局限性,打破学科边界、校园边界,联合国外多所高校,立足一门外语向外部跨越辐射,与其他语言、其他人文学科乃至理工类学科强强联合,不仅对外语学科本身的建设是一个质的提升,对交叉的另一个学科建设同样也有助力,为其快速发展提供了有利时机和条件。这种模式下培养出来的学生更是直接受益人,可以更高质量地服务国家建设的不同领域,因此创造了一个多方共赢的良好局面。

其三,一语作示范。积极主动与人文学科内的其他学科以及理、工、农、医学科门类沟通交流,论证外语学科与其联动后产生的聚合效应,使"外语＋X"培养模式成为中国新文科建设中的引领者,为人文学科门类下的其他学科建设做出了示范,也为新工科、新医科、新农科建设提供了有益借鉴。

(二)未来发展

中国外语教育的跨界联合人才培养模式已经走过近二十年的实践历程,在多年的项目实施中不断改进优化,形成了外语向多个门类学科交叉、中外联合培养的系统化方案。为实现下一阶段该模式更高水平的发展,需要针对已经发现的不足之处进行有效完善,对实际尝试后认为暂不具备发展条件的交叉项目及时止损。而对于国家建设发展急需且有实操性、多方都能受益的新的交叉学科门类,可以加大开发和支持的力度。同时,还需对中国外语教育的跨界联合人才培养模式进行体系化的提炼和思考,借助理论高度丰富该模式内涵。具体来说,可以落实到:

其一,立足于提升人文修养,厚植语言能力基础。新文科建设需要创新,但文科仍是本位学科。同样,外语教育需要跨界,但外语仍是主修专业。学生对对象国语言技能的精通,对他国文化全方位的理解和尊重,始终是驱动育人全过程的基调和内在力量。

其二,优化培养方案,深化课程融合度。学生接受跨界培养过程中,不同领域、不同性质的课程如何配置、如何有效发挥作用是一个需要长期思考探索的问题,课程设计中内容、方式,甚至时间、地点不同要素间的紧密融合,是提高培养成效的重中之重。

其三,加强与合作方的有效沟通,弥合联动中的空白点。多方合作项目从协议到实操,是一个不断发现问题、解决问题的过程,多方需要及时正确地应对临时状况,才能持续修正完善既有方案,才能使之反哺整个外语学科发展,乃至其他学科的建设。

其四,组织教师培训,培育本土师资力量。目前阶段,针对现有外语教师进行跨界知识的相应补充尚有较大的实施空间。对于人文学科范畴内的知识,拓展的难度和深度可以相对较大,而对于人文学科外的知识,可以限定于基础范围内的了解。

其五,统筹系列教材的编写,更大范围内推广经验。精准契合外语跨界交叉联合培养的教材在国内种类较少,未来可以与合作院校共同开发,针对某一类跨界培养项目,设计编写系列教材,举办不同类型研讨活动,以夯实教学资源,覆盖更广泛的学生群体。

四、结　语

本章聚焦中国外语教育在面对国内国外社会需求复杂化、多元化改变时,与时俱进,积极主动思考人才培养模式的创新方向,以实现提升外语专业人才能力素质、增强其未来长远发展核心竞争力的目的,为全球范围内外语教育、外语人才培养提供跨界联合的中国式智慧方案。

教育部提出新文科建设号召,恰如一场及时雨,推动外语人才培养模式的转型迈出了更大步伐。中国高校俄语教育界上下一心,对标新文科建设的要求,以其中占据突出地位的多学科交叉融合、中外协同联动的特征要素为基本路径,形成了切实可行、成效明显的操作模式,主要分为跨语言交叉、跨学科交叉、跨国家联合三类,此三类模式并非相互排斥,而是以某一界面为主,互相配合,共同促进。

在具体落地过程中,不同高校原有的教学传统和学科优势是决定采用何种跨界模式的重要考量因素,以北外"俄语+非通用语"复语型人才培养、大外"俄语+区域学"联合培养、哈工大"俄语+工科"中外三学位培养为代表,中国外语跨界人才培养模式经过多年的实施与完善,推动了传统外语学科的迭代转型,弱化了学科分割以实现交叉融合,调整了外语学科定位以转向引领与拓展。由此,消除了21世纪以来单一外语技能在国际国内政治、经济、社会文化交往活动中适应度不足的痛点,为外语学科服务国家发展战略,适应国家经济建设需求做出了贡献,为提升学生参与不同文化交流互鉴所必备的核心竞争力指明了方向,也为国际社会其他国家遇到的相关语种招生紧缩的困境,提供了可资借鉴的中国方案。

外语学科的跨界教育,既是学科自身发展提升的自主要求,也契合国家战略规划的布局。未来,在外语教育进一步推进跨界交叉培养的过程中,需要持续有连贯性地优化学生培养方案,深化不同学科间课程的融合度;加强与合作方有效沟通,弥合联动中的空白点;有组织地开展教师培训和教材编写,培育本土师资力量,以期更大范围内推广经验。

参考文献

戴桂菊.2013.高校俄语专业的区域学课程设计与教学法探究.东北亚外语研究,(3):62-67.

黄玫.2022.服务"一带一路"建设"俄语复合非通用语"人才培养创新模式探索//戴桂菊.不忘初心,砥砺前行:北京外国语大学俄语学院80年教学研究纪念文集.北京:外语教学与研究出版社:310-316.

姬紫婷,崔迎春.2021.世界一流大学跨学科人才培养模式比较及启示.世界教育信息,(7):44-49.

刘利民.2015."一带一路"框架下的中俄人文合作与交流.中国俄语教学,(3):1-4.

刘颖,王利众.2009.理工科大学俄语专业办学模式探索:哈尔滨工业大学俄语专业办学的传统与特色.中国俄语教学,(3):80-83.

刘颖,王利众.2015.跨国跨学科复合型工程:俄语人才培养模式探索与实践.中国俄语教学,(4):84-87.

马亮.2019."一带一路"背景下俄语专业区域国别人才培养的现状、问题及建议.中国俄语教学,(1):91-96.

石雅楠,王钢.2018.俄罗斯区域学对我国俄语专业复合型人才培养的启示:以大连外国语大学和乌拉尔联邦大学硕士研究生联合培养为例.牡丹江大学学报,(2):145-147.

孙芳.2020.培养非通用语创新人才,服务"一带一路"倡议:北京外国语大学"俄语＋中亚语"专业建设探索与思考.中国俄语教学,(4):68-75.

王钢.2020.新文科视域下复合型外语人才培养态势分析:以大连外国语大学俄语＋区域学人才培养为例.东北亚外语研究,(2):74-79.

王铭玉.2017.语言文化互通是"一带一路"建设的前提.中国人大,(8):34-36.

王铭玉,张涛.2019.高校"新文科"建设:概念与行动.中国社会科学报,03-21(4).

王文礼.2024.英国培养复合型创新型人才的创新举措:联合荣誉学位的类型、优缺点和启示.外国教育研究,(1):32-46.

张天伟.2017.国家语言能力视角下的我国非通用语教育:问题与对策.外语界,(2):44-52.

赵爱国.2020.俄语学科建设对标"新文科"的几点思考.中国俄语教学,(3):24-29.

第十章　中国产学协同的外语能力培养

——以日语为例

周异夫　李文超

一、问题缘起

全球第四次工业革命的兴起正在重塑社会经济格局,对人才培养提出了新的挑战。为了应对这一挑战,中国致力于构建一套顺应时代发展的人才培养体系。在外语教育领域,加强高校与产业的合作,有助于提升学生的语言应用能力和跨文化交流素养,也有助于外语教育与社会实际需求的对接,从而为国家对外交流与经济发展提供人才支撑。

根据教育部公布的《2023 年全国教育事业发展统计公报》,中国各级各类实施外语教育的学校①约 22.39 万所,接受外语教育的学生约 2.5 亿人。② 外语教育为国家培养了了解目标语国家文化并具备外语能力和较高人文素养的人才。这些人才在国家的外交、经贸、新闻传播等多个领域发挥着重要作用,为中国的对外交流做出了贡献。然而,在成绩之外,外语教育也面临着两个值得关注的挑战。

首先,学生的语言应用能力仍显薄弱。这一现象可归因于以下因素:教学设计往往局限于语言知识的输入,受应试导向影响较大,教学过程中对教材的依赖程度过高,且多采用教师主导的授课方式,难以有效调动学生的语言输出能力。Long(1983)的"互动假说"认为,语言输入只有在互动协商中才具有最大效果,而以教师讲授为主的教学模式往往难以提供足够的语言输出机会。近年来高校积

---

① 包括义务教育阶段学校、高中教育阶段学校、高等教育阶段学校。

② 该数据由本章作者根据《2023 年全国教育事业发展统计公报》(网址:http://www.moe.gov.cn/jyb_sjzl/sjzl_fztjgb/202410/t20241024_1159002.html)整理得出。

极探索仿真教学场景的构建,并开设语言实训课程以弥补传统教学的局限,但此类仿真环境在交际真实性与互动压力方面仍与真实语境存在差距,难以有效激发学习者的语言调动能力。Swain(1985)提出的"输出假说"强调,语言输出中所产生的"语言迫切性"对于隐性知识的显性化具有重要作用,唯有置身真实交际语境,学习者方能较好地实现跨语境迁移。

其次,外语教育在人才培养目标与市场需求之间存在脱节的风险。随着人工智能与机器翻译等技术的发展,社会对传统语言技能的单一需求逐渐下降,转而更加重视复合性应用能力。中国外文局CATTI项目管理中心2022年的《国内各行业外语需求与测评研究报告》[①]指出,24.4%的用人单位对从业人员的外语能力没有要求,19.8%的用人单位认为外语水平不重要或非常不重要,相比之下,64.4%的用人单位对从业人员的专业资料阅读能力、专业口语表达能力与专业文本撰写能力有较高要求。高校作为人才培养的主要承担者,尚未使用人单位充分参与到"培养什么样的人"这一议题中,也未充分吸纳其反馈。

综上,外语教育面临两大挑战:一是学生语言应用能力亟待提升,二是人才培养目标与市场需求之间存在脱节的风险。为此,本章将在第二节简要介绍国际上相关的应对措施,在第三节聚焦中国的本土实践,系统梳理"产学合作协同育人"(以下简称"产学协同")的政策支持、教育部专项支持及典型案例。第四节归纳外语教育领域中产学协同的主要模式,第五节探讨其在政策、项目支持及实践落地层面的优化路径。通过上述分析,本章旨在为新时代的外语教育改革提供兼具国际视野与本土基础的理论参考与实践启示。

二、国际背景

在新兴技术和业态日新月异的背景下,人才需求的多样化趋势愈发凸显。为了应对这一挑战,多国政府与高等教育机构对外语人才的培养策略进行了探索,并在实践的基础上逐步构建起多元化的培养模式。通过对美国、英国、法国、德国、澳大利亚、俄罗斯和日本等国家一部分高校的观察,我们发现国外高校的外语人才培养模式涵盖了以下几个方面(资料来源参照文后的附录)。

---

① 参见:https://www.catticenter.com/uploadfiles/files/2022-09-01/edo2022090116054 24188951.pdf。

第一，支持学生实习。在全球教育体系中，实习作为连接理论与实践的桥梁，被多国视为培养学生实践能力的途径。德国和法国已将实习纳入必修课程体系。俄罗斯高校与企业合作，为学生提供实习机会。美国高校通过设立专门的实习资金支持项目，鼓励学生参与实习。例如，佐治亚州立大学全球研究学院通过海外实习项目，让学生在语言沉浸的环境中积累实际工作经验，以实现语言技能与专业素养的提升。日本高校通过政策引导与激励机制，鼓励学生参与实习。

第二，构建跨学科课程体系。随着全球化进程的加速，单一学科背景已难以满足当今国际社会对高素质复合型人才的多维需求，多国高校的外语教育探索将多学科内容融合进课程体系，致力于拓展学生的知识边界与综合能力。以日本高校的外语教育为例，其课程体系在设置上注重阶段性与层次性。在大学一、二年级阶段，学生学习涵盖文化、历史、社会、经济等内容的跨学科课程，初步建立起对目标语国家的认知框架。大三阶段，学生学习与自身语言方向相关的专业课程，并将本专业与法学、经济学、管理学、国际关系等领域跨界融合。通过跨学科训练，学生不仅能够运用外语进行专业文本的翻译与分析，还具备处理跨国法律事务、进行国际贸易谈判等实际问题的基本能力，更提升了在国际职场中的竞争优势。

第三，设置复合型专业。英国、法国、澳大利亚等国家的高等教育机构设立了众多复合型专业，旨在培养具备跨领域知识与语言能力的人才，以回应社会对多元化专业背景的日益增长的需求。例如，法国索邦大学德语—理学双学位、澳大利亚昆士兰大学外语—旅游管理双学位等。这类模式有助于学生在语言能力的基础上掌握特定领域的专业知识，提升其在多元就业市场中的竞争力。

第四，设立留学项目。多个国家在留学项目的设置上展现了不同的力度。英国、德国、法国、澳大利亚等国家的高校将留学项目纳入必修环节，强调国际视野的重要性。美国高校通过设立奖学金、助学金等资金支持机制，鼓励学生参与海外学习项目。俄罗斯与日本的高校通过加强校际合作关系，为学生搭建起赴海外交流的平台。

本节简要梳理了国外高校在外语人才培养方面的代表性做法。下一节将转向中国本土的育人实践，聚焦"产学协同"背景下的外语能力培养探索。

三、中国产学协同育人政策及实践

本节首先回顾产学协同育人政策的历史背景与发展脉络。其次，本节聚焦教育部的专项支持,具体介绍其项目申报机制,并基于立项数据,围绕以下方面展开分析:项目高校的类型分布,项目类型、语种分布、合作结构,以及全国立项数目的演进趋势。最后,本节通过具体案例,展示该模式在外语教育中的实践。

产学协同是中国教育领域倡导的一种育人模式,其核心理念与中国儒家哲学中的"格物致知"思想高度契合。"格物致知"一语,源自《礼记·大学》,其中"欲诚其意者,先致其知;致知在格物。物格而后知至,知至而后意诚"的论述揭示了教育实践中"知行合一"的精髓。产学协同育人模式,正是这一古老哲学思想在当代教育中的实践。在此模式下,"产"代表了用人单位,如企业、组织等社会经济活动的主体;"学"涵盖了学校、培训机构等教育机构,是知识传承与创新的摇篮。

在中国外语教育领域,产学协同育人具有较好基础。其一,中国拥有庞大的跨国公司群体,根据商务部公布的《中国外资统计公报 2024》①,2023 年全年中国新设外商投资企业 53766 家。在当今科技发展与国际化的背景下,对企业而言,开放式创新至关重要。这种创新方式利用外部知识资源推动业务发展,有助于解决企业研发人员不足、设备不足等问题,提升企业的创新能力和竞争力(Dutta et al.,2020)。其二,中国作为全球人口最多的国家之一,拥有广泛的外语学习者群体。根据《2023 年全国教育事业发展统计公报》,2023 年,中国的外语学习者人数达 2.5 亿人。② 其三,中国企业在全球范围内拓展业务。根据钛媒体"出海参考"③发布的 2023 年年报统计数据,约有 66.44% 的 A 股上市公司披露了海外业务收入。④ 庞大的在华跨国公司海外产业的发展与外语教育形成了良性循环:教育发展为产业提供了充足的人力资源和培训渠道,产业的全球化为学生提供了更好的职业发展机会。

(一)政策支持

在过去几十年的发展中,中国在产学协同育人方面进行了持续的探索(图10.1)。

---

① 参见:https://wzs. mofcom. gov. cn/ztxx/art/2024/art_92aefa1ab5cc46f9870133bdac 06ab1a. html。

② 该数据由本章作者根据《2023 年全国教育事业发展统计公报》(网址:http://www. moe. gov. cn/jyb_sjzl/sjzl_fztjgb/202410/t20241024_1159002. html)整理得出。

③ 参见:https://www. tmtpost. com/baidu/7098708. html。

④ 参见:https://www. tmtpost. com/baidu/7098708. html。

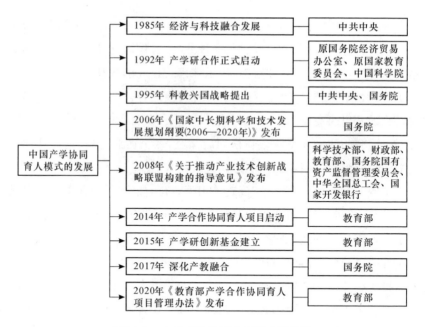

图 10.1　中国产学协同育人模式的发展

1985 年,《中共中央关于科学技术体制改革的决定》①明确提出"经济建设必须依靠科学技术、科学技术工作必须面向经济建设"的战略方针,为企业、高校和科研机构之间的合作奠定了基础。1992 年,国家经济贸易委员会、国家教育委员会、中国科学院推出产学研联合开发工程(华宏鸣,1992),标志着产学研合作的正式启动。1995 年,中共中央、国务院发布《关于加速科学技术进步的决定》②,提出实施"科教兴国"战略,把科技和教育摆在经济社会发展的重要位置,进一步强化了产学研合作的意识。2006 年,国务院发布《国家中长期科学和技术发展规划纲要(2006—2020 年)》③,明确将"产学研"合作构建技术创新体系作为建设创新型国家的突破口(林伟连、邹晓东,2010),推动了产学合作的全面深化。2008 年,科学技术部、财政部、教育部、国务院国资委、中华全国总工会、国家开发银行联合发布《关于推动产业技术创新战略联盟构建的指导意见》④,正式确立了"产学研"

---

① 参见:http://www.ce.cn/xwzx/gnsz/szyw/200706/14/t20070614_11750377.shtml。

② 参见:https://www.most.gov.cn/ztzl/jqzzcx/zzcxcxzzo/zzcxcxzz/zzcxgncxzz/200512/t200
51230_27321.html。

③ 参见:https://www.gov.cn/zhengce/zhengceku/2008-03/28/content_5296.htm。

④ 参见:https://www.most.gov.cn/xxgk/xinxifenlei/fdzdgknr/fgzc/gfxwj/gfxwj2010b
efore/201712/t20171219_136917.html。

协同联动的产业技术创新战略联盟,促进了"产学研"的深度融合与协同发展。

　　北大法宝①检索显示,从 1992 年正式启动产学研合作至 2024 年,政府相关部门,如科学技术部、工信部、国家发改委、教育部等,已累计发布了 4428 份相关政策文件,形成了自上而下的协同推进机制。 图 10.2 展示了政策发布主体的分

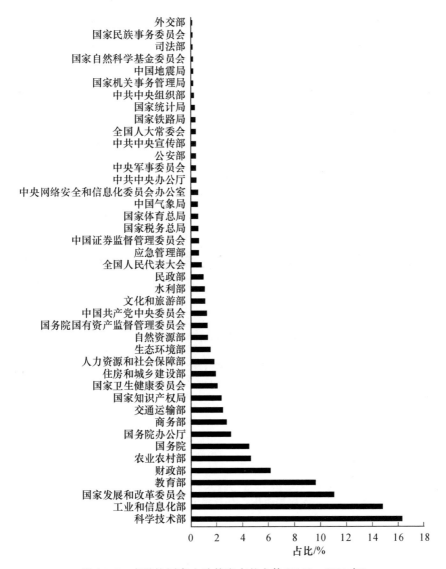

图 10.2　产学协同育人政策发布的主体(1992—2024 年)

---

　　①　参见:www.pkulaw.com。

布情况。这些部门构建了一个多层次的政策支持体系。此外，从经费投入来看，政府科技经费对高等教育的支持力度逐年增强，2001 年高等学校科技活动经费支出 165.9 亿元①，2023 年高等学校获得经费 2753.3 亿元②，为产学协同育人提供了保障。

(二)教育部专项支持

在"产学协同育人"探索中，教育部扮演着顶层设计者、政策制定者、资源协调者与质量监管者的多重角色。通过设立"产学合作协同育人"专项，教育部搭建了企业与高校协同育人的合作平台。自 2016 年起，教育部高等教育司开始组织企业公开申报合作项目，鼓励高校结合自身教学科研实际进行项目申报③，申报主体为高等学校与企业。申报分为两个阶段：由企业发起立项申请，高校根据自身需求选择项目并进行申报。2016—2023 年，企业多在每年两次集中申报时间段申报④，2024 年起改为平台支持全年滚动申报。具体流程如下：企业发起立项申请→教育部高教司组织专家评审企业申报的项目→教育部官网公示通过的企业及其项目名单(自 2024 年起，项目指南经审核后动态发布，不再另行发布征集通知)→高校教师登录"产学合作协同育人项目平台"查看并选择拟合作项目→企业在线审核并确认合作高校的申报内容→教育部进行复核并发布立项名单(自 2024 年起改为高校项目管理部门审核并备案，教育部不再公布立项结果)→高校与企业共同实施项目(周期一般为 1—2 年)→项目结题与成果验收(需提交总结报告及相关材料)。

教育部历年公示的立项数据反映了全国范围内产学协同育人立项的推进情况。由于此类项目由教育部统一管理，并需通过结题评估与成果验收，因此其数据在一定程度上可视为产学协同育人推进程度的显性指标之一。本文选取 2016—2021 年间教育部批准的 1930 项外语类产学协同育人项目作为研究样本⑤，整理并分析相

---

① 参见：https://www.stats.gov.cn/sj/tjgb/rdpcgb/qgkjjftrtjgb/202302/t20230206_1902108.html。

② 参见：https://www.stats.gov.cn/sj/zxfb/202410/t20241002_1956810.html。

③ 参见《教育部产学合作协同育人项目管理办法》：http://www.moe.gov.cn/srcsite/A08/s7056/202001/t20200120_416153.html；2024 年起的调整参见：http://www.moe.gov.cn/s78/A08/tongzhi/202406/t20240627_1138094.html。

④ 2020 年第二批产学合作协同育人申请项目纳入 2021 年立项范围，参见：http://www.moe.gov.cn/s78/A08/tongzhi/202103/t20210324_522389.html。

⑤ 教育部在外语教育领域启动的产学协同项目始于 2016 年。但自 2022 年起，教育部不再公示立项信息。因此，本文所涵盖的时间范围为 2016—2021 年，即自外语类产学协同项目启动之初至 2021 年。

关高校与企业单位信息，围绕以下几个方面展开分析：项目高校的类型分布，项目特征——项目类型、语种分布、校企合作结构，以及全国立项数目的变化趋势。

1. 项目高校的类型分布

中国高等教育体系的核心职能涵盖了人才培养（教）、科学研究（研）与服务社会（用）三大方面（顾明远，1998）。根据 2017 年发布的《教育部关于"十三五"时期高等学校设置工作的意见》[①]，我国高等教育可分为研究型、应用型与职业技能型三类。此外，教育部还提出了"双一流"建设高校的概念。[②]

根据立项数据，外语类产学协同育人项目共涉及 704 所高校，其中"双一流"建设高校与非"双一流"建设高校分别为 94 所和 610 所，项目数量分别约为 263 项和 1667 项。这表明，"双一流"建设高校在外语类产学协同育人项目中的参与度相对较低。值得注意的是，两类高校的项目均以教学内容和课程体系改革类为主（"双一流"建设高校项目约 110 项；非"双一流"建设高校项目约 590 项）。

2. 项目类型、语种分布、校企合作结构

项目类型中，教学内容与课程体系改革项目所占比例最高，约为 36.22%，其次为实践条件和实践基地建设类项目，占比约为 29.42%，师资培训项目占比约为 24.30%，"新工科""新医科""新农科""新文科"建设类项目占比约为 7.15%，创新创业教育改革与创新创业联合基金类项目合计占比约为 2.91%。

语种方面，英语类项目达 1433 项，占比逾九成。其他语种项目数量较少：日语 94 项，法语 14 项，俄语 10 项，德语 9 项，韩语 8 项，西班牙语 5 项，意大利语 1 项[③]。整体来看，外语类产学协同育人项目呈现出语种发展不均衡的态势，英语是主导语种，非英语语种在产学合作中的参与度有待提升。

合作结构可分为三类：1）高校与企业合作：如合肥学院与科大讯飞股份有限公司共建"基于 AI 技术的外语专业智慧化实践实训基地"，此类项目共 1658 项，占比 85.80%。2）高校与高校衍生企业合作：如北京外国语大学与北京外研在线数字科技有限公司共建"'外语＋思政'教育平台实践基地"，此类项目 270 项，占13.99%。3）高校与地方政府或产业园区设立的研究机构合作：如邵阳学院与邵

---

① 参见：http://www.moe.gov.cn/srcsite/A03/s181/201702/t20170217_296529.html。

② 参见：http://www.moe.gov.cn/jyb_xwfb/s5147/202202/t20220215_599500.html。

③ 本次统计以项目名称为依据，因有 356 项仅含"外语"字样，未明确具体语种，故本章在语种分布分析中不予计入。

东智能制造技术研究院共同开展"转型背景下地方高校商务英语专业实践教学模式研究",此类项目4项,占0.21%。

3.全国立项数目演进趋势

本节对外语类产学协同育人项目进行了年度统计分析。图10.3展示了2016—2021年间立项数目的演进趋势,图中三条曲线以线条深浅区分不同层级的合作模式:线条最深者表示全国范围内协同育人项目的总数,次深者代表省内合作项目,线条最浅者对应跨省合作项目。从时间维度来看,项目的发展大致可划分为以下两个阶段。起步阶段(2016—2019年):稳步推进,2018年合作项目数量略有波动;加速发展阶段(2020年起):合作项目数量显著增长,与2020年《教育部产学合作协同育人项目管理办法》①的出台相吻合,反映出政策对协同育人实践的有效推动。从空间分布看,2018年前省内合作比例较高;自2018年起,跨省合作逐步增多,表明区域壁垒正在被打破,资源跨地域流动性增强;2020年后,跨省合作持续加强,成为主导趋势。这一变化与国家在促进区域教育资源整合方面的政策支持相关,特别是2020年《教育部产学合作协同育人项目管理办法》的发布,为机制优化提供了制度保障。

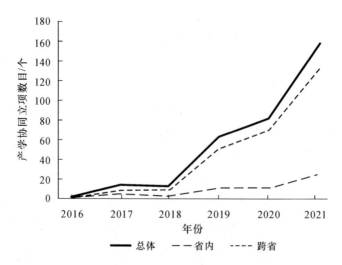

图10.3 2016—2021年外语类产学协同育人项目立项数目的演进趋势

① 参见:http://www. moe. gov. cn/srcsite/A08/s7056/202001/t20200120 _ 416153. html。

上文对产学协同育人政策中的项目立项情况进行了分析,涵盖了项目高校的类型分布,项目特征——项目类型、语种分布、校企合作结构,立项数目的演进趋势等几个方面。下文将通过具体案例,分析"产学协同"理念在外语教育中的融合实践,探讨其在服务地方经济发展与推动外语教育高阶化转型中的示范意义。

(三)协同育人实践

以大连东软信息学院的"日语＋财务＋BPO[①]"主动定制型人才培养模式为例(杜佩娟、胡英剑,2014),该实践依托金融 BPO 产业的人才需求,构建了"语言＋专业＋实践"融合的人才培养体系,实现了教育链、人才链与产业链的对接。该模式在服务地方经济发展的同时,推动高校外语教育向高阶化转型,为新时代背景下外语专业人才培养的升级提供了可借鉴的范式。

1.合作背景

大连东软信息学院地处大连软件园核心区域。区域内聚集了众多以对日业务为核心的金融 BPO 企业,如花旗银行对日后台服务中心、富达基金、日本软银等。这一产业集聚为校企协同育人提供了良好的实践土壤。学院依托区域优势,聚焦日语与财经融合型人才的培养,探索"主动定制"机制,为企业提供具备日语能力、会计素养与软件实操能力的应用型人才。同时,企业也面临着复合型人才紧缺的难题,校企合作因而具备了互补基础。

2.合作机制与培养模式

该项目以对日金融 BPO 企业需求为导向,形成校企联合、以"零培训直接上岗"为目标的主动定制型产学合作模式。

合作企业:均为日资或对日服务企业,主要位于大连软件园。

培养流程:大一至大三上学期进行"日语＋财务＋实务能力"训练;大三下学期进入企业实习。实习表现优异者可签约。

课程设置:日商簿记 3 级(学习日本会计基础,掌握日语财务专业术语,实现记账操作入门);日语写作(商务邮件与文书格式规范训练,提高日语书面表达能力);日语办公软件应用及商务礼仪;等等。

教学方式:采用理论授课与企业实训相结合方式;培训合格者 90％以上可获

---

① BPO 的全称为 business process outsourcing(业务流程外包),指金融机构将其非核心业务流程委托给第三方服务提供商进行管理和执行的一种商业模式。

得对口实习机会。

　　本节围绕中国产学协同育人政策与实践展开分析,探讨了政策支持、项目运行机制以及实践案例。在政策层面,自 1985 年以来,国家持续出台多项政策文件,为协同育人模式的构建与发展提供了制度保障与政策引导。教育部通过设立专项,推动产学协同育人项目的立项、实施与成果验收,建立了较为完善的支持体系。在实践层面,本节以大连东软信息学院的"日语＋财务＋BPO"主动定制型人才培养项目为例,介绍了产学协同育人模式在外语教育领域的实践。该项目围绕岗位实际需求定制课程体系,实现了语言能力与专业技能的双重培养。

四、中国外语教育领域的产学协同育人模式

　　在上一节对政策支持、项目机制及实践案例的梳理基础上,本节进一步总结中国外语教育领域的产学协同育人实践成果,归纳出两种主要模式:一是聚焦"教—学"环节协同的产教模式,二是面向"研—用"转化路径的产研模式(图10.4)。两者共同构成了中国特色外语协同育人体系的基本框架,分别在人才培养与知识转化层面发挥重要作用。

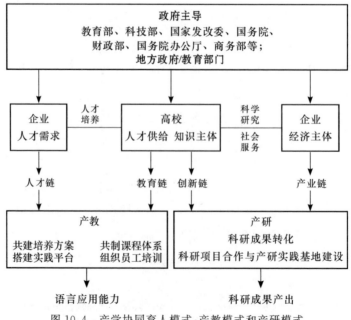

图 10.4　产学协同育人模式:产教模式和产研模式

产教模式聚焦高等教育"教"与"学"的基本职能,强调在教育链、人才链端实现人才培养供给侧与需求侧的对接,该模式致力于提高外语人才的职业胜任力,高校通过与行业、企业的合作,为学生提供实习实训平台。产研模式侧重于"研"与"用"的融合,在产业链和创新链上发挥高校科研优势。该模式鼓励外语专业学生参与多学科科研项目,推动外语测试评估工具、机器翻译技术等领域的成果转化,助力外语学科在服务国家战略与地方经济社会发展中的功能拓展。教育部作为核心调控部门,规划产学协同育人的发展方向,并通过项目管理、经费支持等方式推动实施。地方教育行政部门根据区域特色,细化措施。

1. 产教模式

产教模式通过高校与用人单位在"教"与"学"环节的协同合作,实现外语人才与市场的对接。以下是该模式中的四个核心环节。

第一,高校与企业共同制订人才培养方案。在这一环节中,基于行业发展的趋势和岗位需求,高校与用人单位共同确立外语人才培养的目标。这不仅包括语言技能的掌握,更强调职场适应能力及行业特定技能的培养。例如,青岛职业技术学院商务日语的培养方案与青岛荣光信息技术有限公司、烟台创迹软件有限公司(青岛分公司)、青岛宇森国际物流有限公司等共同制订[①];旅游日语的培养方案与青岛丽晶大酒店、青岛香格里拉大酒店等共同制订[②]。

第二,高校与企业将课程体系与工作任务融合。双方将实际工作岗位需求融入课程体系设计中。例如,通过开设如"日语与人工智能应用""数据标注"等课程,高校可以强化学生的语言基础,并融入前沿科技知识(如机器学习等)与实战技能,以培养出既精通外语又具备多领域技能,如机器翻译、开发、调优等综合技能的复合型人才。

第三,高校与企业共同培育协同师资。产教模式下的教师团队由"双师型"教师组成。教师们在校内传授知识,并通过到用人单位锻炼,更新行业知识,确保教学内容的时效性与实用性。用人单位的行业导师也参与教学。例如,山东女子学院与企业合作实施"顶岗实习"计划,企业导师参与课堂授课,实现课程内容与实

---

① 参见:http://www.qtc.edu.cn/info/1310/35885.htm。
② 参见:http://www.qtc.edu.cn/info/1310/35884.htm。

际岗位要求的对接。①

第四,高校与企业合作建设外语实践训练基地。这可以让学生在真实的职场环境中锻炼外语技能。同时,通过参与用人单位的实际工作,学生能深入了解行业规则,提升职业素养。例如,广东外语外贸大学日语专业与广州日发投资有限公司、广州日帆商贸有限公司、日航广州机场办事处等建立了校外实习基地。② 中国人民大学与人民中国杂志社共建外语教学实习基地。③ 部分高校依托境外资源,拓展学生实习与交流平台。例如,北京第二外国语学院日语学院与上海赤门教育科技有限公司合作,共建学生赴日实习实践基地。④ 运城职业技术大学与日本株式会社木兰国际交流机构合作,实施跨境护理人才培养计划。⑤ 枣庄学院日语专业与日本和歌山 YMCA 国际福祉专门学校共建海外实习基地;与日中文化艺术专门学校及千代田教育集团签署协议,推进学分互认和实习合作项目,为学生提供赴日实习与学习的机会。⑥

综上所述,产教模式通过多环节协同,为外语教育构建起一条涵盖语言运用能力、职场适应能力与行业知识素养的人才培养路径。该模式的优势体现在以下三个方面:1)直面外语教育挑战,着重提升学生的实践能力,强化与市场的对接,回应了本章第一节提出的学生语言应用能力薄弱及人才培养与市场脱节的问题;2)缩短企业培训周期;3)提升招聘精准度与效率。

2.产研模式

相较于产教模式侧重"教—学"协同,产研模式则致力于"研—用"转化,依托高校的科学研究与社会服务职能,在创新链与产业链上推动科研成果转化。产研模式主要包含以下要素。

第一,科研成果转化。在新型经济形态的背景下,企业日益重视开放式创新,希望借助外部知识资源攻克研发难关,拓展业务领域。在这一背景下,高校逐渐

---

① 参见:http://edu. shandong. gov. cn/module/download/downfile. jsp? classid＝0&filename＝a02dee24b2f34e05b8b896a67acb3ff0. pdf。

② 参见:https://ryxy. gdufs. edu. cn/xygk/xyjj. htm。

③ 参见:http://fl. ruc. edu. cn/sy/xwtz/xwdt_s/8edfb4fe7e894f68a9bf401d5c6c26af. htm。

④ 参见:https://riyu. bisu. edu. cn/#/newsDetail/6669262c60b2c61adea0dd88/WS67fd91b0cf1e7b354eaeae73。

⑤ 参见:https://jkxy. ycptu. edu. cn/info/1461/3403. htm。

⑥ 参见:http://edu. shandong. gov. cn/module/download/downfile. jsp? classid＝0&filename＝bd4684e9442845fe83ef6f2ba8fd40ac. pdf。

成为科技成果转化的起点,企业发挥着推动科研成果市场化的桥梁作用。在产研模式下,高校主要负责研发与前期试验,企业承担成果的市场推广,双方在技术与市场之间实现有效衔接。这种合作模式不仅降低了企业自主研发的时间与成本,也为高校提供了稳定的成果转化通道,推动科研资源向现实生产力转化(柳卸林、潘铁,2008)。以外语口语水平测试工具的研发为例,高校负责系统原型的设计与测试,企业负责测试平台的运营、推广与维护。双方依据合作协议约定知识产权归属与收益分配机制,企业收入的一部分反哺高校科研,推动科研的可持续发展。例如,外语教学与研究出版社(以下简称"外研社")由北京外国语大学于1979年创办。外研社与高校合作,将学术成果转化为电子书、在线课程等数字产品①,并通过全国基础外语教育研究培训中心、中国外语测评中心等机构推动理论与实践的融合创新②。

第二,科研项目合作与产研实践基地建设。高校与企业通过项目合作与基地建设,将学生纳入科研与实践环节,有助于提升其解决实际问题的能力。浙江经济职业技术学院应用英语专业与跨境电商平台企业合作开展"跨境电商平台企业文案翻译研究"项目。该项目已进行三期,累计为企业创造产值五百万元。③ 华中师范大学翻译与传播研究中心在湖北省人民政府学位委员会和湖北省教育厅支持下,设立"华中师范大学—武汉传神信息技术有限公司研究生工作站"省级实习基地,并与外研社、湖北省人民政府外事侨务办公室、上海文化贸易语言服务基地等机构建立了翻译实践基地,为学生提供了多样化、系统化的实习平台。④

在探讨外语人才培养的领域时,我们发现,国外高校与中国在策略与实践上均展现出各自的特色。国外高校倾向于采取"留学项目支持""跨学科必修或选修课程""复合型专业或双学位"及"实习模块支持"等路径,致力于培养复合型外语人才。中国在产学协同框架下所构建的外语人才培养模式,相对而言,更加突出自上而下的特征,强调政府在顶层设计、政策引导与监管中的主导作用(图10.5)。

---

① 参见:https://heep.fltrp.com/contents/17124643120006794?type=1。
② 参见:https://www.fltrp.com/gywm/。
③ 参见:https://www.tech.net.cn/upfiles/zlbg2023/qiye/zhejiang/zhejiang%20(25).pdf。
④ 参见:https://sfl.ccnu.edu.cn/info/1318/8575.htm。

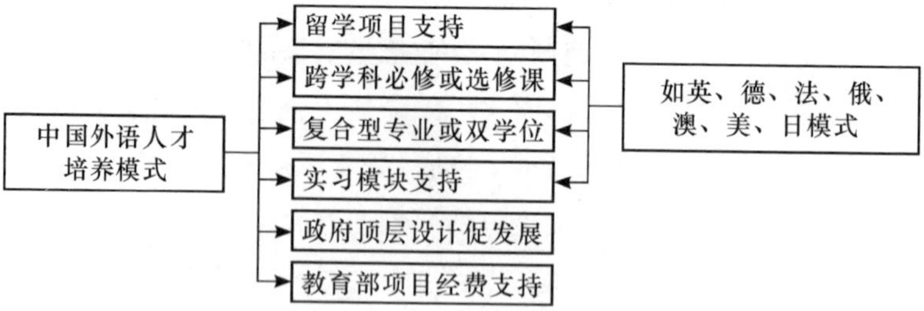

图 10.5　外语人才培养的国外模式与中国模式对比

本节在梳理中国外语教育领域产学协同育人实践成果的基础上,归纳出两种模式:产教模式和产研模式。产教模式聚焦"教—学"环节,强调高校与企业共同制订人才培养方案,融合课程体系与岗位任务,培育企业师资,建设实践基地;产研模式聚焦"研—用",侧重科研成果转化、科研项目合作及产研实践基地建设。

五、未来发展

面对人工智能、大数据与全球化的发展趋势,本节结合第三、四节的研究发现,从政策支持、教育部专项支持及实践落地三个维度,探讨外语类产学协同育人模式的未来发展路径。

其一,政策支持维度。作为国家高水平大学建设的中坚力量,"双一流"建设高校在科研能力、国际化资源、课程体系建设等方面具有优势。但目前"双一流"建设高校在外语类产学协同育人实践中占比较低,这可能削弱其在教育模式创新和复合型外语人才培养中的引领作用。为此,我们建议从政策层面予以引导:进一步发挥"双一流"建设高校在产学协同育人中的示范带动效应。例如,可探索设立"国家级产学协同育人示范高校"评选机制,支持在协同育人模式中表现突出的高校。

其二,项目支持维度。基于本章第三节对外语类产学协同育人项目的量化分析结果,可以判断,目前我国在项目类型、语种分布等方面仍存在一定的结构性不均衡。在项目类型方面,"教学内容与课程体系改革"项目所占比例最高,其次为"实践条件建设"和"师资培训"相关项目。而聚焦"新工科""新医科""新农科""新文科"等方向的项目整体占比不足 6%,创新创业类项目与校外实践基地建设项目也相对较少。这一格局一定程度上反映出产学协同育人项目以教学改革为核心,跨学科融合与应用导向项目有待进一步拓展。从语种分布看,协同育人项目集中于英语,其他语种的覆盖面较窄,呈现出单一化趋势。在国家对外开放战略持续推进、多语种复合型人才需求日益增长的背景下,这一结构或将对外语教育的服务能力与响应力构成挑战。从高校与行业合作的角度来看,与外交、国际贸易、文化机构等领域的用人单位建立常态化对接机制,有助于拓宽非英语语种项目的发展空间。同时,若能借助驻华外企、国际教育机构,以及"一带一路"沿线国家的合作资源,进一步丰富语种实践,也将为产学协同育人注入新的活力。

其三,实践落地维度。需要进一步强化实施过程和结题成果的信息公开与透明度,加强项目执行的可追踪性和可评估性,确保项目真正落地见效。同时,需要注重成果的推广,通过经验交流会等形式,促进局部探索向系统经验的转化。

六、结　语

教育与产业作为社会发展的两大支柱,协同支撑着国家的人才培养与技术进步。[①] 随着第四次工业革命的推进,人工智能等新兴技术不断重塑产业生态,传统教育中"理论—实践"线性过渡的模式已难以满足新时代的人才需求,需建立理论与应用并重的育人机制。中国外语教育界积极探索出一种契合国家治理体系与高校运作逻辑的本土化路径——产学协同育人模式。

本章围绕外语教育所面临的两个核心挑战展开分析,即学生语言应用能力相对薄弱,以及人才培养目标与市场需求之间存在脱节的风险。在此基础上,本章梳理了中国在产学协同育人方面的政策支持、项目机制与实践案例,归纳出两类主要协同模式:一类是聚焦"教—学"协同的"产教模式",另一类是强调"研—用"对接的"产研模式"。

外语产学协同育人已取得一定成效,但在政策细化、项目体系优化和实践路径深化等方面,仍存在进一步提升的空间。未来可进一步提升"双一流"建设高校的参与度,推动跨学科融合,构建多部门协同的反馈与评估机制。作为提升外语人才培养质量、服务国家战略与地方经济发展的重要抓手,产学协同育人不仅具有现实意义,也为构建中国特色高等教育体系提供了可借鉴的范式。

---

① 参见:https://unesdoc. unesco. org/ark:/48223/pf0000143004_chi。

参考文献

杜佩娟,胡英剑. 2014. 浅谈金融 BPO 产学合作中高校课程设置：以大连东软信息学院主动定制的日语财务 BPO 产学合作项目为例. 科技创新导报,(11):149.

顾明远. 1998. 教育大辞典. 上海:上海教育出版社.

华宏鸣. 1992. 我国组织"产学研联合开发工程". 研究与发展管理,(3):3.

林伟连,邹晓东. 2010. 我国产学研合作转型升级趋势分析. 教育发展研究,(17):74-77.

柳卸林,潘铁. 2008. 构建以企业为主体的产学研合作模式. 中国科技产业,(6):54-59.

Dutta, S., Lanvin, B., Wunsch-Vincent, S. (eds). 2020. Global innovation index 2020：Who will finance innovation? 13th ed. Retrieved February 7, 2024, from https://www. wipo. int/edocs/pubdocs/en/wipo_pub_gii_2020. pdf.

Long, M. H. 1983. Native speaker/non-native speaker conversation and the negotiation of comprehensible input. *Applied Linguistics*, 4(2):126-141.

Swain, M. 1985. Communicative competence：Some roles of comprehensible input and comprehensible output in its development. In Gass, S. & Madden, C. (eds.). *Input in Second Language Acquisition*, Rowley, MA：Newbury House, 235-253.

附录：国外高校外语人才培养数据来源

巴黎第三大学

> http://www. univ-paris3. fr/licence-langues-etrangeres-appliquees-lea-247674. kjsp? RH＝1179926084097

柏林自由大学

> https://www. geschkult. fu-berlin. de/e/oas/japanologie/studium/auslandsaufenthalt/index. html

东京外国语大学

> https://www. tufs. ac. jp/education/lc/

哈佛大学

> https://eas. fas. harvard. edu/study-abroad
>
> https://german. fas. harvard. edu/fields-concentration＃widget-0

海德堡大学

　　https://www. uni-heidelberg. de/en/study/all-subjects/computational-linguistics

剑桥大学

　　https://www. undergraduate. study. cam. ac. uk/courses/modern-medieval-languages-ba-hons

京都大学

　　https://www. bun. kyoto-u. ac. jp/study-abroad/go-abroad/

京都外国语大学

　　https://www. kufs. ac. jp/career/internship. html

昆士兰大学

　　https://study. uq. edu. au/study-options/programs/bachelor-international-studies-2316？ student
　　Type＝international

　　https://study. uq. edu. au/study-options/programs/bachelor-arts-2000/chinese-chinec2000

　　https://my. uq. edu. au/programs-courses/requirements/program/2474/2025

伦敦大学学院

　　https://www. ucl. ac. uk/prospective-students/undergraduate/degrees/language-and-culture-
　　ba♯tab1-alevel

曼彻斯特大学

　　https://www. manchester. ac. uk/study/undergraduate/courses/2025/？ k＝language

莫斯科国立大学

　　https://msu. ru/ch/faculties/fflrs. php

慕尼黑大学

　　https://www. lmu. de/de/studium/studienangebot/alle-studienfaecher-und-studiengaenge/
　　japanologie-bachelor-hauptfach-2923. html

圣彼得堡国立大学

　　https://chinese. spbu. ru/admission/programms/undergraduate/german

　　https://english. spbu. ru/admission/programms/undergraduate/applied-computer-and-comp
　　utational-linguistics-english

　　https://chinese. spbu. ru/admission/programms/undergraduate/general-and-applied-phonetics

斯坦福大学

　　https://ealc. stanford. edu/academics/undergraduate-program-overview

索邦大学

　　https://formations-lettres. sorbonne-universite. fr/fr/index/licence-XA/arts-lettres-langues-
　　ALL/licence-llcer-russe-LLLCR1L_610. html

　　https://formations-lettres. sorbonne-universite. fr/fr/index/double-licence-XD/arts-lettres-

langues-ALL/double-licence-llcer-allemand-sciences-avec-la-faculte-des-sciences-et-ingenierie-
LLLCE1L_663. html
https://formations-lettres. sorbonne-universite. fr/fr/index/licence-XA/arts-lettres-langues-
ALL/licence-langues-etrangeres-appliquees-LLEAP1L_601. html

第十一章　博雅教育理念下的中国外语教育
——以法语为例

曹德明　张　芳　樊艳梅

一、问题缘起

　　随着机器翻译和自然语言处理技术的不断进步,外语教育受到了一定冲击。业内外不少人认为,一些传统的翻译和其他语言处理工作可能会被人工智能取代,外语专业的发展会受到影响,因而开始质疑外语教育的必要性。人工智能确实深刻地改变着人们的生产、生活和学习方式,但我们应该认识到,外语教育不仅仅要培养学生的翻译能力和其他语言处理技能,还要使他们掌握语言背后的文化、历史、社会等多方面知识,提高他们的人文素养。语言是跨文化交流的桥梁,外语教育是促成文化交流的重要环节。外语教育既要注重语言能力和跨文化能力的培养,也要致力于世界观、价值观的塑造和人文素养的提升。外语学习不应该以掌握翻译技术为主要目标,而应该在学习过程中充分考虑"人类文化的特殊性、交流情感的微妙性、翻译语境的差异化等人的内在尺度"(蒋洪新,2019)。因此,"博雅教育"可以,也应当成为外语教育的重要组成部分。

　　"博雅教育"在文献中出现多为英文 liberal education 或 liberal arts education 的中文翻译,"首先由亚里斯多德提出,其核心概念是自由,其目的是培养个体自身发展的素质……博雅教育基于一种大知识观的教育理念,旨在专业教育与人文教育之间找到平衡点"(魏善春,2009:69)。1926 年,吴宓先生为清华大学撰写《外国语文学系概况》,其中外语人才培养的第一目标就是培养"博雅之士",这可以被看作博雅教育理念在中国现代外语教育中的首次实践。"'博雅'教育不仅是办学的宗旨,而且也是一种风格,一种思想,一种体系。知识唯其广博,学问才能精深;抱负唯其远大,志趣才能高雅;学术思想非精深博大,教育不能培养出高洁博雅之通儒。"(陈建中、蔡恒,1997:256)在博雅教育理念的指导下,清华大学培养了季羡林、钱锺书、曹禺等学贯中西的大师,以及以李健吾、许渊冲、何兆武、卞之琳等为代表的一大批优秀外语人才。外语学科的学习和研究基础是语言,语言背后承载的是一个民族的文化、价值观和思维方式,语言教学不能忘记其本身的人文属性。因此中国外语教育致力于实践博雅教育理念,着力培养兼具语言能力、文化底蕴、综合素养的外语人才。

中国的法语教学可以追溯到 19 世纪末 20 世纪初,从 1850 年创立的徐汇公学开始,距今已有 170 多年的历史。随着中法两国交往的增加和文化交流的加强,法语作为一门外语开始在中国逐渐被重视和教授。时至今日,中国法语教学已经建立起独立的学科体系,目前全国开设法语专业的高校有 170 所左右,教师1300 多名,规模大,发展快,法语教育是中国外语教育中至关重要的组成部分。我国的法语教学不仅仅是一个教授语言知识的过程,更是深刻体现博雅教育理念的一种教育实践。法国因其在文学、历史、哲学、艺术等多个领域拥有深厚而丰富的文化底蕴而闻名于世,因此法语教学课程设计充分融入了博雅教育的精髓,使学生在学习法语的同时,能够深入了解法国乃至整个法语世界的文化背景和思想脉络。本章将以中国的法语教学为例,着重讨论博雅教育理念下的中国外语教育,及其对人工智能时代挑战的应对。

二、博雅教育及其在中国外语教育中的实施

(一)博雅教育与中华文化渊源

博雅教育是一种历史悠久的教育理念,其教育精神在古今中外一直得到传承和发展。在古希腊时期,博雅教育的理念适用于自由人即公民的教育,其目的是培养具有广博知识和优雅气质的人,使学生能够超越庸俗,追求卓越。博雅教育以提供全面的教育为核心,涵盖了各个领域的知识。学生接受广泛的学科训练,包括文学、哲学、数学、自然科学和体育等。通过这种综合性的教育,学生能够获得全面的知识和技能,具备批判性思维和创造性解决问题的能力。博雅教育还注重培养学生的优雅气质和道德品质,教导学生如何表达自己的思想和情感,如何与他人进行良好的交流与合作,也鼓励他们追求美和真理,提升审美能力和道德观念。通过博雅教育,学生能够提高独立思考和批判性思维能力。他们能够学会

怀疑和质疑,不盲从于传统观念和权威,并且能够独立思考问题,寻找创新的解决方案。

尽管在多数情况下,当提及博雅教育时,人们往往会将其视为源自西方的教育理念,认为它完全是西方文化的产物,但实际上,我国儒家文化中的君子观,同样融合了深厚的博雅教育精神(陈来,2005)。儒家思想,以其独特的文化背景和历史传承,强调个人品德的全面发展和知识的广泛汲取,这与博雅教育追求的全人教育理念不谋而合。儒家的君子观不仅仅关注道德修养和个人德行的提升,还鼓励学习者广泛涉猎各类知识,以达到内在素质和外在能力的和谐统一。这种对知识全面性和个人全面发展的重视,与博雅教育的核心目标相吻合,展现了我国传统文化对于教育的独到见解和深远影响。

《论语·为政》提出了教育的目的:"子曰:'君子不器。'"这句话表达了儒家的教育理念和目标。儒家认为,君子应该具备广博的知识,而不仅仅像器皿一样只有一定的用途。这意味着君子应该追求全面的教育,而不是只关注特定领域的知识和技能,要有广泛的学识和良好的修养。在中国古代人文精神中,"雅"与"博"是一种人生境界。"'雅',即向内修养身心,实现奉献社会的人生价值,依靠健康和谐的身心、儒雅自尊的品格来具体展现;'博',即向外不断拓展,追求天人合一的人生境界,依靠求真务实的精神、勤恳好学的品格来实现。"(申国昌,2016:11)儒家博雅教育的核心目标是培养君子的人格。君子应该通过修身养性、学习道德来提升自己的品德和修养。这种修身养性的过程被视为最重要的,因为只有通过修身,君子才能真正成为一个有道德修养的人。儒家强调,君子应该以修德学道为最重要的任务,通过学习和实践来提升自己的道德水平。

由此可见,无论在东方还是西方,博雅教育都强调通过广泛的知识学习和自由的教育来培养全面发展的个人。这种教育理念注重培养学生的思维能力、审美能力、社会责任感等方面的素质,而不仅仅是传授专业知识。在当今社会,随着经济的发展和科技的进步,社会对人才的需求也在不断变化,博雅教育理念在高等教育领域逐渐受到关注和推广。

(二)新时期外语博雅教育的目标和实施路径

2018年,教育部发布了《普通高等学校本科专业类教学质量国家标准(外国语言文学类)》(以下简称"《国标》"),在培养规格中对外语专业学生的素质、知识和能力的培养做出如下要求:1)素质要求:外语类专业学生应具有正确的世界观、人生观和价值观,良好的道德素质,中国情怀与国际视野,社会责任感,人文与科学素养,合作精神,创新精神以及学科基本素养。2)知识要求:外语类专业学生应掌握外国语言知识、外国文学知识、区域国别知识,熟悉中国语言文化知识,了解相关专业知识以及人文社会科学与自然科学基础知识,形成跨学科知识结构,体现专业特色。3)能力要求:外语类专业学生应具备外语运用能力、文学赏析能力、跨文化能力、思辨能力、一定的研究能力、创新能力、信息技术应用能力、自主学习能力和实践能力。①

《国标》中的这些要求就是中国外语教育的培养目标,其中对学生素质、知识、能力的多元要求与博雅教育的理念高度契合。《国标》中的知识要求体现的正是博雅教育中"博"的理想,通过对涵盖与语言相关的学科以及跨学科领域的知识结构的塑造致力于达到知识渊博、学问精深的境界。《国标》中的素质和能力要求则体现了"雅",侧重学生三观的塑造和素养提升,从而在广博知识基础上达到志趣高雅与学问创新的思想境界。

为了贯彻落实《国标》各项原则和规定,教育部高等学校外国语言文学类专业教学指导委员会于2020年春出版了涉及英语类三个专业(英语、翻译、商务英语)和俄语、德语、法语、西班牙语、阿拉伯语、日语、非通用语七个专业的教学指南。根据最新修订的《普通高等学校本科法语专业教学指南》(以下简称"法语《指南》")的要求,法语专业"旨在培养具有良好的综合素质、扎实的法语基本功和专业知识与能力,掌握相关专业知识,适应我国对外交流、国家与地方经济社会发展、各类涉外行业、法语教育与学术研究需要的法语专业人才和复合型法语人才"(教育部高等学校外国语言文学类专业教学指导委员会,2022:60)。此外,法语《指南》依据《国标》的指导,针对法语专业学生的素质、知识和能力提出了具体要求,在这些要求中,主要体现了外语能力和人文素养的融合共生。由此可见,法语专业的学生不仅要具备语法、词汇、听说读写能力等方面扎实的语言基本功,还应当具有法语文学、法语语言学、翻译、跨文化交际等方面的知识和技能,更必须具备包括批判性思维、团队合作能力等在内的全面的综合素质。

法语《指南》提出了法语专业课程设置的原则。课程需要兼顾通识教育和专业教育,"突出能力培养和专业知识建构,特别应突出跨文化能力、思辨能力和创

---

① 参见:https://jxzlglc. syist. edu. cn/uploads/file/20240402/20240402153544-2228. pdf。

新能力培养"(教育部高等学校外国语言文学类专业教学指导委员会,2022:141)。从课程设置的总体要求可以看出,学生通过本科阶段的学习,能够打下扎实的语言基础,积累丰富的知识,还具有思辨能力和创新能力,能够将语言知识与个人的思考相结合,从而产生出独特而有深度的学问成果,这些都与博雅教育理念高度契合。

在课程结构方面,法语《指南》对具体课程的设置和安排做出了指导:"课程体系包括公共基础类课程、专业核心课程、专业方向课程、实践教学环节和毕业论文。"(教育部高等学校外国语言文学类专业教学指导委员会,2022:61)公共基础类课程包括公共必修课程和通识选修课程。通识选修课充分体现了博雅教育的宗旨,这些课程为学生提供了更多的选择和自由度。通识选修课程旨在培养学生的综合能力和跨学科思维,帮助他们发展批判性思维、问题解决能力和创新能力。专业类课程是法语博雅教育的重要支点。专业核心课程包括法语技能课程和专业知识课程,教学目标是在基础的学习阶段,夯实学生语言能力,同时培养学生的法语阅读习惯和人文素养。专业方向课程旨在引导学生依据自己的兴趣,向语言学、文学、翻译学、国别与区域研究、跨文化交际等方向精进学习。学生通过专业课程的学习,在掌握语言技能的同时,可以获得与语言相关的文学、文化、历史以及跨学科领域的知识,并在学习中培养科研意识和学术创新能力。

由此可见,法语《指南》强调多维度人才培养,充分回应了外语博雅教育的要求。法语《指南》对专业发展和人才培养具有指向性的作用,中国法语的教学实践则是全面践行了博雅教育这一理念。

三、中国法语教学中的博雅教育

中国外语教育传统的博雅理念源自吴宓先生1926年为清华大学撰写的《外国语文学系概况》,根本特征是以文学教育为核心,培养学生学贯中西文化的能力。"博雅之士"必须熟读西方文学名著,精通东西方思想,融通并传播东西方文化,革新中国文学。中国的法语教育秉持传统的博雅教育理念,将文学教育贯穿于语言课程的方方面面,提高学生的文学趣味,熏陶学生的品德。在此基础上,注重文史哲贯通,全面提高学生的人文素养,夯实学生的学术研究能力。此外,通过与法国艺术相关的美育课程培养学生高雅的品位。这种教学理念旨在全面提升学习者的素质,培养兼具深厚人文底蕴和开阔国际视野的外语人才。

（一）以文学教育为核心

文学教育是学习语言的重要路径之一，也是博雅教育最重要的一个组成部分，对学生广博知识的积累和良好品行的养成有着重要作用。吴宓曾在《公民教育与文学：文学之功用》一文中归纳出文学在涵养心性、培植道德、通晓人情、谙悉世事、增长爱国心等方面的作用，提出文学教育甚至能够"造成大同世界"，"促进真正文明"（吴宓，1993）。从个体发展到社会发展，文学教育的作用可见一斑。中国高校的法语专业在很大程度上继承了这一传统，以文学教育为核心，推动学生语言、文化、道德、品行的全面发展。

法语专业在课程建设上积极致力于提升文学课程的广度和深度。一方面，不少高校的法语专业都要求学生对中西方整体文学有一定的了解，开设了诸如"世界文学""外国文学史""西方文学""中外文学比较"等学科基础课程，这有利于学生积累较为广博的世界文学知识，从而更好地学习法国文学。另一方面，法语专业都将法国文学史或类似课程设为专业必修课，并设置了主题更加清晰、内容更加细致的专业文学选修课，如文学断代史、类型文学、文学作品选读、文学理论。这些文学课程较为全面地覆盖了文学的方方面面，在让学生学习语言之外，更加注重他们对文学作品的思想体悟以及文学作品对学生的美育感化，旨在实现知识积累、人格塑造、文化熏陶和精神修养提升。

21世纪以来，法语专业文学课程的设置趋向于突破单纯的法国文学，向全球法语国家与地区的法语文学扩展，并将人文科学与社会科学紧密结合，与法语国家与地区的研究形成一种呼应关系。例如，北京外国语大学开设了"法语文学选读""法语国家文学"课程，南京大学开设了"当代法语文学""法语文学经典"课程，这些课程主要集中于非洲文学以及加拿大魁北克地区的文学，有助于拓展学生的文学视野，帮助他们更深入地了解法语国家和地区的社会、历史和文化，形成扎实而广博的知识基础。

以博雅为核心的外语教育不仅注重学习外国语言文化，而且注重学习中国语言文化，注重中外文明的交流与互鉴。例如，复旦大学法语系要求学生必须修读"中国文学经典"和"中国古代文明"这两门大类基础课程，以完善对中国文学与文化的理解。一些法语专业内部设有中法文学、文化比较课程，例如，南京大学法语系的"中法文学交流""中法文化比较"，复旦大学法语系的"中法文学关系""中法文化比较"，充分体现了学贯中西的博雅理念。这有助于提升学生的中文素养，完善思想品格,增强思辨能力,树立正确的文化观、世界观和价值观,更好地弘扬中国的优秀文化,推动中法文化交流。

除了专门的文学课之外,法语专业其他课程,如基础法语课、笔译课、阅读与写作课等,也都或多或少地嵌入了文学内容,从而真正实现以文学为核心的外语教育。以基础法语课为例,从大学二年级开始,文学作品在教材中所占比重越来越大。例如,普通高等教育"十一五"国家级规划教材《法语综合教程·第3册》(黄晓玲,2023)有28篇课文,主题多样,其中有5篇为文学作品选段。而《法语综合教程·第4册》(朱晔,2023)28篇课文中有12篇为文学作品选段——数量几乎占所有课文的一半。这些文学作品选段具有多样化特点,既有古典时期的作品,也有当代的作品,既有法国本土作家的作品,又有其他法语国家作家的作品,既包括小说、戏剧,又包括诗歌、散文。此外,每一课的补充阅读材料也包含风格多样的法语文学作品选段。这些文学素材不仅有利于学生更好地学习语言,尤其是规范而优雅的书面语,还能够提升学生的文学品位与审美能力,使其深入理解法国与法语地区不同时代、不同地域的文化,为国际传播与文化交流打下良好的基础。

文学翻译教学也是提高学生文学素养的一种重要手段。综观各种法语笔译教材,大部分都以文学语篇为主,如"新世纪高等学校法语专业本科生系列教材"之《法汉翻译教程》、"普通高等教育'十一五'国家级规划教材"之《法汉翻译新教程》《法国文学经典汉译评析》等等。文学语言最丰富、最生动,文学翻译对于提高学生整体翻译能力具有重要的作用,并且文学作品本身对于学生人文素养和审美趣味的提升具有关键作用。近年来,南京大学法语系培养了一大批翻译人才,学生翻译、出版了大量的法语文学与哲学社科作品,多位译者获得傅雷出版翻译奖(刘云虹,2023),这些成果与其博雅教育的实践方式密不可分。一方面,南京大学法语系设置了大量与文学、文化相关的本科课程,如学科基础课程"外国文化通论""中外文学比较与文化交流",专业选修课程"法国文学史""法国当代文学""法国文学经典"等,帮助学生累积广泛的文学与文化知识。另一方面,笔译课以文学翻译为主导,尤其注重学生"为其译作撰写书评、对原著与原作者进行研究、对自己的翻译进行评价、对原著的不同译本进行比较等方面的能力"(施雪莹、刘云虹,2021:55)。文学翻译与文学评论、论文写作相结合,极大地提高了学生的综合素养。

文学是一国文化的精华,文学翻译对于中国文化走出去具有至关重要的作

用。在著名法语文学翻译家许钧教授的推动下,浙江大学于 2017 年 12 月成立了
"浙江大学中华译学馆"。作为集学术研究、翻译教育与文化交流为一体的国际性
学术机构,译学馆尤其重视中国文学对外译介与传播的研究,先后推出了"中华翻
译研究文库"和"中华翻译家代表性译文库","引领中华文化的译介工作,从深层
次上展示文化、影响世界"(许钧,2020)。译学馆推出的系列活动和讲座涉及文
学、社会、历史、文化等各个方面,有助于全面提高学生的文化素养和实践能力,助
推中国文化的对外译介与传播。在译学馆的引领之下,浙江大学法语专业开设的
"法语笔译理论与实践"课程以文学翻译为核心,重视学生文学阅读与理解的能力
以及各种文化知识的积累。在老师的指导下,以本科生为主导的翻译团队完成了
《神奇动物有话说(全 10 册)》的翻译,该套图书于 2024 年 5 月由安徽文艺出版社
出版。此外,不少学生通过文学翻译实践走向了文学研究或翻译研究,通过大学
生科研创新训练计划撰写相关论文并公开发表,实现从语言学习到学术研究的
蜕变。

各高校法语专业不仅重视提升文学鉴赏能力,而且通过各种举措积极培养学
生文本分析、文学批评甚至是理论建构的能力。首先,通过多元化的写作课程提
升学生的文学研究能力。一些学校在中级法语教学阶段设置了至少两个学期的
法语写作课,课程中有不少文学作品评论的写作训练。大部分学校在高年级学习
阶段设置了学术写作课程,其中包括大量文学论文写作训练,从而更系统地提高
学生的学术写作能力。其次,依托读书会、大学生科研创新训练计划等,积极引导
学生就相关学术问题展开研究,这一过程可以有效调动学生的知识储备,使其通
过搜集资料、阅读文献、撰写论文真正提高学术能力。

以华东师范大学法语系为例,它与上海法语联盟联合组织了法语文学读书
会,要求学生阅读经典法语文学原作,定期围绕一部作品进行详细的解读,包括创
作的背景、作品的风格、作家的思想等等,这有助于学生全面提高文学阅读、理解
与批评能力。此外,华东师范大学法语系还以研究生及法语文学爱好者为主体,
围绕一年一度的法国"龚古尔文学奖"入围作品开展主题读书会,多措并举,极大
地提升了学生的文学素养和文学研究能力。华东师范大学法语系 2018 级奚麟睿
同学以国家级大学生创新训练计划项目为基础撰写的论文《布朗肖〈黑暗托马〉中
的"共通体"分析》被 CSSCI 期刊《当代外国文学》录用(2020 年的第 1 期),实现了
法语系本科生 C 刊发文"零"的突破,这与华东师范大学法语系对学生文学与文化
素养的重视不无关系。

国内法语专业对文学教育的重视与中法两国丰富而深入的文化交流活动有着密切关系。法国驻华大使馆于 2018 年设立了"龚古尔文学奖中国评选",中国成为全球第 12 个、亚洲首个设立龚古尔奖评选的国家。"龚古尔文学奖"是法国最权威的文学奖,设立于 1903 年,每年颁奖一次。1987 年,法国又设立了"龚古尔中学生奖",旨在鼓励年轻人热爱文学、热爱阅读。除法国本土的评选外,"龚古尔文学奖"重视与世界其他国家读者的联系,尤其是和青年学生之间的互动。"龚古尔文学奖中国评选"评委会由中国高校法语专业的资深文学专家和就读于中国各高校法语专业的硕士研究生和博士研究生共同组成,他们以文学读书会的形式对入围作品进行研读,参与文学奖的最终评审。各高校以"龚古尔文学奖"的评选为契机,积极组织学生进行文学阅读和研讨,深化文学教育的内涵,提升学生文学素养和审美能力,实现博雅教育的目的。

(二)以史哲为延伸

文史哲融会贯通是传统博雅教育的重要理念,是提高学生人文素养、拓宽其学术视野、深化其思想维度的重要方式。在外语教育中,"以中西文史哲经典著作为主要教学内容,以助受教育者建立完整的知识架构,厚植其人文底蕴,提升其思想境界,在扎实的中西语言基础之上,培养其会通、思辨、适应和创新的能力"(吴自选、黄忠廉,2014:44)。学习历史有助于学生形成正确的历史观,以发展的目光看待世界;学习哲学有助于学生提高思辨能力和分析能力,以更加丰富、深刻的视角认识社会。因此,中国法语专业重视人文学科的融通培养,尤其是历史和哲学两个方向。大部分学校的法语专业设置了"法国历史""法国历史专题""法国上古中世纪史""法国近现代史""法国历史与文化"等课程,帮助学生积累一定的历史知识和社会文化知识。此外,不少高校要求学生修读哲学方面的通识课。例如,北京大学十分重视本科生的哲学素养,要求学生必须修读一定的人文学部课程,包括"哲学导论""中国哲学""西方哲学"等。文史哲贯通使法语专业教育不再局限于语言,而是把中法甚或中西方文学、历史和哲学作为一个整体,有助于学生全面理解中西方文化,积淀深厚的人文素养,从学习语言向理解文化、锤炼思想迈进。

浙江大学法语专业重视文史哲贯通的培养方式。由许钧教授领衔的浙江大学"法德文学与思想研究平台"由浙江大学法语语言文化研究所、浙江大学德国文化研究所、浙江大学历史学院世界历史研究所、浙江大学哲学学院外国哲学研究所合作建设,平台聚焦以法国和德国为代表的欧陆文学、历史、哲学和文化研究,推进具有国际影响力的学术研究与学术出版,促进文史哲学科教育与科学研究的结合。以这一平台为基础,浙江大学法语专业积极践行文史哲贯通的培养方式。在本科生培养方案中纳入"20世纪法国知识分子""法国史""世界文明史""世界古代中世纪史"等史学课程,在研究生培养方案中开设"法国哲学""西方思想史""语言哲学"等课程。此外,法语专业建立了本科生科研训练双导师制度,跨学院组建学生科研团队。近年来,法语专业学生多项与历史相关的课题入选大学生科研创新训练计划,例如"对工业革命社会弊病的乌托邦式回应——第一轮科技革命下对法国空想社会主义的再探索""法国大革命中的妇女与食物骚动"等。2020级陈仕锟同学撰写的历史主题论文《〈伪图宾编年史〉与十二世纪教会作家的基督教思想》在第四届全国法语专业本科生学术论坛中获得区域国别分论坛二等奖。由此可见,浙江大学法语专业文史哲贯通的培养方式有利于开阔学生的学术视野,提高学生的研究能力。

复旦大学法语系就文史哲贯通的培养模式进行了有效的国际合作。2014年9月,"复旦大学-巴黎高师人文硕士班"项目成功设立,旨在从文史哲各个方面全面提高学生的人文素养,培养高水平的人文学科研究人才。虽然是硕士班,但是相关系列讲座也对本科生开放,并且法语系四年级学生经推荐免试被录取为复旦大学硕士生后可以直接开始修读相关课程。这一人文合作项目开设的研讨课除了文学课程之外包含大量与历史、哲学相关的课程。例如,历史研讨课的主题包括:"古希腊城邦的形成""法国与非洲的关系""法国的移民史研究"等等。哲学研讨课的主题包括:"康德论审美判断""启蒙运动时期及欧洲宗教历史中的启示与理性""斯宾诺莎哲学导论""伯格森三讲""尼采系列讲座""美国实用主义思潮导论"等等。这些课程均由巴黎高师教授以法语进行授课,涉及各个时期西方历史学与哲学领域的重要人物、重要事件、重要主题,同时与中文的文史哲课程形成一种比较的视野,有助于学生广泛积累人文知识,深度融合中西方思想,成为具有开阔的国际视野和持久的学术竞争力的学术储备力量。

(三)以艺术为补充

美育是博雅教育的重要组成部分。除了文学教育,艺术教育也是提高学生审美与品位的重要途径。以法语为例,为呼应国家的"美育"政策,不少高校根据法国文化的特点设置了与艺术相关的专业必修课或者选修课,增进学生对法国艺术的理解,提高学生的审美能力,这在中国外语教育中可谓独树一帜。这些课程主题丰富、内容广博,兼具知识性、趣味性。具体而言,一方面,这些课程注重对法国整个艺术史的宏观把握,如"法国艺术专题"(厦门大学)、"法国艺术漫谈"(南开大学)、"法国艺术史"(北京外国语大学、上海外国语大学)等课程,较为全面地介绍法国艺术在各个时期的主要特点。另一方面,这些课程在内容设置上会对一些重要的艺术家及其作品进行细致的解读,这对于提高学生的艺术修养具有极其重要的作用。

以上海外国语大学"法国艺术史"这一课程为例,它主要围绕绘画、音乐和电影展开,既有宏观的艺术史的脉络呈现,又有对重要艺术流派和代表性艺术家的详细介绍(见表 11.1)。这一课程集中讲解法国文化中极其具有代表性的三种艺术,既包括艺术史的介绍,又包括艺术作品的赏析,有助于学生较为全面地了解法国艺术史与重要艺术家,提高学生的艺术感受力和鉴赏力。同时,这一课程还十分重视艺术与文学、文化的关系,例如超现实主义绘画与超现实主义文学、法国香颂与法国文学、法国音乐剧与法国文学等等,引导学生融会贯通地理解法国文化,形成完整的艺术观和文化观,达到知识积累与审美提高的双重目的,从而更好地进行学术研究。

表 11.1 上海外国语大学"法国艺术史"课程内容

主题	课次	课程内容
法国绘画	第一讲	巴洛克绘画;古典主义绘画Ⅰ
	第二讲	古典主义绘画Ⅱ;洛可可绘画
	第三讲	新古典主义;现实主义绘画;巴比松派
	第四讲	印象派
	第五讲	象征主义与新艺术;新印象派;野兽派
	第六讲	立体主义;未来主义
	第七讲	表现主义;达达主义;超现实主义
法国音乐	第八讲	法国香颂
	第九讲	吕利(Lully)与其时代
	第十讲	法国现代音乐
	第十一讲	跨越边界:从梅西安到具体音乐
	第十二讲	音乐与文学、建筑、历史

续表

主题	课次	课程内容
法国电影	第十三讲	电影的诞生与有声电影的诞生
	第十四讲	新浪潮电影;大众电影;法式喜剧
	第十五讲	法国电影的危机与重生

电影是一种十分重要的现代艺术形式,而法国是电影的发源地,在全球电影艺术中占据重要地位。因此,国内不少高校的法语专业专门设置了与法国影视艺术相关的课程。例如,北京大学开设了"法国电影与文化"课程,浙江大学开设了"法国电影史"课程,复旦大学开设了"法语影视"课程,等等。作为一种贴近大众的综合性艺术形式,电影艺术与文学、摄影、美术、音乐、建筑等息息相关。这些课程的开设除了能让学生接触更多鲜活的法语语言之外,还能让学生的想象力、判断力、理解力、感受力、审美力得到极大的提高。此外,这些电影课程往往包含较多的实践活动,如配音、表演、改编、短视频拍摄等等,学生作为一种审美主体慢慢转变为兼具人文精神和艺术创造能力的创作主体。

法国的戏剧艺术也在国际上享有广泛声誉,因此,一些高校的法语专业开设了与戏剧相关的文学课程,并将戏剧作品研读与戏剧表演结合在一起,甚至专门设置了"法语戏剧坊""戏剧表演"等课程,以表演的方式激发学生的创新能力。依托于各个学校外国语学院(华东师范大学、南京大学、南开大学、厦门大学等)的戏剧节、戏剧大赛或舞台剧大赛等,这些学校的法语专业每年都会排演法语戏剧,既有法国的经典戏剧,如《爱情偶遇游戏》《唐璜》,也有从小说改编而来的戏剧,如《羊脂球》《小王子》,或是从电影改编而来的戏剧,如《岳父岳母真难当》《放牛班的春天》,甚至还有法语音乐剧,如《摇滚莫扎特》。此外,也有不少改编自中国文学作品的戏剧,如《西游记》《雷雨》。戏剧表演是一种综合的艺术,对于学生的知识积累与审美情趣有着较高的要求。从文本改编到舞台表演,从服装道具到音乐灯光,戏剧表演将书本上死的语言变成了舞台上活的语言,以一种生动而具体的方式让学生感受文学与艺术的魅力,接受美的熏陶,激发学生的想象力和创造力。尤其是将中国文学作品改编成法语戏剧,这有利于学生语言表达、文学研究、文学创作、文化交流等多种能力的提高,使其更进一步认识中国文学的价值,推进中华文化的国际传播。

四、未来发展

在博雅教育理念的深刻影响下，中国的外语教育领域取得了显著的进步和令人鼓舞的教学成就。随着人工智能时代的到来，外语教育正处于一个关键的转折点。由于机器翻译技术的不断更新发展，"外语无用"的言论甚嚣尘上，在此背景下，外语的博雅教育显得尤为重要。AIGC（AI-generated content）技术能够在很多情况下快速准确地进行语言转换，帮助人们跨越语言障碍。但外语人才培养不仅仅是为了解决翻译问题或跨语言沟通问题，外语博雅教育注重的是培养外语人才的多元素质和能力，通过构建"语言载体—人文内核—认知提升"的三维培养体系，使学习者既能驾驭 AI 工具增效，又能在文化解码、策略性沟通等维度形成超越算法局限的认知优势。

但是面对当前的形势，外语博雅教育的展开遇到了一些挑战：首先，在实用主义的影响下，学生在学习中会有一定的功利导向，这导致他们没有足够的时间或者强烈的意愿进行深入阅读，从而使得他们的人文底蕴积淀与知识拓展维度相对薄弱；其次，随着人工智能的快速发展，包括外语在内的人文学科有可能面临被边缘化的风险。人工智能技术能够提供即时的语言翻译和学习支持，降低了人们学习外语以进行跨文化交流的紧迫性。这些问题对于博雅教育的深入实施构成了挑战。为了应对这些问题，外语学科应该因势利导，从以下两个方面进一步推进博雅教育。

其一，多措并举，增加学生的阅读时间，提升其阅读意愿。通过设置阅读课程，同时增加有引导的自主学习时间，为学生留出更多的阅读时间。并在专业课程中引导学生阅读高质量的文本，如经典文学作品、哲学著作、历史书籍等，这些都能够丰富学生的精神世界，培养人文素养。此外，通过包括文学沙龙、戏剧表演、讲座、艺术展览等各类丰富的课外活动，让学生在参与中体验和学习，以形式多样的活动调动他们的学习兴趣，激发他们对文化的热情，从而提高学生的文化素养。

其二，通过人文学科与数字技术的深度融合，实现"数字人文"与外语博雅教育的协调发展。"数字人文"不仅仅是将数字技术应用于传统的人文研究，它更是一种全新的学术范式，一种创新的思维方式。在外语教育中，这意味着利用数字化工具和平台，如在线语言学习社区、虚拟现实语言实验室以及人工智能辅助翻译和写作工具,来增强学习体验和教学效果。我们可以利用多媒体技术和网络平台,设计互动性强、趣味性高的教学活动,如在线讨论、虚拟博物馆参观、角色扮演游戏等。这些新型教学方式能够吸引学生的注意力,提高他们的学习兴趣和参与度,从而提高博雅教育效果。

五、结　语

本章从人工智能带给外语教育的挑战出发,指出中国的外语教育不仅仅是对语言的教授,更是将博雅教育的全人教育理念引入其中,并以法语学科为例,介绍和分析博雅教育理念对中国外语教育的导向作用。

中国的外语教育从民国时期就开始了培养"博雅之士"的教育范式,强调在语言学习的同时,注重培养学生的人文素养、批判性思维能力和社会责任感,这有助于学生形成全面发展的人格和价值观。外语专业从培养目标到课程建设都秉持着博雅教育理念,以文学为核心,实行文史哲贯通的培养方式,不仅注重学生语言技能的培养,更加重视其文化意识、审美能力、文学鉴赏能力的提升。通过这样的教学模式,中国外语教育才能培养出既具备扎实外语基础,又能深刻理解跨文化交流精髓的复合型人才。

未来,随着人工智能技术的飞速发展和广泛应用,中国外语教育将面临新的挑战与机遇。为了应对这一变革,中国外语教育需要不断进行创新,积极地将先进的科技手段融入教学过程中。在探索数字化时代背景下外语教育的新发展方向和路径时,应当始终注重博雅教育的理念,通过引入更多元化的教学内容和方法,来丰富学生的学习体验,拓宽他们的国际视野,倡导终身学习,让学生在面对技术变革的挑战时立于不败之地。

参考文献

陈建中,蔡恒.1997.吴宓的"博雅之士":清华外文系的教育范式.社会科学战线,(1):255-263.
陈来.2005.论儒家教育思想的基本理念.北京大学学报(哲学社会科学版),(5):198-205.
黄晓玲.2023.法语综合教程·第3册.2版.上海:上海外语教育出版社.
蒋洪新.2019.人工智能给外语教育发展带来新机遇.光明日报,03-16(12).
教育部高等学校外国语言文学类专业教学指导委员会.2020.普通高等学校本科外国语言文学

类专业教学指南(下).上海:上海外语教育出版社.

刘云虹.2023. 新时代翻译人才培养的守正与创新:基于南京大学法语翻译人才培养的思考.外
　　语教学理论与实践,(3):69-77.

申国昌.2016. 博雅教育的文化内涵与实践路径.国家教育行政学院学报,(11):10-16.

施雪莹,刘云虹.2021. 重过程剖析与能力培养的翻译教学:"翻译工作坊"教学模式探索与实
　　践.上海翻译,(4):53-57.

魏善春.2009. 博雅教育视野下对大学教育改革的思考.教育探索,(9):69-70.

吴宓.1993. 文学与人生.北京:清华大学出版社.

吴自选,黄忠廉.2014. 论早期清华大学外文系的博雅教育.现代大学教育,(4):41-46.

许钧.2020. 关于翻译的新思考.杭州:浙江大学出版社.

朱晔.2023. 法语综合教程·第 4 册.2 版.上海:上海外语教育出版社.